The Convergence
of Accounting
Standards
to Adoption

会計基準の
コンバージェンス

アドプションに向けて

日本公認会計士協会東京会 編

税務経理協会

序　文

　世界100ヶ国を超える国でIFRS（国際財務報告基準）を強制適用もしくは容認し，あるいは自国基準とIFRSのコンバージェンスを進めています。また，米国においては2008年11月14日，外国企業のみならず米国上場企業へのIFRSの適用（アドプション）を容認するロードマップを公表しました。

　このようなIFRSの適用の動きの中で，我が国としてもIFRSの適用に向けた検討をすべきとの要請があり，これに応えるべく金融庁の企業会計審議会は，2009年1月28日の第15回企画調整部会において，「我が国における国際会計基準の取扱いについて（中間報告）」に関する審議を行い，2月4日に公開草案として公表しました。

　なお，我が国においては，2007年8月の国際会計基準審議会（IASB）との東京合意及びそれに基づいて2007年12月に公表し2008年9月に更新されたプロジェクト計画表に従って，会計基準のコンバージェンスを進めております。

　そこで本書は，コンバージェンスやアドプションを巡る国際的な動向，我が国における動向と今後の展望，コンバージェンスを契機として我が国において公表された会計基準等及び公表予定及び検討中の項目についての解説をしております。

　本書の全体的構成は以下のとおりです。

　第1章では，コンバージェンスやアドプションを巡る国際動向として，国際財務報告基準の動向，米国における動向，EUにおける動向について解説しています。

　第2章では，制度的対応の動向と今後の展望として，日本における動向とASBJの取組み及び日本における収斂の成果（これまで我が国で対応してきた会計基準）について解説しています。

第3章では，コンバージェンスの論点として，国際会計基準と日本の会計基準の相違点について主な差異と背景を解説しています。

　第4章では，コンバージェンスを契機として，我が国で公表された会計基準等について，基準の概要，基準の詳説，及び税務に与える影響がある場合にはその解説をできるだけ設例を交えて解説しています。

　第5章では，今後公表予定の項目について解説しています。

　第6章では，現在検討中の項目についての論点を解説しています。

　第7章では，コンバージェンスにおける変更点の総括として，第4章で解説された基準及び項目について，概括的にまとめています。

　本書は，執筆に当たった日本公認会計士協会東京会の出版委員会委員，レビューにご協力いただいたASBJの吉田健太郎氏，矢島学氏及び編集に当たった研修出版部担当役員並びに事務局の尽力により刊行されたものであり，心から感謝の意を表します。また本書の刊行に当たってお世話になった株式会社税務経理協会の堀井裕一氏，加藤勝彦氏に衷心より厚くお礼申し上げます。

2009年3月

編集代表
日本公認会計士協会東京会
会長　　尾内　正道

会計基準のコンバージェンス
～アドプションに向けて～

【執筆者一覧】

第1章　成田　礼子
第2章　矢島　　学（1）
　　　　神足　勝彦（2）
第3章　江田慎太郎
第4章　佐瀬　俊道（1）
　　　　増田　誠之（2）
　　　　濱村　則久（3,4）
　　　　小橋川保子（5）
　　　　山田美代子（6）
　　　　嵜山　　保（7）
　　　　増田　誠之（8）
　　　　額賀　直樹（9）
　　　　田嶋　清孝（10,11）
　　　　長谷川一夫（12）
第5章　田嶋　清孝
第6章　近田　直裕
第7章　中川　　隆

目 次

序　文

執筆者一覧

第1章　コンバージェンスやアドプションを巡る国際動向

コンバージェンスやアドプションを巡る国際動向 ………… 3
- (1) 国際財務報告基準の動向 ……………………………… 3
  - ① 国際財務報告基準とは ………………………………… 3
  - ② 会計基準統合化の動き ………………………………… 3
- (2) 米国における動向 ………………………………………11
  - ① ノーウォーク合意 ………………………………………11
  - ② SECによるロードマップ ………………………………12
  - ③ FASBとIASBとのMOU（覚書）………………………12
  - ④ SECによる外国企業に対する米国基準との調整表の廃止 …………14
  - ⑤ 米国の発行体に対するIFRSの受け入れに関する円卓会議 …………15
  - ⑥ MOUのアップデート ……………………………………16
  - ⑦ 米国内企業へのIFRS導入に向けて …………………19
- (3) EUにおける動向 …………………………………………20
  - ① EUによるIFRSの強制適用 ……………………………20
  - ② 各国会計基準の動向 ……………………………………21
  - ③ EUによる同等性評価の動向 ……………………………21

第2章　制度的対応の動向と今後の展望

1　日本における動向とASBJの取組み　28
(1)　はじめに　28
(2)　IASBとの共同プロジェクトの立ち上げ　28
(3)　IFRSとの同等性評価に関する取組み　30
　①　CESRの技術的助言　30
　②　CESR指摘項目とASBJの対応　31
(4)　コンバージェンスへの日本の対応の変化　33
　①　ASBJとIASBが共同プロジェクトの新たな進め方への移行に合意　33
　②　ASBJ周辺の動き　35
　③　プロジェクト計画表（工程表）の策定　37
(5)　東京合意（さらなるコンバージェンスの加速化）　41
　①　中期運営方針　41
　②　東　京　合　意　42
　③　東京合意を踏まえたプロジェクト計画表　44
(6)　その後の動向　45
　①　プロジェクト計画表の更新　45
　②　短期プロジェクト項目の終了　48
　③　EUの同等性評価における最終決定　48
　④　我が国におけるIFRSの取扱い　49

2　日本における収斂の成果　52
(1)　セグメント情報等の開示に関する会計基準　52
　①　公表の経緯　52
　②　範　　囲　53

③　基本原則……………………………………………………………53
　　　④　事業セグメントの識別……………………………………………54
　　　⑤　報告セグメントの決定……………………………………………54
　　　⑥　セグメント情報の開示項目と測定方法…………………………55
　　　⑦　組織変更によるセグメントの区分方法の変更…………………56
　　　⑧　関連情報の開示……………………………………………………56
　　　⑨　固定資産の減損損失に関する報告セグメント別情報の開示…57
　　　⑩　のれんに関する報告セグメント別情報の開示…………………57
　　　⑪　適用時期……………………………………………………………57
　(2)　**減損会計**……………………………………………………………58
　　　①　公表の経緯…………………………………………………………58
　　　②　基本的考え方………………………………………………………58
　　　③　減損会計の適用プロセス…………………………………………59
　　　④　減損会計の対象資産………………………………………………59
　　　⑤　資産のグルーピング………………………………………………59
　　　⑥　減損の兆候…………………………………………………………59
　　　⑦　減損損失の認識の判定……………………………………………60
　　　⑧　減損損失の測定……………………………………………………60
　　　⑨　将来キャッシュ・フロー…………………………………………61
　　　⑩　使用価値の算定に際し用いられる割引率………………………62
　　　⑪　共用資産の取扱い…………………………………………………62
　　　⑫　のれんの取扱い……………………………………………………63
　　　⑬　減損処理後の会計処理……………………………………………64
　　　⑭　中小企業における適用……………………………………………64
　　　⑮　税務上の取扱い……………………………………………………64
　(3)　**リース会計**……………………………………………………………65
　　　①　公表の経緯…………………………………………………………65
　　　②　所有権移転外ファイナンス・リース取引の借手の会計処理…65

③　所有権移転外ファイナンス・リース取引の貸手の会計処理……………66
　　　④　不動産に係るリース取引の取扱い……………………………………67
　　　⑤　中小企業における適用………………………………………………67
　　　⑥　リース取引関連税制…………………………………………………68
　(4)　**四半期会計基準**……………………………………………………………69
　　　①　公表の経緯……………………………………………………………69
　　　②　四半期財務諸表の範囲………………………………………………69
　　　③　四半期財務諸表等の開示対象期間…………………………………70
　　　④　四半期財務諸表の性格………………………………………………70
　　　⑤　会 計 処 理……………………………………………………………70
　　　⑥　適 用 時 期……………………………………………………………76
　(5)　**関連当事者取引**………………………………………………………………76
　　　①　公表の経緯……………………………………………………………76
　　　②　目　　　的……………………………………………………………76
　　　③　関連当事者の範囲……………………………………………………76
　　　④　開示対象となる取引の範囲…………………………………………77
　　　⑤　重要性の判断基準……………………………………………………78
　　　⑥　関連当事者の存在に関する開示……………………………………78
　　　⑦　適 用 時 期……………………………………………………………78

第3章　コンバージェンスの論点
－相違点の解説－

コンバージェンスの論点　－相違点の解説－……………………………………82
　(1)　**はじめに**………………………………………………………………………82
　(2)　**26項目の相違点**………………………………………………………………82
　　　①　企業結合関係…………………………………………………………82

②　連結の範囲（SPEを含む）……………………………………90
　③　在外子会社の会計基準の統一…………………………………91
　④　関連会社の会計方針の統一……………………………………93
　⑤　株式報酬…………………………………………………………93
　⑥　棚卸資産の会計…………………………………………………95
　⑦　固定資産の減損…………………………………………………96
　⑧　開発費の資産計上………………………………………………98
　⑨　農　　　業………………………………………………………99
　⑩　保険契約（異常危険準備金）…………………………………100
　⑪　工事契約（工事完成基準）……………………………………100
　⑫　不良債権…………………………………………………………101
　⑬　廃棄費用・資産除去債務………………………………………101
　⑭　年金・退職後給付………………………………………………102
　⑮　金融商品の公正価値の開示……………………………………104
　⑯　投資不動産………………………………………………………104
　⑰　金融商品…………………………………………………………105
(3)　その他の相違点………………………………………………………105
　①　セグメント情報開示……………………………………………105
　②　過年度遡及修正…………………………………………………107
　③　財務諸表の表示…………………………………………………109
　④　収益認識…………………………………………………………111
　⑤　のれんの償却……………………………………………………111
　⑥　負債と資本の区分………………………………………………112
(4)　**本章のまとめ**………………………………………………………112

第4章　公表された項目についての詳説

1　棚卸資産（評価基準） ……………………………………………118
(1)　基準の概要 ………………………………………………………118
(2)　基準の詳説 ………………………………………………………119
　① 棚卸資産の範囲 …………………………………………………119
　② 用語の整理 ………………………………………………………120
　③ 棚卸資産の評価基準 ……………………………………………121
　④ 会計処理方法 ……………………………………………………123
　⑤ 会計処理における論点 …………………………………………127
　⑥ 業種別棚卸資産の評価の検討 …………………………………131
　⑦ 適用時期等 ………………………………………………………135
(3)　税務上の取扱い …………………………………………………136
　① 法人税法の取扱い ………………………………………………136
　② 企業会計と法人税法における時価の相違 ……………………137
　③ 法人税法の調整の要否 …………………………………………138
　④ トレーディング目的で保有する棚卸資産 ……………………139
　⑤ 法人税法における届出 …………………………………………140
(4)　中小企業における適用 …………………………………………140
　① 棚卸資産の評価基準 ……………………………………………140
　② 棚卸資産の評価方法 ……………………………………………141
　③ 損益計算書上の表示及び注記 …………………………………141

2　棚卸資産の評価方法－後入先出法の採用禁止へ－ …142
(1)　基準の概要 ………………………………………………………142
　① 棚卸資産の評価に関する会計基準の改正 ……………………142
　② 日本における後入先出法の廃止に至るまでの経緯 …………142

(2) 基準の詳説 …………………………………………………………143
　① 改正後の「棚卸資産の評価に関する会計基準」における
　　 棚卸資産の評価方法 …………………………………………………143
　② 改正後の棚卸資産会計基準の適用初年度の特例について …………148
(3) その他の事項について ……………………………………………151
　① 税務上の対応について ………………………………………………151
　② 業務上の対応の必要性について ……………………………………151
(4) 設　　例 …………………………………………………………………151
　① 前 提 条 件 …………………………………………………………152
　② 棚卸資産Aの期首残高，当期払出高及び期末残高 …………………152
　③ 期首の棚卸資産Aに係る保有損益相当額及び当期損益に
　　 計上された額の計算例 ………………………………………………152

3　在外子会社の会計処理の統一 …………………………………154
(1) 基準の概要 ……………………………………………………………154
　① 在外子会社の会計処理に関する従来の取扱い ……………………154
　② 実務対応報告第18号の概要 ………………………………………155
(2) 基準の詳説 ……………………………………………………………156
　① 実務対応報告第18号の原則的取扱い ………………………………156
　② 当面の取扱い …………………………………………………………156
　③ 実務対応報告第18号の考え方 ………………………………………159
　④ 実務対応報告第18号の適用のために必要な準備 …………………160
　⑤ 適 用 時 期 ………………………………………………………161
　⑥ 適用初年度の取扱い …………………………………………………161
　⑦ 開　　示 ………………………………………………………………162
　⑧ 適用初年度の開示の具体例 …………………………………………163
(3) 設　　例 …………………………………………………………………164

4 在外関連会社の会計処理の統一 …………………………174
(1) 基準の概要 ……………………………………………………174
(2) 基準の詳説 ……………………………………………………175
① 原則的な取扱い …………………………………………175
② 当面の取扱い ……………………………………………175
③ 適用時期 …………………………………………………175
(3) 設　　例 ………………………………………………………176

5 ストック・オプション ……………………………………180
(1) 基準の概要 ……………………………………………………180
① ストック・オプションとは？ …………………………180
② 日本における制度導入までの経緯 ……………………180
③ コンバージェンスへ向けてのストック・オプション会計
　基準の制定 ………………………………………………181
④ ストック・オプション制度の仕組みについて ………182
⑤ ストック・オプション制度のメリットとデメリット …183
(2) 基準の詳説 ……………………………………………………184
① ストック・オプションの会計処理 ……………………184
② ストック・オプションの公正な評価単価 ……………190
③ ストック・オプションの価値（未公開会社の場合の評価
　方法の考え方）……………………………………………192
(3) 税務上の取扱い ………………………………………………194
① 基本的な考え方 …………………………………………194
② 法人税法改正 ……………………………………………194
③ ストック・オプションにおける所得税と法人税の考え方 …195
④ 税制適格ストック・オプションの特例 ………………196
(4) ストック・オプションの開示 ………………………………198

6　工 事 契 約 ……………………………………………………206
(1)　基準の概要 ………………………………………………206
- ①　工事契約の会計基準の基本ポイント ……………………206
- ②　基準が公表される経緯 ……………………………………207

(2)　基準の詳説 ………………………………………………210
- ①　適 用 範 囲 …………………………………………………210
- ②　工事契約に係る認識の単位の識別 ………………………210
- ③　工事契約に係る認識の基準の適用 ………………………211
- ④　工事完成基準の適用となる場合について ………………213
- ⑤　工事契約として重要性のない工事等（諸口工事・雑工事等）………213
- ⑥　成果の確実性が事後的に変化する場合について ………214
- ⑦　工事進行基準の会計処理 …………………………………215
- ⑧　工事進行基準における見積りの変更と工事契約の変更の取扱い ……………………………………………………216
- ⑨　工事進行基準ならびに工事完成基準において，工事契約から損失が見込まれる場合 …………………………………217
- ⑩　四半期の取扱い（簡便的な取扱い）………………………221
- ⑪　注 記 事 項 …………………………………………………222
- ⑫　適用時期等 …………………………………………………225

(3)　税務上及びその他の取扱い ……………………………226
- ①　税務上の取扱い ……………………………………………226
- ②　工事損失引当金 ……………………………………………227

7　資産除去債務 ……………………………………………………228
(1)　基準の概要 ………………………………………………228
- ①　会計処理の概要 ……………………………………………228
- ②　会計基準導入の経緯 ………………………………………228
- ③　適 用 範 囲 …………………………………………………229

④　資産除去債務の算定 ……………………………………………230
　　　⑤　資産除去債務に対応する除去費用の資産計上と費用配分 ………231
　　　⑥　適　　　　用 ……………………………………………………232
　　(2)　基準の詳説 ……………………………………………………………232
　　　①　会　計　処　理 …………………………………………………232
　　　②　資産除去債務の範囲 ……………………………………………236
　　　③　資産除去債務の見積り …………………………………………237
　　　④　開　　　　示 ……………………………………………………239
　　(3)　税務上の取扱い ………………………………………………………240
　　(4)　中小企業における適用 ………………………………………………242
　　(5)　設　　　　例 …………………………………………………………243

8　投資不動産 ……………………………………………………………247
　　(1)　基準の概要 ……………………………………………………………247
　　　①　「賃貸等不動産の時価等の開示に関する会計基準」の公表
　　　　　について ……………………………………………………………247
　　　②　「賃貸等不動産の時価等の開示に関する会計基準」の公表
　　　　　に至るまでの経緯 …………………………………………………247
　　(2)　基準の詳説 ……………………………………………………………249
　　　①　賃貸等不動産会計基準・賃貸等不動産適用指針の概要に
　　　　　ついて ………………………………………………………………249
　　　②　IAS第40号と賃貸等不動産会計基準・賃貸等不動産適用
　　　　　指針の主な相違点 …………………………………………………255
　　(3)　設　　　　例 …………………………………………………………257

9　金　融　商　品 ……………………………………………………260
　　(1)　基準の概要 ……………………………………………………………260
　　　①　改正の経緯 ………………………………………………………260

② 改正の内容 …………………………………………260
　　③ 適用時期 ……………………………………………261
　(2) 基準の詳説 …………………………………………261
　　① 時価等の開示対象となる金融商品 ………………261
　　② 注記事項の内容及び開示例 ………………………261

10　退職給付に係る会計基準の一部改正（その3）………275
　(1) 基準の概要 …………………………………………275
　(2) 基準の詳説 …………………………………………276
　　① 改正基準（その3）による変更点 ………………276
　　② ASBJによる改正の考え方 ………………………276
　　③ 改正基準（その3）の適用時期等 ………………277

11　無形資産（仕掛研究開発）……………………………279
　(1) 基準の概要 …………………………………………279
　(2) 基準の詳説 …………………………………………280
　　① 平成20年改正企業結合会計基準等による改正点 …280
　　② ASBJによる改正の考え方 ………………………281
　　③ 研究開発費会計基準の一部改正の適用時期等 …282

12　企業結合 ………………………………………………283
　(1) 基準の概要 …………………………………………283
　　① 持分プーリング法の取扱い ………………………284
　　② 株式を対価とする場合の対価の測定日 …………284
　　③ 負ののれんの会計処理 ……………………………284
　　④ 少数株主持分の測定 ………………………………285
　　⑤ 段階取得における会計処理 ………………………285
　　⑥ 外貨建のれんの換算方法 …………………………285

(2) 基準の詳説 …………………………………………………286
　　① 持分プーリング法の取扱い …………………………286
　　② 株式を対価とする場合の対価の測定日 ……………290
　　③ 負ののれんの会計処理 ………………………………292
　　④ 少数株主持分の測定 …………………………………293
　　⑤ 段階取得における会計処理 …………………………293
　　⑥ 外貨建のれんの換算方法 ……………………………294
　(3) 税務上の取扱い ……………………………………………295

第5章　公表予定の項目についての概説

1　退職給付 ……………………………………………………298
　(1) 公表予定項目の概要 ………………………………………298
　(2) 日本基準と国際的な会計基準の主要な相違点と
　　今後の方向性 ………………………………………………299
　(3) 個別論点の概要 ……………………………………………303
　　・回廊アプローチの導入及び重要性基準の見直し ……303
　(4) 「ＩＡＳ第19号『従業員給付』の改訂に係る予備
　　的見解」の概要 ……………………………………………304
　　① 現行IAS第19号の問題点 ……………………………304
　　② 「IAS第19号『従業員給付』の改訂に係る予備的見解」の
　　　主な内容 ………………………………………………305

2　固定資産の減損会計 ………………………………………311
　(1) 公表予定項目の概要 ………………………………………311
　(2) 日本基準と国際的な会計基準の主要な相違点 …………311

3 無形資産（仕掛研究開発以外） ……………………………313
(1) 公表予定項目の概要 ……………………………………313
(2) 日本基準と国際的な会計基準の主要な相違点 …………313
(3) 個別論点の概要 …………………………………………314
 ① 「研究開発費に関する論点の整理」の概要……………314
 ② 「社内発生開発費のIFRSのもとにおける開示の実態調査」
 の概要 …………………………………………………318

第6章　検討中の項目についての論点整理

検討中の項目についての論点整理 ……………………………324
【過年度遡及修正に関する論点の整理】………………………324
(1) はじめに ………………………………………………324
(2) 過年度修正論点整理と検討状況整理の公表の経緯について ……………………………………………………324
(3) 論点等の解説……………………………………………325
 ① 財務諸表の過年度遡及修正の取扱いを定める必要性 …325
 ② 個別財務諸表における過年度遡及修正の適用上の論点 …326
 ③ 会計方針の変更に係る過年度遡及修正 ………………327
 ④ 表示方法の変更に係る過年度遡及修正 ………………329
 ⑤ 会計上の見積りの変更に係る取扱い …………………330
 ⑥ 誤謬に係る過年度遡及修正 ……………………………333
 ⑦ その他の論点について …………………………………335
【連結財務諸表における特別目的会社の取扱い等に関する
論点の整理】……………………………………………………336
(1) はじめに ………………………………………………336
(2) 連結論点整理の公表の背景……………………………336

(3) 論点整理の範囲 ……………………………………337
(4) 論点の概要 ………………………………………337

第7章 コンバージェンスによる変更点総括

コンバージェンスによる変更点総括 ……………………………344
　・公表された項目 …………………………………………344
　① 棚卸資産（評価基準）……………………………………344
　② 棚卸資産（後入先出法）…………………………………344
　③ 在外子会社（在外関連会社）の会計基準の統一 ………345
　④ ストック・オプション（株式報酬取引）………………345
　⑤ 工事契約 …………………………………………………346
　⑥ 資産除去債務 ……………………………………………346
　⑦ 賃貸等不動産 ……………………………………………347
　⑧ 金融商品（時価開示）……………………………………348
　⑨ 退職給付（割引率）………………………………………349
　⑩ 企業結合会計（仕掛研究開発を含む）…………………349

```
―【凡　例】――――――――――――――――――
 法………法人税法
 法令……法人税法施行令
 法基通…法人税基本通達
―――――――――――――――――――――――
```

(注) 本書の内容は，平成21年2月28日時点のものです。

第1章

コンバージェンスやアドプションを巡る国際動向

第1章 コンバージェンスやアドプションを巡る国際動向

<国際会計の舞台に登場する組織の一覧表>

略 称	日本語名称	説 明
AICPA	アメリカ公認会計士協会	アメリカの職業会計士団体
APB	会計原則審議会	アメリカの会計基準設定主体でFASBの前身
CESR	欧州証券規制当局委員会	2001年6月に設置されたEUの証券規制当局の長で構成され、同等性評価の技術的助言を行う委員会
EC	欧州委員会	EUの行政執行機関で法令案の提出、法令の執行、権限の範囲内の事項に関する域外国との交渉及び条約の締結、予算の執行の役割を担う委員会
FASB	財務会計基準審議会	1973年にAPBを引き継いだアメリカの現在の会計基準設定主体
IASB	国際会計基準審議会	2001年から活動を開始し、国際会計の基準であるIFRSを設定する国際組織
IASC	国際会計基準委員会	国際会計の基準であるIASを設定してきた職業会計団体の国際組織でIASBの前身
IASCF	国際会計基準委員会財団	IASB, IFRIC及びSACのメンバーの指名や自らの評議員の指名、活動の管理・監督・資金調達等を行う組織
IFAC	国際会計士連盟	会計プロフェッションの国際組織で、現在、118ヵ国155団体が所属している。
IFRIC	国際財務報告解釈指針委員会	国際財務報告解釈指針の草案、最終案の作成を行う組織
IOSCO	証券監督者国際機構	証券規制の国際的調和化及び各国の規制当局間の協調を図るために設立された国際組織
PCAOB	公開会社会計監視委員会	アメリカで2002年7月に制定されたSOX法に基づき設立された公開会社監査を行う会計事務所の監視機関で監査基準等の設定についての最終的な承認権限や監査業務等に対する調査、公認会計士に対する懲罰権限等を有する委員会
SAC	基準諮問会議	IASBとIASCFに対して専門的な助言を与える組織
SEC	証券取引委員会	アメリカの連邦証券規制の実施機関

コンバージェンスやアドプションを巡る国際動向

(1) 国際財務報告基準の動向

① 国際財務報告基準とは

国際財務報告基準（International Financial Reporting Standards）とは，世界的に承認され，遵守されることを目的として，国際会計基準審議会（International Accounting Standards Board，以下IASB）によって設定される会計基準の総称です。

現在の国際財務報告基準は，IASBの前身である国際会計基準委員会（International Accounting Standards Committee，以下IASC）により設定された個別基準である国際会計基準（International Accounting Standards，以下IAS）と旧解釈指針委員会（Standing Interpretations Committee，以下SIC）の指針に加え，解釈指針委員会（International Financial Reporting Interpretations Committee，以下IFRIC）の指針から構成されています。

② 会計基準統合化の動き

a 国際会計基準委員会（IASC）の設立

IASBの前身であるIASCは，1973年に設立されました。設立当初の参加国は，米国，英国，アイルランド，オーストラリア，カナダ，フランス，ドイツ，メキシコ，オランダそして日本でした。その後，1977年に国際会計士連盟（International Federation of Accountants，以下IFAC）が設立され，IASCの各国の職業会計士団体が加盟しました。

＜IASCの設立会員である職業会計士団体＞

国　　名	職業会計士団体
オーストラリア	オーストラリア勅許会計士協会 オーストラリア会計士協会
カ　ナ　ダ	カナダ勅許会計士協会
フ　ラ　ン　ス	フランス会計士協会
西ドイツ（当時）	ドイツ経済監査士協会 経済監査士会議所
日　　本	日本公認会計士協会
メ　キ　シ　コ	メキシコ公共会計士協会
オ　ラ　ン　ダ	オランダ登録会計士協会
イギリス及び アイルランド	イングランド・ウェールズ勅許会計士協会 スコットランド勅許会計士協会 アイルランド勅許会計士協会 公認会計士協会 原価・管理会計士協会 公共体財務会計担当者勅許協会
ア　メ　リ　カ	アメリカ公認会計士協会

（出典：「2009年国際会計基準の衝撃」　橋本　尚　日本経済新聞出版社）

b　IASCの性格の変化

　IASCは，職業会計士団体の国際組織であり，会計の専門家集団ではあるものの，設定した会計基準を遵守させる強制力には欠けていました。IASCは民間団体であり，主要国の会計基準と異なるIASを設定することは，自らの存在基盤を危うくしかねないため，IASCとしては，主要国の会計基準との対立や摩擦を避けるため，見解の少ない基本的なテーマから着手しはじめました。

　また，イギリス，アメリカなどの主要国においてすでに採用されている会計処理をたたき台としていました。しかし，もともと強制力に欠けるIASを広く国際的に遵守させることは難しいことであり，主要国の会計基準の差異が大きいテーマについては，IASCは，代替的な会計処理方法を大幅に容認せざるを

得ない状況におかれていました。

　設立当初のIASCは、設立会員のみで運営されていましたが、1977年10月からは設立会員と準会員の区別が撤廃され、新たに理事会がおかれ、そのメンバーの拡大が図られました。その後もIASCは、1981年10月、職業会計士団体以外の利害関係者からIASについて広く意見を聴取するために諮問グループを発足させるなど、財務報告に関わりをもつ機関との連携を模索することで支持を拡大しようとしていました。

　この諮問グループには、財務諸表の作成者及び利用者をそれぞれ代表する国際機関である国際証券取引所連合（FIBV）、財務管理者協会国際連合（IAFEI）、国際商工会議所（ICC）、国際自由労連（ICFTU）、財務アナリスト連盟国際調整委員会（ICCFAF）、や世界銀行などに加えて、多国籍企業の情報開示の問題に深く関与している経済協力開発機構（OECD）や国連多国籍企業センター（UNCTC）もオブザーバーとして参加していましたが、その後、国際法律家協会（IBA）、国際銀行協会、IOSCO、国際金融公社（IFC）、FASBなども参加しています。

　一方、1972年9月、シドニーで開催された第10回国際会計士会議において、国際会計士会議の開催やその他の国際的業務を行うための常設機関として会計業務国際協調委員会（ICCAP）が設立されました。1977年10月にはこれが発展的に解消し、IFACが設立されました。IASCは、もともとICCAPの組織の一部として設立されたものであったので、IFACの発足に伴い、IASCとIFACとの関係が問題となりました。

　1982年、IASCとIFACはIASCが世界の会計基準の設定主体になることに合意し、IFACのメンバーはIASCのメンバーになることになりました。

c　コア・スタンダードの完成

　IASCは設立以来、民間団体として活動し、その設定した基準（IAS）は強制力をもちませんでした。しかし、IASCは、1989年1月、公開草案第32号（E32）「財務諸表の比較可能性」の公表により、その性格が変貌する契機となり

ました。「財務諸表の比較可能性改善プロジェクト」はIOSCO（証券監督者国際機構）と協調して進められたものであり，それまでに公表されたIASのうち，13のIASについて改訂を加えるというものでした。このプロジェクトの目的は，自由に選択可能な複数の会計処理方法を可能な限り除去し，財務諸表の比較可能性を高めることでした。

<財務諸表の比較可能性改善プロジェクトの対象となった項目>

IAS第2号	「取得原価主義会計における棚卸資産の評価及び表示」
IAS第5号	「財務諸表に開示すべき情報」
IAS第8号	「異常損益項目，前期損益修正及び会計方針の変更」
IAS第9号	「研究及び開発活動の会計」
IAS第11号	「工事契約の会計」
IAS第16号	「有形固定資産の会計」
IAS第17号	「リースの会計処理」
IAS第18号	「収益の認識」
IAS第19号	「事業主の財務諸表における退職給付の会計」
IAS第21号	「外国為替レート変動の影響の会計処理」
IAS第22号	「企業結合の会計処理」
IAS第23号	「借入費用の資産化」
IAS第25号	「投資の会計処理」

　そして，1987年6月にIASCの諮問グループに参加したIOSCOは，1988年11月，IASCの財務諸表の比較可能性改善プロジェクトを奨励し，支援する方針を打ち出しました。

　そもそもIOSCOは，証券取引及び証券市場の国際化を背景として，証券規制の国際的調和及び各国の規制当局間の協調を図るために設立された国際組織であり，次の4つの目的を掲げています。

イ　公正で効率的かつ健全な市場を維持するため，協力して高い水準の規制を促進していくこと

ロ 国内市場の発展を促進するために，それぞれの経験についての情報を交換すること
ハ 国際的な証券取引の基準を設定し，効果的な監視体制を構築するために一致団結すること
ニ 基準の厳格な適用と違反に対する効果的な対応により，市場の健全性を促進するために相互に支援を行うこと

なお，日本は，1988年11月から大蔵省証券局（現在は金融庁）が普通会員として加盟しています。また，現在，証券取引等監視委員会，経済産業省及び農林水産省が準会員，東京証券取引所，大阪証券取引所及び日本証券業協会が協力会員となっています。

1993年11月，下記10のIASの一括改訂により，「財務諸表の比較可能性改善プロジェクト」は完了しました。

IAS第2号	「棚卸資産」
IAS第8号	「期間の純損益，重大な誤謬及び会計方針の変更」
IAS第9号	「研究開発費」
IAS第11号	「工事契約」
IAS第16号	「有形固定資産」
IAS第18号	「収益」
IAS第19号	「退職給付コスト」
IAS第21号	「外国為替レート変動の影響」
IAS第22号	「企業結合」
IAS第23号	「借入コスト」

1995年7月，IASCとIOSCOは，コア・スタンダードづくりに関して最終的に合意に達しました。1998年12月のIASCの理事会において，最大の懸案事項とされていたIAS第39号「金融商品－認識及び測定」が承認され，コア・スタンダードづくりは実質的に完了しましたが，IOSCOの要請を受けて投資不動産に関する会計基準もコア・スタンダードに含めることになり，最終的にコア・

第1章 コンバージェンスやアドプションを巡る国際動向

スタンダードづくりは，2000年3月，IASC理事会のIAS第40号「投資不動産」の承認をもって完了しました。

<IASコア・スタンダード一覧>

	1993年のIOSCOのコア・スタンダード・リスト	対応するIAS
	全　般	
1	会計方針の開示	IAS8
2	会計方針の変更	IAS1
3	財務諸表において開示される情報	IAS1
	損益計算書	
4	収益認識	IAS18
5	工事契約	IAS11
6	製造原価及び仕入原価	IAS2
7	減価償却	IAS4／IAS16
8	減　損	IAS36
9	法人税等	IAS12
10	異常損益項目	IAS8
11	国庫補助金	IAS20
12	退職給付	IAS19
13	その他の従業員給付	IAS19
14	研究開発費	IAS38
15	利　息	IAS23
16	ヘッジ	IAS39
	貸借対照表	
17	有形固定資産	IAS16
18	リース	IAS17
19	棚卸資産	IAS2
20	繰延税金	IAS12
21	外国為替	IAS21

22	投資	IAS39
23	金融商品／オフ・バランスシート項目	IAS39
24	ジョイント・ベンチャー	IAS31
25	偶発事象	IAS37
26	後発事象	IAS10
27	流動資産及び流動負債	IAS1
28	企業結合（のれんを含む）	IAS22
29	研究開発及びのれんを除く無形資産	IAS38
	キャッシュ・フロー計算書	
30	キャッシュ・フロー計算書	IAS7
	その他の基準	
31	連結財務諸表	IAS27
32	超インフレ経済下の子会社	IAS21／IAS29
33	関連会社及び持分法	IAS28
34	セグメント報告	IAS14
35	中間報告	IAS34
36	1株当たり利益	IAS33
37	関連当事者についての開示	IAS24
38	廃止事業	IAS35
39	重大な誤謬	IAS8
40	会計上の見積もりの変更	IAS8

（出典：「2009年国際会計基準の衝撃」 橋本 尚 日本経済新聞出版社）

d　IASCの組織改正

　IASCはその後，2001年1月に大幅な機構改革を行い，IASBを中心とする現在の組織になりました。新体制の主な組織と役割は次のとおりです。

イ　国際会計基準評議会（IASC Foundation 以下，評議会）

　　評議会は22名の評議員から構成されており，IASBの活動資金の調達，IASB，基準諮問会議（SAC）そして解釈指針委員会のメンバーの選任，IAS

Bの活動状況の監督等を行っており，最も重要な影響力を持っています。任期は3年で，再任は1度のみ可能となっています。

評議員のメンバー構成は下記2つの条件を共に満たすことが必要となっています。
i 地域別：北米6，欧州6，アジアパシフィック6，その他4
ii 職業別：監査人（うち2名は国際的会計事務所から），財務諸表作成者，財務諸表利用者，学者及び公益のために働いている者

なお，日本からは島崎憲明氏（住友商事）及び藤沼亜起氏（元日本公認会計士協会会長）がメンバーです。

ロ 国際会計基準審議会（IASB）

IASBは14名のメンバーから構成されており，会計基準の設定を行っています。任期は5年で，再任は1度のみ可能となっています。

メンバーのうち，12名が常勤，残る2名が非常勤です。

IASBでの決定は14名中9名の賛成で成立します（公開草案や国際財務報告基準の決定）。

日本からは，公認会計士の山田辰己氏がメンバーとなっています。

ハ 基準諮問会議（SAC）

SACは40名のメンバーと正式オブザーバー3組織（日本の金融庁を含む）から構成されています。

メンバーは3年で交代します。

日本からは，八木良樹氏（日立製作所），辻山栄子氏（早稲田大学）がメンバーです。

ニ 国際財務報告解釈指針委員会（IFRIC）

IFRICは，投票権を持たない議長と投票権を持つメンバー14名から構成されています。任期は3年となっています。

IFRICは，IASを適用する際に生じるIASの文言を巡る疑問等に対する解釈を行うとともに，IASに規定がない会計上の問題が生じた場合には，新た

に取扱いを決定するという機能（新会計基準の作成）を有しています。

解釈指針の決定権はIASBが持ち，各国におけるローカルなIASの解釈指針の公表は認めていません。

なお，日本からは鶯地隆継氏（住友商事）がメンバーとして参加しています。

e　IASとIFRS

先に述べたように，IASCは2001年に大幅な機構改革を行い，IASBを中心とする現在の組織となりました。それに伴って，基準書の名称も変更されています。

すなわち，旧IASCが作成した基準書をIAS（国際会計基準）と称するのに対して，IASBが作成した基準書はIFRS（国際財務報告基準）と称されます。これらをまとめてIFRSsなどと表記することもあります。

IASは，一部欠番（廃止された基準書）がありますが，41号（農業）まであり，IFRSは，現時点では8号「事業セグメント」まで公表されています。

(2)　米国における動向

①　ノーウォーク合意

2002年10月，米国基準の設定主体である財務会計基準審議会（FASB）とIASBが米国基準とIFRSとの互換性をより高めるため，次の4点を今後推進していく，いわゆる「ノーウォーク合意」が取り交わされました。

a　IFRSと米国会計基準との間にある多様な差異で比較的容易に解消できる差異を削除する目的で短期的な統合化プロジェクトに着手する。

b　2005年1月1日時点で残っている両者の会計基準の差異を両者の将来の作業計画を調整することを通じて取り除く。すなわち，差異のある項目それぞれについて，両者が個別かつ同時にプロジェクトを開始して検討する。

c　現在遂行している共同プロジェクトを継続してとり進める。

d　両者のそれぞれの解釈指針設定組織がそれぞれの活動を相互に調和させることを促進する。

② ＳＥＣによるロードマップ

　2005年4月21日に当時のSEC議長と欧州連合（EU）のコミッショナーが会談し，IFRSに基づいて作成された財務諸表に対する会計基準の差異調整表の作成を廃止する可能性について話し合いました。そして，両者はSECの作成したロードマップの内容に合意しました。

　ロードマップには，次の点が述べられています。

a　SECは，米国市場に上場している欧州企業のIFRSに基づく連結財務諸表を用いて米国会計基準とIFRSとの差異の検討を2006年に行い，それを基に遅くとも2009年までに差異調整表の廃止を行う用意があること。

b　その間にノーウォーク合意に基づくFASBとIASBによる会計基準の統合化がより一層進展することを期待していること。

③ ＦＡＳＢとＩＡＳＢとのＭＯＵ（覚書）

a　SECとECの合意（ノーウォーク合意）では，2009年までに差異調整表を廃止するという目標を掲げたものの，具体的にどの程度の統合化を達成する必要があるのかについては明示されていません。そこで，FASBとIASBは，現時点で認識されている差異を基に，2008年までに完成すべき事項に合意し，これをMOU（Memorandum of Understanding）という形で2006年2月27日に公表しました。

b　MOUでは，短期統合化項目とその他の統合化項目を分けて，検討項目及び達成すべき目標が示されています。

c　短期統合化項目

　短期統合化項目では，同一項目を取り扱う両者の会計基準に差異がある場合，そのうちどちらか後に完成した会計基準の方がより品質が高いとの前提を置い

て，そちらにもう一方の会計基準を合わせることを原則として作業が行われます。ただし，両者の基準ともに改訂が必要と思われる場合には，共同して新たな取扱いを検討することもあります。

FASBが行うべき事項	IASBが行うべき事項
公正価値オプション	借入費用
減損（IASBと共同）	減損（FASBと共同）
法人所得税（IASBと共同）	法人所得税（FASBと共同）
投資不動産	政府補助金
研究開発費	ジョイント・ベンチャー
後発事象	セグメント

d　その他の統合化項目

　短期統合化項目以外の項目は，現在既に議題となっているものとリサーチ段階にあるものを合わせた11項目です。また，これらの項目の多くは，2008年末までに完成することは不可能であるため，IASBとFASBは，2008年末までにプロジェクトの進展を測定できる途中段階まで完成することで，ロードマップの目的は達成できると考えています。

＜既に議題となっている項目＞
・　企業結合
・　連　　結
・　公正価値測定
・　負債と資本の区分
・　業績報告
・　退職後給付（年金を含む）
・　収益認識

＜既にリサーチ項目であるが議題となっていない項目＞
・　認識の中止

14　第1章　コンバージェンスやアドプションを巡る国際動向

- 金融商品（現行基準の置換え）
- 無形資産
- リース

④　SECによる外国企業に対する米国基準との調整表の廃止

2007年7月3日，SECは，米国に上場する外国企業に対して，米国基準への調整なしにIFRSで作成された財務諸表の使用を認める公開草案が公表されました。IASBや欧州委員会などからは，米国で調整なしにIFRSを使用することを認めるよう要求があり，SECはIFRSと米国基準のコンバージェンスが進んでいる状況を考慮し，公開草案の公表に至ったものです。

この公開草案を受けて，2007年11月15日，SECは，米国以外の外国企業に適用対象を限定した上で，IASBにより発行された英語版IFRSに準拠した場合に，米国基準への調整表を求めないことを決定しました。

これにより，2007年11月16日以降終了する事業年度のIASBが作成したIFRSに基づく財務諸表を作成する外国企業に対しては，米国基準との差異調整表の作成を求めないことになります。なお，米国市場で受け入れることを決定したIFRSは，IASBが作成したIFRSのみのため，各国で修正されたIFRSは，この取扱いの対象とはなりません。

例えば，IFRSの一部を採用しなかった（カーブ・アウトした）欧州版IFRSは，今回の対象とはなりません。

従来，SECによる外国企業に対する財務諸表の作成・開示規制は，①米国基準への完全準拠か，②米国基準以外の本国基準やIFRSに準拠することを容認する一方で，それを米国基準に準拠して作成した場合の両会計基準間の差異や影響についての調整表の作成・開示の要請をしてきました。

今回米国がIFRSを受け入れ，米国基準との差異調整表の作成・開示要件を撤廃することは，SECが2005年4月に公表した，ロードマップの内容に沿って実現したものです。そのロードマップでは，IFRSの受け入れと調整表の廃止

の目標期日は2009年までと設定されていたため，かなりの早期実現であると考えられます。

⑤ 米国の発行体に対するIFRSの受け入れに関する円卓会議

外国企業に対する「IASBによる英語版IFRS」の受け入れと調整表の作成・開示の撤廃に関する公開草案に続いてSECから公表されたコンセプト・リリースと，SECが開催した2つの円卓会議は，米国の発行体にもIFRSの適用を認めることに対する各界関係者の見解を直接聴取することを期待して実施されたものと考えられます。

2つの円卓会議での論点は次のとおりです。

a 目標は，一組の高品質でグローバルに認められた会計基準とならなければならない。同じグローバルな会計基準が，米国資本市場を含むグローバルな資本市場のすべてのステークホルダーに重大なベネフィットをもたらすものと確信する。

b 世界の他の国や地域は，すでにこの方向に向けられており，彼らのゴールはIFRSであって，米国基準ではない。米国基準が同じグローバルな会計基準になりうるとは考えられない。

c 米国の発行体がIFRSを将来利用するには，IFRS報告への移行を成功させるような包括的な計画が必要である。

また，SECのコンセプト・リリースに対する財務会計財団（FAF）／FASBによるコメントレターでは，FASBが，高品質でグローバルに認められた会計基準の設定計画を立てていないとの認識を示しています。そして，その解決策として，米国のすべての公開企業の会計基準をIFRSへ移行することを検討する時期が到来したとの見解を示しています。この見解の背後には，米国基準とIFRSの差異が存在する中で，会計基準の選択を認めることは，比較可能性の見地から投資家には有用ではなく，また，IFRSが100カ国を超える国や地域においての会計基準となっている現状があると考えられます。

⑥ MOUのアップデート

MOUは，2007年末までに達成すべき目標を定めたものでした。2008年4月に開催されたIASBとFASBの共同会議で，2011年6月までに無形資産を除くMOUプロジェクトに含まれる9項目をすべて完成することが合意されました。これを実現するために，2008年9月，IASBとFASBは，MOUの改訂版を公表しました。

a 短期コンバージェンス

イ 完了したプロジェクト

米国会計基準をIFRSに合わせて，FASBは，公正価値オプションを導入する新基準又は改訂基準（SFAS第159号）を公表し，企業結合時に取得される仕掛研究開発にIFRSのアプローチを採用しました（SFAS第141号R）。IFRSを米国会計基準に合わせ，IASBは借入費用（改訂IAS第23号）及びセグメント報告（IFRS第8号）に関する新基準を公表しました。

ロ 継続中の短期コンバージェンス

IASBは2007年9月にジョイント・ベンチャーに関する公開草案（ED9）を公表しました。また，IASBは，IAS第12号「法人所得税」を改善し，IFRSと米国会計基準の差異を削除する法人所得税に関する会計基準案を公表する予定です。

FASBは，2008年後半に後発事象の会計処理及び報告に関する基準案を公表する予定です。また，FASBは，税金，投資不動産，研究開発費に係る会計処理の差異を，関連するIFRS基準（改訂後のIAS第12号，IAS第40号，IAS第38号）を採用することにより削除するプロジェクトに着手するかどうかを決定します。

ハ 延期する短期コンバージェンス作業

政府補助金及び減損に関するプロジェクトの完了を延期する選択をしました。

コンバージェンスやアドプションを巡る国際動向　17

b　主要な共同プロジェクト

　2006年2月に公表されたMOUは，主要な共同プロジェクトに関して2008年までに達成すべきとされていました。そして，2008年4月，IASBとFASB（以下，「両審議会」という）は，当該プロジェクトに関して，2011年までに達成すべき優先順位及び達成目標について合意しました。

　MOUで識別された11分野のうち7分野で，両審議会は，共通の基準を完成させるか，同一の結論に達したか，あるいは現在共同で作業を実施しています。一方，その他の4分野においては，両審議会は，異なる段階でアプローチを策定しています（下表を参照）。

両審議会がIFRS及び米国会計基準の改善のために識別された分野に関して現在共同作業を行っているプロジェクト				
コンバージェンス項目	2006年MOUに記載された，2008年までに達成が期待された進展	現在の状況	完了見込日	次の段階
1．企業結合	コンバージェンスした基準の公表。公開草案に対するコメントを十分検討した上で内容と発効日を決定する。	プロジェクトが完了し，共通の基準を公表。	2007年にプロジェクト完了。FAS第141Rが2007年に公表。改訂IFRS第3号が2008年に公表。	改訂後基準が2年間適用された後に適用後レビュー（レビューは2012年前半に予定）
2．金融商品（現行基準の置換え）	金融商品の会計基準に関する1つ以上のデュー・プロセス書類の公表。	IASB：ディスカッション・ペーパーを2008年に公表。FASB：IASBディスカッション・ペーパーに関するコメント募集の公表。FASBは2008年半ばにヘッジ会計の簡素化の公開草案を公表。	未定。	IASBディスカッション・ペーパー及びヘッジ会計を簡素化するFASB公開草案に関するコメントを検討した後，米国会計基準及びIFRSに対して提案する改善の内容及び範囲に関して2008年の終りまでに決定。
3．財務諸表の表示	プロジェクトのすべての項目に関する1つ以上のデュー・プロセス書類の公表。	IASB：改訂IAS第1号を2007年に公表。審議会の共同審議が継続中。	2011年	2008年第3四半期に予備的見解／ディスカッション・ペーパー

4．無形資産	IASBのリサーチの結果の検討及び潜在的議題としての範囲とタイミングに関する決定。	活動していない－両審議会は共同の議題にプロジェクトを追加しないことを2007年に決定。	活動中の議題ではない。	活動中の議題ではない。
5．リース	潜在的議題としての範囲とタイミングに関する検討及び決定。	共同の議題に追加されたプロジェクト。審議会の審議継続中。	2011年	2008年後半に予備的見解／ディスカッション・ペーパー公表
6．負債と資本の区分	会計基準案に関する1つ以上のデュー・プロセス書類の公表。	2008年前半に予備的見解／ディスカッション・ペーパー公表	2011年	2009年に公開草案
7．収益認識	提案する包括的会計基準に関する1つ以上のデュー・プロセス書類の公表。	審議会の共同審議が継続中。	2011年	2008年第4四半期に予備的見解／ディスカッション・ペーパー公表

IFRS及び米国会計基準の改善のために識別された分野で，両審議会が基準開発において異なる段階にあり，共通の基準を目指すもの

コンバージェンス項目	2006年MOUに記載された，2008年までに達成が期待された進展	現在の状況	完了見込日	次の段階
8．連結	高い優先度のある項目としてコンバージェンスした基準の完成を目指した作業に着手。	両審議会は公開草案を2008年に公表予定。	両審議会は最終基準を2009年から2010年に公表予定。	共通の基準を開発する戦略について2008年に決定。
9．認識の中止	スタッフのリサーチ結果に関するデュー・プロセス書類の公表。	両審議会は公開草案を2008年又は2009年初期に公表予定。	両審議会は最終基準を2009年から2010年に公表予定。	共通の基準を開発する戦略について2008年に決定。
10．公正価値測定	現行の公正価値に関する規定の適用において首尾一貫性を提供することを目的としたコンバージェンスしたガイダンスの公表。	FASB：基準完成 IASB：ディスカッション・ペーパーを2007年に公表。審議会の審議が継続中。	FASB：2006年に基準を公表。IASB：2010年	IASB：2009年前半に公開草案 FASB：IASBの審議の観点からFAS第157号をレビュー

| 11. 退職後給付（年金を含む） | 会計基準案に関する1つ以上のデュー・プロセス書類の公表。 | FASB：FASBが定義付けたプロジェクトの第1段階完了。IASB：ディスカッション・ペーパーを2008年3月に公表。 | IASB：2011年 | IASB：ディスカッション・ペーパーに対するコメントの検討に引き続き，2009年に公開草案 |

（出典：「2006年2月の覚書の完了：進捗状況の報告及び完了予定表」企業会計基準委員会　2008年9月25日）

⑦　米国内企業へのIFRS導入に向けて

2008年11月14日，SECは，外国企業のみならず米国上場企業へのIFRSの適用を容認するロードマップを公表しました。

このロードマップには，下記7つのマイルストーンの概要をまとめています。aからdはIFRSの強制採用までに対処すべき課題に関してであり，また，eからgはIFRSの強制採用のための移行計画に関するものです。

a　IFRSの質の向上―2008年4月に見直したMOU 9項目の進展
b　国際会計基準委員会財団（IASCF）のアカウンタビリティ及び資金調達態勢の強化
c　IFRS報告のための，XBRLなどの双方向性データの利用能力の改善
d　米国におけるIFRSに関する教育とトレーニング
e　適格企業体に対し2009年12月15日以後終了する会計年度からIFRSの採用を容認しています。なお，ここでいう適格企業体とは，ある業種において，当該企業が時価総額で世界上位20社に入っており，その20社の財務報告の多くがIFRSに基づいてなされていることとされています。この対象企業は少なくとも34業種110社と見積もられています。
f　SECによる将来の規則制定の予想時期―マイルストーン1から4の進捗，およびマイルストーン5から得られる経験をベースとして，SECは，2011年に，すべての米国発行体にIFRSの強制採用を要求するか否かを決定します。

g　強制使用の導入——2011年IFRSの採用を義務付けるとの決定が行われた場合には、IFRSに基づく財務諸表の作成は次のように義務付けられます。すなわち、大規模早期適用企業（時価総額7億ドル以上）は、2014年12月15日以後終了する会計年度からIFRS財務諸表の提出が要求され、早期適用企業（時価総額7,500万ドル以上7億ドル未満）は2015年12月15日以後終了する事業年度から、そしてその他の企業は2016年12月15日以後終了する事業年度からとなっています。

なお、このロードマップのコメント期間は2009年2月19日までです。

(3)　EUにおける動向

①　EUによるIFRSの強制適用

IASは、2000年5月、IOSCOの支持を受け、IASBが基準設定の主体となったことで、世界的に認められる会計基準となりました。これにより、同年6月に、EUは2005年1月1日以降開始する事業年度より、EU域内で公募又は上場を行うEU域内の企業は、原則としてIASを財務報告基準として採用することを決定しました。

その後、EUでは、発行開示に係る「目論見書指令」（2003年12月採択）及び継続開示に係る「透明性指令」（2004年12月採択）により、EU域内規制市場に上場する域内企業について、2005年1月からIFRSの使用が義務付けられました。

EU域外国企業がEU域内市場で資金調達を行う場合は、「国際的に認められた」会計基準の使用が認められており、我が国企業がEU域内市場で資金調達を行う場合は、日本基準の財務諸表を用いて資金調達することが可能です。しかし、同市場に上場するEU域外国企業についても、2009年1月から、IFRS又はこれと「同等」の基準の使用が義務付けられます（その後、さらに2年遅らせて2011年からとされています）。このため、ECは、EU域外国の会計基準に

② 各国会計基準の動向

EUの統一基準としてIFRSが採用されましたが、IFRSは、上場企業の連結財務諸表作成のための会計基準として用いられています。そして、配当規制や税務計算目的、非上場会社や中小企業に対してはIFRSではなく、各国の国内会計基準が用いられています。

<各国法制度上での取扱い>

非上場企業の個別財務諸表のIFRS準拠不可	非上場企業の個別財務諸表のIFRS準拠可能
ドイツ	イギリス
フランス	オランダ
ベルギー	イタリア
ルクセンブルグ	
スイス	
スペイン	
ポーランド	
ルーマニア	
チェコ	

(出典:「在外子会社の連結会計マニュアル」 監査法人トーマツIFRSサービスライングループ編　中央経済社)

③ EUによる同等性評価の動向

a　CESRの技術的助言の公表

2005年7月、欧州証券規制当局委員会（CESR）が、会計基準の同等性評価に関する「技術的助言」を公表しました。日本基準については、全体として同等としつつも、26項目の差異が指摘されました。

<重要な会計基準の相違の概要>

	カナダ基準	日本基準	米国基準
開示 A	・株式報酬（IFRS2） －現行基準 ・取得原価での少数株主持分（IFRS3） ・段階的取得（IFRS3） ・従業員給付（IAS19） ・減損の戻入（IAS36） ・廃棄費用（IAS37） ・投資不動産（IAS40）	・株式報酬（IFRS2） －将来基準の公開草案第3号 ・取得原価での少数株主持分（IFRS3） ・段階的取得（IFRS3） ・異常危険準備金（IFRS4） ・工事契約（IAS11） ・不良債権（IAS12, 30），開示が既になされている場合を除く ・資産の除却債務に関する費用（IAS16） ・従業員給付（IAS19） ・のれんの換算（IAS21） ・デリバティブの公正価値（IAS32） ・減損の戻入（IAS36） ・廃棄費用（IAS37） ・投資不動産（IAS40）	・株式報酬（IFRS2） －SFAS123R ・取得原価での少数株主持分（IFRS3） ・段階的取得（IFRS3） ・取替費用（IAS16） ・従業員給付（IAS19） ・減損の戻入（IAS36） ・廃棄費用（IAS37） ・投資不動産（IAS40）
開示 B	・交換日（IFRS3） ・負ののれん（IFRS3） ・後入先出法の使用（IAS2） ・減損テスト－割引前将来キャッシュフロー（IAS36） ・農業（IAS41）	・株式報酬（IFRS2） －現行基準 ・交換日（IFRS3） ・取得した研究開発（IFRS3） ・負ののれん（IFRS3） ・後入先出法の使用及び原価法（IAS2） ・会計方針の統一（IAS28） ・減損テスト－割引前将来キャッシュフロー（IAS36） ・開発費用の資産化（IAS38） ・農業（IAS41）	・株式報酬（IFRS2） －現行基準のSFAS123 ・交換日（IFRS3） ・取得した研究開発（IFRS3） ・負ののれん（IFRS3） ・後入先出法の使用（IAS2），開示が既になされている場合を除く ・会計方針の統一（IAS28） ・減損テスト－割引前将来キャッシュフロー（IAS36） ・開発費用の資産化（IAS38） ・農業（IAS41）
補完計算書	 ・連結の範囲（支配の定義－適格SPE）（IAS27）	・持分プーリング法（IFRS3） ・連結の範囲（支配の定義－適格SPE）（IAS27） ・会計方針の統一（IAS27）	 ・連結の範囲（支配の定義－適格SPE）（IAS27）

| 将来の作業 | ・金融商品（IAS39）：開示Aの可能性 | ・金融商品（IAS39）：開示Aの可能性 | ・金融商品（IAS39）：開示Aの可能性 |

(注)・開示A：第3国基準によって既に提供されている定性的・定量的開示を拡充。例えば，関連する取引・事象及びそれらの会計処理方法の説明，取引・事象の測定・認識に用いられている仮定や評価方法の表示，資産の公正価値の開示。
・開示B：事象・取引を国際会計基準に従って会計処理した場合における定量的影響（損益又は株主持分への税引前後の影響）の表示

b　ECによる同等性評価の報告書の公表

　平成20年4月22日，欧州委員会（EC）は，会計基準の同等性評価に関する作業の一環として，日本，米国，中国，カナダ，韓国の会計基準の同等性に関する作業報告書を公表しました。

　このEUによる会計基準の同等性評価のプロセスは以下のとおりです。

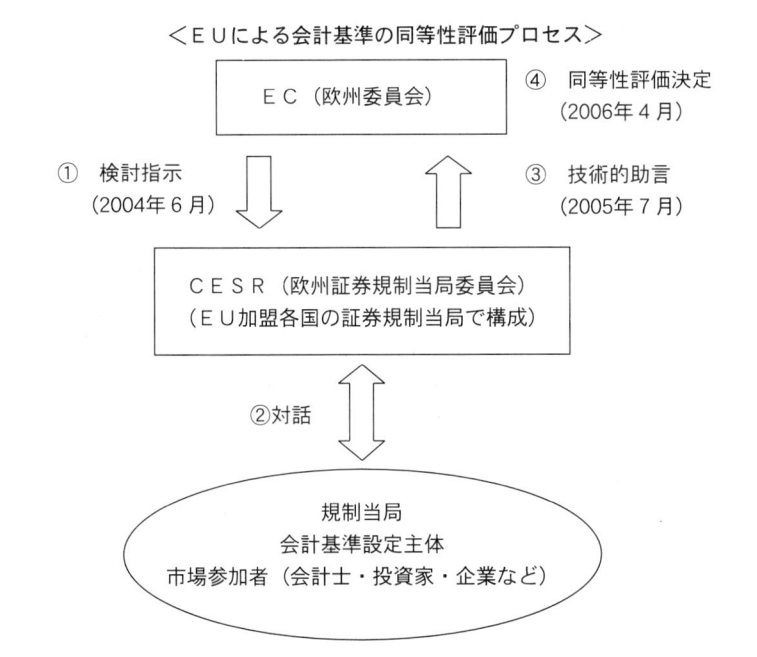

<EUによる会計基準の同等性評価プロセス>

```
                  EC（欧州委員会）        ④ 同等性評価決定
                                              （2006年4月）
     ① 検討指示  ↓             ↑   ③ 技術的助言
       （2004年6月）                    （2005年7月）

              CESR（欧州証券規制当局委員会）
              （EU加盟各国の証券規制当局で構成）

                        ↕ ②対話

                    規制当局
                  会計基準設定主体
            市場参加者（会計士・投資家・企業など）
```

(出典：金融庁「EUにおける我が国会計基準の同等性評価の進展状況」を一部修正)

本作業報告書は，2008年4月までに欧州証券委員会（ESC）及び欧州議会に報告することが求められていたことを受けたものです。なお，本作業報告書は，2008年3月末に公表されたCESRによる技術的助言とほぼ同じ内容となっています。

本作業報告書には，EU域外国の会計基準とIFRSのコンバージェンスの進捗状況，及び当該EU域外国におけるEU域内企業に対する数値調整措置の撤廃に向けた進捗状況が示されており，日本基準については，以下のように記載されています。

- 日本基準については，ECとしては，現時点では，同等との基準を満たしつつあることから，企業会計基準委員会（ASBJ）がコンバージェンス工程表に示された目標を達成できないという事態が起こらない限り，同等との評価を提案することとなろう。
- 日本の当局は，EUで採用されたIFRSに基づく財務諸表を作成するEUの発行者に対し，数値調整措置を求めていない。

なお，本作業報告書における他国に対する評価の内容は以下のとおりです。

米国基準に対する評価	中国基準に対する評価	カナダ基準・韓国基準に対する評価
米国基準は，IFRSと同等と評価できる。IFRSに対する数値調整措置の撤廃は，大きな進展である。EUにより採用されたIFRS（IAS39号（注）をカーブアウトしたもの）に関しては，現在，「IASBにより発行された（純粋な）IFRS」への数値調整が必要となっている。ECとしては，この点に関し，IAS39号のカーブアウトの問題解決に向け，関係者によりあらゆる努力が行われることを期待する。	新たに適用が開始されたばかりであるが，適切に適用されているという情報もあるため，同等性評価を最長2011年まで延期するとともに，当分の間，経過措置を適用する。	近いうちにIFRSに切り替える予定であるため，最長2011年まで，経過的に認める。

（注） IAS39号……「金融商品：認識及び測定」

c　ECによる日本の会計基準の同等性評価に関する決議

　平成20年12月12日，ECは，日本の会計基準について，EUで採用されている国際会計基準（IFRS）と同等であるとの内容を決定しました。これにより，EU市場に上場している日本企業は，引き続き，日本の会計基準に準拠した財務諸表を用いて上場を続けることが可能となります。

　なお，改訂後の「目論見書指令施行に関する欧州委員会規則」及び「透明性指令施行に関する欧州委員会決定」は近日中に公表予定です。

第2章

制度的対応の動向と今後の展望

1　日本における動向とASBJの取組み

(1) はじめに

第1章に記述されているように，コンバージェンスを巡る国際的な大きな動きがありました。それらの国際的動向は我が国にどのような影響を与えているのでしょうか。本章では，第1章で見てきた国際的な状況の中，我が国で見られた動きを企業会計基準委員会（ASBJ）の取組みを中心として概観していきます。

時系列と動向の内容を意識した以下のような項目建てとし，我が国のコンバージェンスに対する動向を追ってみたいと思います。

(2) IASBとの共同プロジェクトの立ち上げ

＜動向の概要＞

2004年7月	ASBJが中期運営方針を公表
2005年1月	ASBJとIASBが共同プロジェクトの立ち上げを合意
2005年3月	共同プロジェクト初会合

・　コンバージェンスに対するASBJの基本姿勢

ASBJとして会計基準の国際的なコンバージェンスに対する対応方針が初めて示されたのは，2004年7月に公表された「企業会計基準委員会の中期的な運営方針について」です。

当該運営方針において，会計基準の国際的なコンバージェンスの問題に対して取り組む方針として，以下の基本姿勢が示されています。

・高品質な会計基準への国際的なコンバージェンスという目標については，世界各国の資本市場にとっての便益となるものであり，賛同する。
・高品質な会計基準への国際的なコンバージェンスは，我が国を含む主要な資本市場において，それぞれの会計基準が代替的な適用基準として並存し，市場参加者に選択され評価されるという過程を通じて達成されると考える。そのため，まず日本基準と主要な海外基準との調和を図って相互の代替性を確保するとともに，市場における基準間の選択を観察し先取りしながら，それに基づいて我が国の資本市場に受け入れられるような基準のコンバージェンスに努力をする。
・高品質な会計基準への国際的なコンバージェンスを推進するために，世界各国の会計基準設定主体とより緊密な関係を構築し，他国と問題意識を共有するような態勢を整える。特にIFRSの開発に対しては，それが資本市場にとって有益な，より信頼性の高い会計基準となるよう，積極的に貢献を行っていく。

このようなコンバージェンスに対する姿勢が示された時期を同じくする2004年7月に，IASBとの共同プロジェクトはIASBのトゥイーディー議長から提案されたことに端を発するようです。そして，ASBJとIASBは，2004年10月に現行基準の差異を縮小することを目的とした共同プロジェクトの立ち上げに向けて協議を開始し，2005年1月に共同プロジェクトを立ち上げることで合意し，2005年3月の東京での初会合の開催に至ります。

初会合においては，プロジェクトを軌道に乗せるために比較的着手しやすいところから取り組むこととし，棚卸資産の評価基準などの5項目[*1]を第1フェーズの検討項目として協議していくことが合意されています。すなわち，共同プロジェクトの当初の進め方は，着手しやすいところから逐次テーマとして取り上げていく方式（フェーズド・アプローチ）が採られていたのです。

なお，2005年9月の第2回会合において，第1フェーズの追加項目として新株発行費を取り上げることが合意されています。

　＊1　棚卸資産の評価基準，セグメント情報，関連当事者の開示，在外子会社の会計基準の統一及び投資不動産

(3) IFRSとの同等性評価に関する取組み

<動向の概要>

2005年7月	CESRがECに対する技術的助言を公表
2006年1月	ASBJが「日本基準と国際会計基準とのコンバージェンスへの取組みについて―CESRの同等性評価に関する技術的助言を踏まえて―」を公表

① CESRの技術的助言

EUは，2007年（その後2年間延長されている）から，EU域内で上場や資金調達を行う外国企業にIFRS又はこれと同等の会計基準の使用を義務づけています。そのためにEUは，IFRSと同等の会計基準か否かを評価する同等性評価を行うことになります。

EUから検討指示を受けた欧州証券規制当局委員会（CESR）は，2005年7月に日本，米国及びカナダの会計基準の同等性評価について，ECに対する技術的助言を公表しました。CESRは，日本基準について，全体としてIFRSと同等としつつも，26項目にわたる差異を指摘し，これらについて一定の補完開示を求めています。

具体的には，3つの補完計算書項目，9つの開示B項目，13の開示A項目，1つの今後の作業が補正措置とされました[2]。補完計算書項目は仮定計算ベースでの要約財務諸表作成を，開示BはIFRSにしたがって会計処理した場合の定量的影響（損益又は株主持分への税引前後の影響）の表示を，また，開示Aは日本基準で既に提供されている開示を補強する定性的・定量的情報の開示を要することとされたのです。今後の作業とされた金融商品については，将来検討されることとされています。

これらの補正措置は当然，EU域内で上場や資金調達を行っている日本企業にとって追加的な事務負担が求められるものであり，特に補完計算書項目につ

いては，別の財務諸表をもう一度作成することを求めるものであり大きな負担になることが考えられます。

ASBJは，高品質な会計基準へのコンバージェンスは世界各国の資本市場にとって便益となるとして，IASBとの共同プロジェクトを立ち上げ，会計基準間の差異を縮小するコンバージェンスを進めてきたわけですが，一方でCESRのEUに対する技術的助言の公表は，近い将来の同等性評価に備えてCESRから指摘された差異をできるだけ縮小しておくことが現実的に最優先の課題となる事象であったものと考えられます。

＊2　26項目の概要は下記のとおりです。

補正措置	項　　　　目
補完計算書	企業結合（持分プーリング法），連結の範囲（適格SPE），在外子会社の会計方針の統一
開　示　B	ストック・オプション（費用化），企業結合の対価算定日（交換日），企業結合（取得研究開発），企業結合（負ののれん），棚卸資産の評価方法（後入先出法），棚卸資産の評価方法（低価法），関連会社の会計方針の統一，固定資産の減損テスト，開発費の資産計上，農業
開　示　A	ストック・オプション（新基準で必要な開示が行われない場合），企業結合（少数株主持分），企業結合（段階取得），保険契約（異常危険準備金），工事契約（工事進行基準），不良債権開示（開示が不十分でない場合），廃棄費用，従業員退職後給付（退職給付債務の割引率を含む），企業結合（外貨建のれんの換算），金融商品の公正価値開示，固定資産の減損会計（減損損失の戻入），資産の除去債務，投資不動産
今後の作業	金融商品

②　CESR指摘項目とASBJの対応

ASBJは，CESRから公表された日本基準のIFRSとの同等性評価に関する技術的助言を踏まえ，現時点のコンバージェンスに対する取組みを明らかにするため2006年1月に「日本基準と国際会計基準とのコンバージェンスへの取組みについて—CESRの同等性評価に関する技術的助言を踏まえて—」を公表し

ています。

この中で，CESRから示された補完措置の項目については，着実に差異の解消を進めることを考えているとして，各項目ごとに2008年時点の達成状況についての現時点での見通しも示されています。それらは，①補完計算書の作成が要求されている項目，②日本基準独自に追加開示が要求されている項目，③日本基準のみならず，米国基準についても追加開示が要求されている項目及び④企業結合に係る項目に区分して整理されています。なお，企業結合に関してはまとめて整理しているため，①から③については企業結合関連を除いています*3。

今後の対応について現時点での見通しとして，IFRSと米国基準がすでにコンバージェンスしている項目から優先的に取り組むこと，日本基準と米国基準でともに追加開示が要求されている項目については，IASBとFASBのコンバージェンスの進捗を勘案すること，また，日本基準が2006年から適用になる企業結合に係る項目については，当該基準への市場の評価，IASBとFASBの議論を踏まえることなどが明らかにされたのです。

*3　②と③に区分された項目は下記のとおりです。

区分	項　　　　目
②	資産の除去債務，工事契約，金融商品の公正価値開示，棚卸資産の評価方法（低価法），従業員退職後給付（退職給付債務の割引率を含む）
③	ストック・オプション，固定資産の減損テスト及び減損損失の戻入，投資不動産，関連会社の会計方針の統一，開発費の資産化，金融商品，棚卸資産の評価方法（後入先出法），農業

(4) コンバージェンスへの日本の対応の変化

<動向の概要>

2006年3月	ASBJとIASBが共同プロジェクトの進め方を全体像アプローチに移行することに合意
2006年6月	経団連が「会計基準の統合(コンバージェンス)を加速化し、欧米との相互承認を求める」を公表
2006年7月	政府が「経済財政運営と構造改革に関する基本方針2006」を閣議決定
2006年7月	金融庁企業会計審議会は「会計基準のコンバージェンスに向けて(意見書)」を公表
2006年10月	ASBJが「我が国会計基準の開発に関するプロジェクト計画について―EUによる同等性評価等を視野に入れたコンバージェンスへの取組み―」を公表

① ASBJとIASBが共同プロジェクトの新たな進め方への移行に合意

IASBとの共同プロジェクトは、2005年3月の東京での初会合以後、概ね半年ごとに東京とロンドンで交互に会合が開催され、2006年3月の第3回会合では、資産除去債務などの3項目を検討テーマに追加することが合意されています。また、第3回会合では、共同プロジェクトの進め方について、当初の着手しやすいところから逐次テーマとして取り上げていく方式(フェーズド・アプローチ)から、差異のあるすべての会計基準について広く今後の取組みを明示する方式(全体像アプローチ)に移行することが合意されています。

この新しいアプローチにおいて、会計基準間の差異は短期プロジェクトと長期プロジェクトに分類され、短期プロジェクトにはその時点で取り組んでいた9項目が含まれ、当面、2008年までに解決するか、少なくともその方向性を決めようとするものとし、長期プロジェクトには業績報告(財務諸表の表示)、収益認識など、解決に時間を要するものが挙げられ、調査研究等をある程度行った上で、コンバージェンスに向けた議論を本格的に行っていくものとされ

ました*4。この新しい全体像アプローチへの移行は、プロジェクトの全体像や検討状況を明らかにし、コンバージェンスを加速化することを意図したものと考えられます。

*4 全体像アプローチにおける長期項目及び短期項目（第3回会議資料）

<動向の概要>

長期項目の中から優先項目を定めるにあたっては、今後の対応（「項目の性質」に明記）に焦点をあてて、以下のとおり分類した。概念フレームワークの違いや法制度の制約がある項目は、項目の性質により再分類されている。長期項目の中で優先的にリサーチ・プロジェクトを立ち上げる項目としては、日本国内での問題提起や検討の結果や検討の要請、海外の議論の動向を勘案し、当面、以下の5項目（網掛けの項目）とする。

長短	項 目 の 性 質	項　　　目
長期	(1) IASB／FASBで現在議論が行われている、又は議論が行われる予定の項目で、早い段階から適時に日本からも意見発信を行うもの	収益認識、業績報告、無形資産（開発費を含む）、連結の範囲（含むSPE）、固定資産（減損・再評価）、引当金、公正価値測定、公正価値オプション、金融商品、負債と資本、政府補助金、保険契約、退職給付、会計方針の統一（関連会社）、棚卸資産（後入先出法）、法人所得税
	(2) IASB／FASBは一致しているが、日本基準の差異が顕著であると国内外で認識されている項目	遡及修正、企業結合（持分プーリング・のれん等）
	(3) 最近開発された基準で、市場での評価を踏まえる必要のあるもの	ストック・オプション
短期	棚卸資産（評価基準）、セグメント報告、関連当事者、在外子会社の会計方針統一、投資不動産、新株発行費、工事契約、資産除去債務、金融商品公正価値開示（注記）、リース	

（注1）収益認識、業績報告、金融商品（全面時価）、政府補助金、保険契約等の項目は、広く収益の認識に関する概念に基づくものと考えられる。
（注2）法制度の制約のある項目としては、負債と資本などが考えられる。
（注3）退職給付制度（基金）の会計、超インフレ経済下における財務報告、農業については、日本での影響は比較的少ない、あるいは該当がないと考えられるため、上記には含めていない。
（出典：「企業会計基準委員会（ASBJ）におけるコンバージェンスへの取組み」西川郁生　中央経済社　企業会計　2007年1月　P.47）

② ASBJ周辺の動き

ASBJの周辺でも大きい動きがありました。すなわち，日本経済団体連合会（経団連），政府及び企業会計審議会においてです。

a 経団連

2006年6月に経団連は「会計基準の統合（コンバージェンス）を加速化し，欧米との相互承認を求める」という意見書を公表しました。この意見書は，今後，国際会計基準と米国基準とのコンバージェンスが進む中で，日本基準だけが大きく乖離してしまうと，日本基準が孤立化し，日本市場や日本企業の信頼性が低下しかねないことを懸念しています。ひいては，国際的な事業展開をしている企業が国際会計基準に基づいた財務諸表を作成せざるを得ない事態を懸念しているのです。

そのような懸念を踏まえて，2009年までに日米欧間における会計基準のコンバージェンスを加速化し，相互承認を実現することが，我が国の当面の最大の課題であると位置付けています。そして，会計基準のコンバージェンスの加速化を積極的に支持することを明確に打ち出し，世界から信頼される日本企業と日本市場の形成のため，金融庁やASBJをはじめとする我が国の関係者が一丸となって，会計基準のコンバージェンスを加速するとともに，日米欧の金融当局間で相互承認が実現されるよう求めています。

なお，会計基準のコンバージェンスは相互承認の実現と同列で求められているのですが，このような経団連の姿勢はそれ以前と比較すると明らかに変わったものと考えられます。同意見書では，2003年に「会計基準に関する国際的な協調を求める」と題した提言をとりまとめるなど，一貫して会計基準のコンバージェンスを支持してきたとあるのですが，2003年の当該提言においては，日米欧の三大資本市場における会計基準が，可能な限り基本的な考え方を共有しようとする方向性については望ましいとしつつ，グローバルに共通な会計基準を目指すための第一歩として，まずは，日米欧がそれぞれの基準に基づく財務諸表を相互に受け入れる体制を作ることが重要と考えるとしており，会計基準の

コンバージェンスよりも日米欧会計基準の相互承認を求めることをより前面に打ち出した姿勢であったものと考えられるのです。

b　政府及び企業会計審議会

2006年7月に政府は「経済財政運営と構造改革に関する基本方針2006」を閣議決定しています。この中で，公正で透明な市場を確立し市場活力の維持と向上を図るとして，平成21年に向けた国際的な動向を踏まえ，会計基準の国際的な収斂（コンバージェンス）の推進を図るとされています。分量としては，全体の中ではほんの一部分にすぎないのですが，閣議決定により，会計基準のコンバージェンスは政府の方針として明確に打ち出されたのです。

これを受けて，2006年7月に金融庁企業会計審議会企画調整部会は「会計基準のコンバージェンスに向けて（意見書）」を公表しました。この意見書は今後の対応として，コンバージェンスを強く求め，さらに，EUの同等性評価を踏まえて具体的に言及しています。

まずコンバージェンスへの対応としては，米国やEUを中心に国際的なコンバージェンスに向けた具体的な取組みが加速化している現状を踏まえると，我が国会計基準が国際的に通用しないローカルな基準となってしまわないようにするためにも，会計基準のコンバージェンスに対してより積極的に対応し，より高品質な基準を目指すべきであるとしています。

次にEUの同等性評価等を踏まえた対応としては，EUによる同等性評価に向けたスケジュールを視野に入れると，2008年初めまでに，相互にコンバージェンスの達成が可能な項目についてコンバージェンスを図るとともに，コンバージェンス達成に時間を要する項目についても作業の進捗について一定の方向性を示すことが重要となるとして，そのために，早急に具体的な工程表が策定され，内外の関係者に対し，我が国の取組みが示されていくことが適切であるとしています。さらに，EUによる同等性評価を踏まえ，相互にコンバージェンスを進める観点からは，既に同等性評価の過程でCESRから補正措置が提案されている26項目に留意していくこと，その中でも，補完計算書等が提案されて

いるような，開示上重要と考えられる項目の取扱いについて特に留意していくことが期待されると言及しているのです。

経団連，政府及び企業会計審議会が，コンバージェンスの加速化を明確に支持し，あるいは，さらに具体的な進捗に係る工程表の策定にまで言及したことにより，ASBJにとっては，それらに適切に対応していくことを非常に強く求められた形になったのです。

③ プロジェクト計画表（工程表）の策定

2006年10月にASBJは，企業会計審議会の意見書を踏まえ，内外の関係者に対してASBJにおける取組状況等をより明らかに示していくことを目的として，「我が国会計基準の開発に関するプロジェクト計画について―EUによる同等性評価等を視野に入れたコンバージェンスへの取組み―」を公表しました。

この中で，コンバージェンスに関わる会計基準等の開発プロジェクトについて，「プロジェクト計画表」がとりまとめられています。プロジェクト計画表は，特にEUによる同等性評価に関連してCESRから補正措置が提案されている26項目の取組状況について，その2007年末までの作業計画と2008年年初の達成状況の見通しを明らかにすることに主眼を置いて，それらの項目を中心に示されています。

ASBJは，CESRからの補正措置が提案されている項目に対する取組みの現状と2008年時点の達成状況の見通しについては，先に触れたように2006年1月に公表した「日本基準と国際会計基準とのコンバージェンスへの取組みについて―CESRの同等性評価に関する技術的助言を踏まえて―」において示していました。今回のプロジェクト計画表の公表においては，計画表の公表に合わせて，それらの項目に関する現状及び取組方針並びに2008年年初の達成状況の見通しを更新しています。1年足らずの経過による更新ですが，今後の方向性を決定するに留まっていた見通しが，論点整理の公表や方向性の決定に至るなど作業の順調な進捗が見られます*5。

以上のように，この時期における経団連，政府及び企業会計審議会における動きが，プロジェクト計画表の公表につながり，我が国の官民一体となった会計基準のコンバージェンスに対する積極的な姿勢が明確に打ち出されたことになったのです。

＊5　なお，2008年年初の達成状況の見通しと2009年2月末時点の状況を比較してみると下記のとおりです。

No.	補正措置	項　　目	2008年年初（見通し）	2009年2月末の状況（公表基準等）
1	補完計算書	企業結合（持分プーリング法）	市場調査の結果，IFRSの適用後の評価及びIASB／FASBの議論の動向を踏まえて検討し，必要に応じて論点整理を公表している。	基準21号「企業結合に関する会計基準」(2008.12)
2	補完計算書	連結の範囲（適格SPE）	開示の検討については，2007年3月までに適用指針を公表している。連結範囲の検討については，IASB／FASBの議論の動向を踏まえて，2007年末までに論点整理を公表している。	指針15号「一定の特別目的会社に係る開示に関する適用指針」(2007.3)
3	補完計算書	在外子会社の会計方針の統一	実務対応報告を2008年4月から適用開始（早期適用あり）。	実務18号「連結財務諸表作成における在外子会社の会計処理に関する当面の取扱い」(2006.5)
4	開　示　B	ストック・オプション（費用化）	会計基準／適用指針を適用済み。	基準8号「ストック・オプション等に関する会計基準」(2005.12) 指針11号「ストック・オプション等に関する会計基準の適用指針」(2005.12)
5	開　示　B	企業結合の対価算定日（交換日）	(No.1「企業結合（持分プーリング法）」参照)	基準21号「企業結合に関する会計基準」(2008.12) 基準22号「連結財務諸表に関する会計基準」(2008.12) 基準23号「『研究開発費等に係る会計基準』の一部改正」(2008.12)
6	開　示　B	企業結合（取得研究開発）	(No.11「開発費の資産計上」参照)	基準7号改正「事業分離等に関する会計基準」(2008.12) 基準16号改正「持分法に関す

1 日本における動向とASBJの取組み 39

7	開 示	B	企業結合（負のれん）	会計基準／適用指針を適用済み。	る会計基準」(2008.12) 指針10号改正「企業結合会計基準及び事業分離等会計基準に関する適用指針」(2008.12)
8	開 示	B	棚卸資産の評価方法（後入先出法）	今後の方向性を決定している。	基準9号改正「棚卸資産の評価に関する会計基準」(2008.9)
	開 示	B	棚卸資産の評価方法（低価法）	会計基準を2008年4月から適用開始（早期適用あり）。	基準9号「棚卸資産の評価に関する会計基準」(2006.7)
9	開 示	B	関連会社の会計方針の統一	PTによる検討を受けて，必要に応じて公開草案まで公表している。	基準16号「持分法に関する会計基準」(2008.3) 実務24号「持分法適用関連会社の会計処理に関する当面の取扱い」(2008.3)
10	開 示	B	固定資産の減損テスト	市場調査の結果及びIASB／FASBの議論の動向を踏まえて検討し，方向性を決定している。 なお，IFRSが米国基準にコンバージェンスすることになれば，日本基準とIFRSの差異も解消される。	今後，IASBとFASBの動向を踏まえて対応
11	開 示	B	開発費の資産計上	IASB／FASBの議論の動向を踏まえて検討し，2007年末までに論点整理を公表している。 なお，IFRSが米国基準にコンバージェンスすることになれば，日本基準とIFRSの差異も解消される。	今後，IASBとFASBの動向を踏まえて対応
12	開 示	B	農業（注2）	―（公開会社で農業を営む会社は非常に少ない）	プロジェクトとして取り上げず
13	開 示	A	ストック・オプション（新基準で必要な開示が行われない場合）	(No.4「ストック・オプション（費用化）」参照)	基準8号「ストック・オプション等に関する会計基準」(2005.12) 指針11号「ストック・オプション等に関する会計基準の適用指針」(2005.12)
14	開 示	A	企業結合（少数株主持分）	(No.1「企業結合（持分プーリング法）」参照)	基準21号「企業結合に関する会計基準」(2008.12) 基準22号「連結財務諸表に関

15	開示	A	企業結合（段階取得）	(No.1「企業結合（持分プーリング法）」参照)	する会計基準」(2008.12) 基準7号改正「事業分離等に関する会計基準」(2008.12) 指針10号改正「企業結合会計基準及び事業分離等会計基準に関する適用指針」(2008.12)
16	開示	A	企業結合（外貨建のれんの換算）	(No.1「企業結合（持分プーリング法）」参照)	
17	開示	A	保険契約（異常危険準備金）(注2)	―（対象業種が保険業に限られており、また、IASBでは現在フェーズⅡの議論が進められている）	プロジェクトとして取り上げず
18	開示	A	工事契約（工事進行基準）	2007年末までに会計基準／適用指針を公表している。	基準15号「工事契約に関する会計基準」(2007.12) 指針18号「工事契約に関する会計基準の適用指針」(2007.12)
19	開示	A	不良債権開示（開示が不十分でない場合）(注2)	―（金融機関においては一定の開示ルールが定められており、特段の対応は不要と考えられる）	プロジェクトとして取り上げず
20	開示	A	廃棄費用	(No.21「資産の除去債務」参照)	基準18号「資産除去債務に関する会計基準」(2008.3) 指針21号「資産除去債務に関する会計基準の適用指針」(2008.3)
21	開示	A	資産の除去債務	2007年末までに会計基準／適用指針を公表している。	
22	開示	A	従業員退職後給付（退職給付債務の割引率を含む）	IASB／FASBの議論の動向を踏まえて検討し、方向性を決定している。	基準19号「『退職給付に係る会計基準』の一部改正（その3）」(2008.7)
23	開示	A	金融商品の公正価値開示	2007年末までに会計基準／適用指針を公表している。	基準10号改正「金融商品に関する会計基準」(2008.3) 指針19号「金融商品の時価等の開示に関する適用指針」(2008.3)
24	開示	A	固定資産の減損会計（減損損失の戻入）	(No.10「固定資産の減損テスト」参照)	今後、IASBとFASBの動向を踏まえて対応
25	開示	A	投資不動産	IASB／FASBの議論の動向を踏まえて検討し、方向性を決定している。 なお、IFRSが米国基準にコンバージェンスすることになれ	基準20号「賃貸等不動産の時価等の開示に関する会計基準」(2008.11) 指針23号「賃貸等不動産の時価等の開示に関する会計基準

			ば，日本基準とIFRSの差異も解消される。	の適用指針」(2008.11)
26	今後の作業	金融商品（注2）	―（会計基準が複雑なため，CESRは技術的評価を継続するとしている。当面は対応なし。IASBとFASBの議論の動向を踏まえながら検討を行う予定としている）	今後，IASBとFASBの動向を踏まえて対応

(注1) この表はプロジェクト計画表と合わせてASBJより公表されている「(表)日本基準の同等性評価に関するCESRによる指摘項目とASBJの今後の対応」の一部を抜粋しています。
(注2) 農業，保険契約（異常危険準備金），不良債権開示（開示が不十分でない場合），金融商品については，ASBJのプロジェクトとしては取り上げられていません。参考に（注1）の同（表）における「現状及び取組方針」をカッコ書きしています。
(注3) 2009年2月末の状況については，ASBJニュースレター第7号「4．東京合意に基づく短期プロジェクトを終了」において示されている「『EU同等性評価26項目』に係る対応」の一部を抜粋しています。

(5) 東京合意（さらなるコンバージェンスの加速化）

<動向の概要>

2007年6月	ASBJが新たな中期運営方針を公表
2007年8月	ASBJとIASBはコンバージェンスを加速化することを合意（東京合意）
2007年12月	ASBJが新たなプロジェクト計画表を公表

① 中期運営方針

　ASBJは2004年7月にはじめて運営方針を公表していますが，委員改選に伴う新体制の下，その中期的な運営に係る取組方針を明らかにしていくことを目的として，2007年6月に新たな中期運営方針を策定しています。

　前回の運営方針で会計基準の国際的なコンバージェンスに対する基本姿勢が示されたことに続き，今回の運営方針では，会計基準のコンバージェンスへの対応として，以下のように積極的に会計基準の国際的なコンバージェンスに取

り組んでいくことが示されています。

> ・日本基準と主要な海外基準の差異を可能な限り縮小させることに注力する。
> ・主要な海外の基準設定主体とのより緊密な関係を構築し，双方向のコミュニケーションの強化・共同作業を通じて相互理解を深めていく。

　このようなコンバージェンスに対する姿勢を改めて確認することに続き，今後3年間の重点課題として①IASBとの共同プロジェクト，②EU同等性評価への対応，③会計基準の体系整理等，及び④コンバージェンスに向けた緊密な連携・コミュニケーションの強化を取り上げています。「③会計基準の体系整理等」とは，会計基準の棚卸とも言われるものであり，体系を整理していくことがコンバージェンスを推進する観点から有用と考えられることからも重点項目とされているものですから，重点課題のいずれもコンバージェンスに関連する項目であると言えます。これまで見てきたようにASBJが会計基準の国際的なコンバージェンスを重視して活動してきていることは明らかですが，今後の運営方針としてもこれを活動の中心としてより積極的に推進していく方針であることが示されたことになります。

② 東京合意

　新たな中期運営方針が示された直後の2007年8月，ASBJとIASBは2005年3月から開始している日本基準とIFRSのコンバージェンスを加速化することの合意（東京合意「会計基準のコンバージェンスの加速化に向けた取組みへの合意」）を取り交わしました。ポイントはこれまで進めてきたコンバージェンスの時期を明確にしたということであり，これを推進すれば，会計基準のコンバージェンスは2011年6月までに達成されることになります。コンバージェンスの達成時期は，以下のような区分により示されています。

a　2008年までの目標

　ECによる同等性評価に関連して2005年7月にCESRが補正措置を提案して

いる項目については，2008年までに（2008年中に），差異を解消するか又は会計基準が代替可能となるような結論を得るものとするとされました。これにより，現在の日本基準とIFRSの間の重要な分野におけるコンバージェンスは達成されることになります。

なお，会計基準が代替可能となるとは，会計基準上差異が生じていても注記等を合わせれば実質的に差異が解消するようなことを想定していたものと考えられます。

b　2011年6月30日までの目標

これまで両者で識別されてきた日本基準とIFRSとの間の差異のうち，2008年までに解消を図るもの以外については，2011年6月30日までにコンバージェンスをもたらすものとされました。

c　2011年6月30日後に適用となるIFRS

上記bの目標期日は，2011年6月30日後に適用となる新たな基準を開発する現在のIASBの主要なプロジェクトにおける差異に係る分野については適用されないとされています。しかし，これらの分野におけるコンバージェンスの達成のため，ASBJとIASBは，新たな基準が適用となる際に日本において国際的なアプローチが受け入れられるように，緊密に作業を行うこととされました。すなわち，新たなIFRSについては，検討段階からASBJも積極的に参画し，その基準が適用となる際には日本もその内容に沿って基準を受け入れられるように検討を行うということです。そのため，ASBJとIASBの年2回の共同会議に加え，会計基準の開発において生ずる重要な論点をより実践的に議論していくために，ディレクターを中心とした作業グループを設けていくこととしています。

なお，東京合意の同日（2007年8月8日）に経団連は「今後の会計基準のコンバージェンスの進め方について」を公表しています。この中で，国際的な流れに遅れをとると，日本企業の海外での資金調達に支障を及ぼし，日本基準が

世界から孤立し，日本市場の信頼低下につながりかねないことから，IFRS，米国基準とのコンバージェンス作業を加速する必要があるとしています。

具体的には，①当面，EUによる同等性評価への着実な対応を図る，②同等性評価対象外の重要項目は，一定の期限を示した上で，IASBとASBJ間でコンバージェンス作業を行う，③FASBとIASBが進めている長期的なコンバージェンス作業に日本も参加し，意見反映に努めるとともに，継続的に国内基準との調整を図る，及び④日本基準が同等と評価された場合には相互承認すべきというものであり，東京合意の考え方について産業界が支持を表明したものと見ることができると考えられます。

③ 東京合意を踏まえたプロジェクト計画表

そして，ASBJは東京合意を踏まえて，2007年12月に新たなプロジェクト計画表を公表しました。このプロジェクト計画表は，東京合意の内容に基づき，プロジェクト項目を大きく3つ（短期，中期，中長期）に区分し，各項目ごとにスケジュールが示されています。そして，このスケジュールに基づき，高品質な会計基準への国際的なコンバージェンスに向けて，着実に取組みを進めていくことを宣言しています。

a　EUによる同等性評価に関連するプロジェクト項目（短期）

短期項目は，2005年にCESRが指摘した補正措置項目であり，2008年までに対応することを目標としています。

b　既存の差異に係るプロジェクト項目（中期）

中期項目は，短期項目以外の既存の差異に係る項目であり，2011年6月末までを目標時期としています。

c　IASB／FASBのMOUに関連するプロジェクト項目（中長期）

2011年6月後，新たなIFRSが適用となるときは，我が国もその内容に沿って基準を受け入れられるよう検討していくこととされています。IASBとFASBのMOUの長期項目のうち，現時点におけるIASBの検討状況に対応したも

のです。

　ここで，MOUとは，IASBとFASBが新たな基準を共同開発することによってコンバージェンスを達成すると言われているもので，特にMOU10項目については，より大きなプロジェクトとして中長期的な項目とされています。

(6)　その後の動向

<動向の概要>

2008年9月	ASBJがプロジェクト計画表を更新
2008年12月	ASBJが短期プロジェクト項目を終了
2008年12月	EUの欧州委員会（EC）が同等性評価の最終決定を行う
2009年2月	金融庁が我が国における国際会計基準の取扱いについて（中間報告）（案）を公表

①　プロジェクト計画表の更新

　上記(5)③の東京合意を踏まえて2007年12月に公表されたASBJのプロジェクト計画表は，2008年の取組状況を中心に記載されていました。ASBJはIASBとFASBとの間の覚書（MOU）が見直されたことも踏まえ，2008年9月にプロジェクト計画表を更新しています。

　更新されたプロジェクト計画表は，東京合意の内容に基づき，まず，プロジェクト項目を3つ（短期，中期，中長期）に区分し，それぞれの項目についてスケジュールを示しています。さらに，会計基準のコンバージェンスに向けた取組状況を広範に示すために，「4　IASB／FASBのMOU以外のIASBでの検討に関連するプロジェクト項目（中長期）」を加えています。

a　EUによる同等性評価に関連するプロジェクト項目（短期）
b　既存の差異に関連するプロジェクト項目（中期）
c　IASB／FASBのMOUに関連するプロジェクト項目（中長期）

aからcについては，東京合意の内容に基づく項目であり，その位置づけは(5)③に記載したとおりであり更新前と変更はありません。更新後のプロジェクト計画表では，b及びcに関しては，公表時点において具体的な取組みを開始しているか又は計画している項目のみを掲げています。

d　IASB／FASBのMOU以外のIASBでの検討に関連するプロジェクト項目（中長期）

(5)②のとおり，東京合意では，2011年6月30日後に適用となる新たな基準を開発する現在のIASBの主要なプロジェクトにおける差異に係る分野については，これらの分野におけるコンバージェンスの達成のため，ASBJとIASBは，新たな基準が適用となる際に日本において国際的なアプローチが受け入れられるように，緊密に作業を行うこととされています。

この分野としては，cに加えて，新たにdの区分を設け，1株当たり利益，引当金及び保険の3つの項目を示しています。

1 日本における動向とASBJの取組み 47

<ASBJ プロジェクト計画表>
(2008年9月)

項目	2008年 7〜9月	2008年 10〜12月	2009年 1〜3月	2009年 4〜6月	2009年 7〜9月	2009年 10〜12月	2010年	備考
1. EUによる同等性評価に関連するプロジェクト項目（短期）								
企業結合（ステップ1）※1		Final						
棚卸資産（後入先出法）	Final							
固定資産（減損）								IASBとFASBの動向を踏まえて対応※2
無形資産（仕掛研究開発）		Final						自社開発については、IASBとFASBの動向を踏まえて対応※2
退職給付（割引率）	Final							
投資不動産		Final						
2. 既存の差異に関連するプロジェクト項目（中期）								
企業結合（ステップ2）								企業結合専門委員会が対応
（フェーズ2関連※3）				DP		ED		
（のれんの償却）				DP		ED		
無形資産						DP		無形資産専門委員会が対応 開示拡充、体系的な会計基準の整備等
遡年度遡及修正（会計方針の変更等）			ED		Final			遡年度遡及修正専門委員会が対応
廃止事業					DP		ED Final	財務諸表表示専門委員会が対応
3. IASB/FASBのMOUに関連するプロジェクト項目（中長期）								
連結の範囲			DP			ED	Final	特別目的会社専門委員会が対応 IASBのEDは2008年第4四半期に公表予定
財務諸表の表示								財務諸表表示専門委員会が対応
（包括利益等）				DP		ED	Final	
（フェーズB関連※3）				DP				IASB/FASBのDPは2008年第3四半期に公表予定
収益認識				DP				収益認識専門委員会が対応 IASB/FASBのDPは2008年第4四半期に公表予定
負債と資本の区分								負債資本WGが対応（IASBとFASBの動向を踏まえて検討）FASBのDPは2007年11月に公表、IASBのDPは2008年2月に公表
金融商品								金融商品専門委員会が対応
（現行基準の見直し）			DP					IASB/FASBのDPは2008年3月に公表
（公正価値測定）			DP					IASBのEDは2009年前半に公表予定
退職給付		DP						退職給付専門委員会が対応 IASBのDPは2008年3月に公表
リース								リース会計専門委員会が対応 IASB/FASBのDPは2008年第4四半期に公表予定
4. IASB/FASBのMOU以外のIASBでの検討に関連するプロジェクト項目（中長期）								
1株当たり利益		専門委		ED		Final		IASB/FASBのEDは2008年8月に公表
引当金		専門委			DP		ED	IASBのFinalは2010年に公表予定
保険								保険WGが対応 IASBのEDは2009年後半に公表予定

<補足>
計画表上の記号の意味は次のとおり。
　専門委：専門委員会設置　DP：論点整理・検討状況の整理（Discussion Paper）　ED：公開草案（Exposure Draft）　Final：会計基準／適用指針等（最終）

※1 企業結合は、EU同等性評価対応を対象とするステップ1とそれ以外の差異解消を対象とするステップ2に区分してプロジェクトを進める。また、「企業結合（ステップ1）」は、持分プーリング法、交換日、負ののれん、少数株主持分、段階取得、外貨建てのれんの換算を含む。
※2 IASB/FASBの検討とタイミングを合わせて進めるため、現時点ではスケジュールは未定。
※3 IASBでのプロジェクトの呼称である。

② 短期プロジェクト項目の終了

ASBJの更新されたプロジェクト計画表において，2008年までに短期コンバージェンス・プロジェクトが完了となるスケジュールが示されていましたが，2008年12月において，最後の項目となった企業結合関連の会計基準等の公表をもって予定どおり対応が完了しています。

なお，ASBJは，東京合意に掲げた短期コンバージェンス項目の終了に当たり，2009年は，IFRSの我が国における制度化の検討状況も視野に入れつつ，金融・資本市場のグローバル化に対応した会計基準のコンバージェンスを加速化させるべく，中期及び中長期のコンバージェンス項目を中心に検討を進めていく旨を公表しています。

③ EUの同等性評価における最終決定

上記(3)のとおり，ASBJはEUから検討指示を受けたCESRによる技術的助言を踏まえ，指摘された補正措置項目に係る差異を解消するためのプロジェクト計画表を作成し，コンバージェンスに取り組んできました。

その後，国際的なコンバージェンスの進展や，米国SECが外国企業によるIFRSに基づく財務報告に対する数値調整措置を撤廃したことを踏まえ，2008年3月，CESRは，従来のある時点における会計基準間の差異を特定するアプローチから，合理的なコンバージェンスプログラムの存在等を併せて，全体として評価するホーリスティック・アプローチに転換し，その結果，日本基準及び米国基準については，国際会計基準と同等との技術的助言を行っています。

これを受け，欧州連合（EU）の欧州委員会（EC）は，2008年4月に，この技術的助言に基づく報告書案をまとめ，その後，欧州議会及び欧州証券委員会（ESC）（EU各国の財務省等で構成）との協議を踏まえ，2008年12月に，我が国の会計基準を欧州で使用されているIFRSと同等とする最終的な決定がなされました。この決定により，EU市場に上場する日本企業は，引き続き，我が国の会計基準に準拠した財務諸表を用いて上場を続けることが可能となりま

した。

なお，米国基準についても日本と同様の決定がなされており，中国，カナダ，韓国，インドの各会計基準については，最終的に同等との決定は行われていないものの，2012年1月から開始する事業年度以前の期間においては，修正再表示及び会計基準の相違に関する定性的な記述の義務が免除されています。

④ 我が国におけるIFRSの取扱い

これまで見てきたように，我が国の会計基準は，コンバージェンスに向けた取組みにより，欧州で使用されているIFRSと同等であると最終決定され，EU市場に上場する日本企業は，引き続き，我が国の会計基準に準拠した財務諸表を用いて上場を続けることが可能となるに至りました。

しかし，IFRSを適用している国や適用に向けた動きが米国をはじめEU以外においても広がっている状況を踏まえ，コンバージェンスの推進のみならず，IFRSに基づく財務諸表の法定開示を認め，又は義務づけるためのロードマップ（工程表）を作成し，具体的な展望を示すべきとの指摘が各方面からなされていました。

このような動きを受け，企業会計審議会の企画調整部会は2008年10月より審議を開始し，2009年2月に，金融庁は「我が国における国際会計基準の取扱いについて（中間報告）（案）」を公表しています。

当該中間報告（案）の概要は，以下のようなものです。

a 国際会計基準の任意適用については，例えば，2010年3月期の年度財務諸表から，一定の上場企業の連結財務諸表に認めることが考えられる。ただし，諸情勢を見極めた上で判断する必要がある。

b 国際会計基準の強制適用については，1つの目途として2012年に判断することが考えられるが，諸情勢やIFRSの任意適用の適用状況次第で前後しうる（判断時期は，将来決定する）。

我が国におけるIFRSの取扱いについては，今後の動向が注目されており，

国際的な動向にも合わせて留意していくことが必要であると考えられます。

なお，当該中間報告（案）では，我が国の会計基準についてコンバージェンスを継続していく必要性も示されており，今後のコンバージェンスを確実にするための実務上の工夫として，連結財務諸表に係る会計基準については，情報提供機能の強化及び国際的な比較可能性の向上の観点から，我が国固有の商慣行や伝統的な会計実務に関連の深い個別財務諸表に先行して機動的に改訂する考え方（いわゆる「連結先行」の考え方）で対応していくことにも言及されています。

【参考文献】
- 「インタビュー　資本市場のグローバル化と会計基準のグローバル化」平松一夫　中央経済社　企業会計　2007年1月
- 「国際的なコンバージェンスの中で」黒澤利武　中央経済社　企業会計　2007年1月
- 「企業会計基準委員会（ＡＳＢＪ）におけるコンバージェンスへの取組み」西川郁生　中央経済社　企業会計　2007年1月
- 「ＩＡＳＢとＦＡＳＢの共同プロジェクト―関連する日本のプロジェクトへのインパクトの考察」加藤厚　中央経済社　企業会計　2007年1月
- 「鼎談　コンバージェンスとＡＳＢＪの取組み」斎藤静樹，西川郁生，鶯地隆継　中央経済社　企業会計　2007年3月
- 「特別インタビュー　西川郁生・企業会計基準委員会（ＡＳＢＪ）新委員長に聞く　加速化するコンバージェンスとＡＳＢＪの役割」中央経済社　企業会計　2007年6月
- 「コンバージェンスの意義とＩＦＲＳへの役割期待」斎藤静樹　中央経済社　企業会計　2007年8月
- 「コンバージェンスに向けたＡＳＢＪの取組み―中期運営方針を公表して」西川郁生　中央経済社　企業会計　2007年9月
- 「インタビュー　西川郁生・企業会計基準委員会（ＡＳＢＪ）委員長に聞く　「東京合意」の意義とコンバージェンスの展望」中央経済社　企業会計　2007年11月
- 「ＩＡＳＢとＡＳＢＪの東京合意（2007年8月）について」山田辰巳　中央経済社　企業会計　2007年11月
- 「新春座談会　企業会計の国際化とわが国の対応―東京合意を受けた取組みと課題」山崎敏邦，黒川行治，西川郁生，豊田俊一　中央経済社　企業会計　2008年1月
- 「会計基準国際化の歴史的経緯と今後の課題―調和からコンバージェンスへ」平松一夫　中央経済社　企業会計　2008年4月
- 「IASBを巡る国際動向と日本の対応」山田辰巳　中央経済社　企業会計　2008年4月

・「EUによる同等性評価の最新動向」小津稚加子　中央経済社　企業会計　2008年4月
・「IFRSとのコンバージェンスを巡る日本の展望」坂本道美　中央経済社　企業会計　2008年4月
・「2008年6月のEC最終決定に向けた「会計基準の同等性評価」をめぐって」野村嘉浩　中央経済社　経理情報　2008年2月
・「プロジェクト計画表の更新について」秋葉賢一　財団法人財務会計基準機構　季刊会計基準　2008年12月

2　日本における収斂の成果

　いわゆる26項目とは別にこれまで我が国で対応してきた会計基準のうち，セグメント情報等の開示に関する会計基準，固定資産の減損に係る会計基準，リース取引に関する会計基準，四半期財務諸表に関する会計基準及び関連当事者の開示に関する会計基準について，ここでは概説します。

(1)　セグメント情報等の開示に関する会計基準

①　公表の経緯

　セグメント情報の開示に関しては，平成13年11月のテーマ協議会において，「現在，我が国を代表する大企業の2割近くが単一セグメント，もしくは重要性が低いとの理由で事業の種類別セグメントを作成しておらず，現行制度が十分に機能していないと思われる。米国の『マネジメント・アプローチ』の検討を含め，実効性のある事業区分の決定方法を検討する必要がある。」との提言がなされていました。また，会計基準の国際的なコンバージェンスに向けた共同プロジェクトの中でも，セグメント情報の開示は，平成17年3月に開催された共同プロジェクトの第1回会合において，第1フェーズの検討項目とされました。このような経緯により，平成20年3月21日付で企業会計基準第17号「セグメント情報等の開示に関する会計基準」及び企業会計基準適用指針第20号「セグメント情報等の開示に関する会計基準の適用指針」が企業会計基準委員会より公表されました。

② 範　　囲

　セグメント情報等の開示に関する会計基準（以下，「セグメント情報会計基準」という）では，すべての企業の連結財務諸表又は個別財務諸表におけるセグメント情報等の開示に適用されることになりました。すなわち，企業が連結財務諸表を作成していない場合，個別財務諸表の開示のみの場合も個別財務諸表の注記としてセグメント情報等の開示が要求されます。なお，連結財務諸表でセグメント情報等の開示を行っている場合は，個別財務諸表での開示は要しません（セグメント情報会計基準3）。

③ 基 本 原 則

　セグメント情報等の開示は，財務諸表利用者が，企業の過去の業績を理解し，将来のキャッシュ・フローの予測を適切に評価できるように，企業が行うさまざまな事業活動の内容及びこれを行う経営環境に関して適切な情報を提供するものでなければならない（セグメント情報会計基準4）とし，国際的な会計基準で採用されている「マネジメント・アプローチ」が導入されました。

　ここで，「マネジメント・アプローチ」とは，経営上の意思決定を行い，業績を評価するために，経営者が企業を事業の構成単位に分別した方法を基礎とするセグメント区分を行うものであり，その特徴は次の点にあるとされています（セグメント情報会計基準46）。

a　企業の組織構造，すなわち，最高経営意思決定機関が経営上の意思決定を行い，また，企業の業績を評価するために使用する事業部，部門，子会社又は他の内部単位に対応する企業の構成単位に関する情報を提供すること

b　最高経営意思決定機関が業績を評価するために使用する報告において，特定の金額を配分している場合にのみ，当該金額を構成単位に配分すること

c　セグメント情報を作成するために採用する会計方針は，最高経営意思決定機関が資源を配分し，業績を評価するための報告の中で使用するものと同一にすること

なお，最高経営意思決定機関とは，取締役会，執行役員会議といった会議体である場合や，最高経営責任者（CEO）又は最高執行責任者（COO）といった個人である場合が考えられています（セグメント情報会計基準63）。

④ 事業セグメントの識別

事業セグメントとは，企業の構成単位で，次の要件のすべてに該当するものをいいます（セグメント情報会計基準6）。

a　収益を獲得し，費用が発生する事業活動に関わるもの（同一企業内の他の構成単位との取引に関連する収益及び費用を含む）
b　企業の最高経営意思決定機関が，当該構成単位に配分すべき資源に関する意思決定を行い，また，その業績を評価するために，その経営成績を定期的に検討するもの
c　分離された財務情報を入手できるもの

ただし，企業の本社又は特定の部門のように，企業を構成する一部であっても収益を獲得していない，又は付随的な収益を獲得するに過ぎない構成単位は，事業セグメント又は事業セグメントの一部にはなりません（セグメント情報会計基準7）。

また，事業セグメントの要件を満たすセグメントの区分方法が複数ある場合，企業は，各構成単位の事業活動の特徴，それらについて責任を有する管理者の存在及び取締役会等に提出される情報などの要素に基づいて，企業の事業セグメントの区分方法を決定するものとされています（セグメント情報会計基準9）。

⑤ 報告セグメントの決定

企業は，識別された事業セグメント又は集約基準によって集約した事業セグメントの中から，量的基準に従って，報告すべきセグメント（以下「報告セグメント」）を決定します（セグメント情報会計基準10）。

集約基準とは，複数の事業セグメントが次の要件のすべてを満たす場合，企

業は当該事業セグメントを1つの事業セグメントに集約することができるというものです。

a 当該事業セグメントを集約することが，セグメント情報を開示する基本原則と整合していること

b 当該事業セグメントの経済的特徴が概ね類似していること

c 当該事業セグメントの次のすべての要素が概ね類似していること

　イ　製品及びサービスの内容

　ロ　製品の製造方法又は製造過程，サービスの提供方法

　ハ　製品及びサービスを販売する市場又は顧客の種類

　ニ　製品及びサービスの販売方法

　ホ　銀行，保険，公益事業等のような業種に特有の規制環境

量的基準とは，企業が，次のいずれかを満たす事業セグメントを報告セグメントとして開示しなければならないというものです（セグメント情報会計基準12）。

a 売上高（事業セグメント間の内部売上高又は振替高を含む）がすべての事業セグメントの売上高の合計額の10％以上であること（売上高には役務収益を含む。以下同じ）

b 利益又は損失の絶対値が，①利益の生じているすべての事業セグメントの利益の合計額，又は②損失の生じているすべての事業セグメントの損失の合計額の絶対値のいずれか大きい額の10％以上であること

c 資産が，すべての事業セグメントの資産の合計額の10％以上であること

⑥ セグメント情報の開示項目と測定方法

セグメント情報として，次の事項を開示しなければならないとされています（セグメント情報会計基準17）。

a 報告セグメントの概要

b 報告セグメントの利益（又は損失），資産，負債及びその他の重要な項目

の額並びにその測定方法に関する事項
c　報告セグメントの開示項目の合計額とこれに対応する財務諸表計上額との間の差異調整に関する事項

⑦　組織変更によるセグメントの区分方法の変更

　企業の組織構造の変更等，企業の管理方法が変更されたために，報告セグメントの区分方法を変更する場合には，事実の変化によるセグメントの区分方法の変更として取り扱い，その旨及び前年度のセグメント情報を当年度の区分方法により作り直した情報を開示するものとしています。ただし，前年度のセグメント情報を当年度の区分方法により作り直した情報を開示することが実務上困難な場合には，当年度のセグメント情報を前年度の区分方法により作成した情報を開示することができます（セグメント情報会計基準27）。

　さらに，上記の開示を行うことが実務上困難な場合には，当該開示に代えて，当該開示を行うことが困難な旨及びその理由を記載しなければならないとされています（セグメント情報会計基準28）。

⑧　関連情報の開示

　セグメント情報の中で同様の情報が開示されている場合を除き，次の事項をセグメント情報の関連情報として開示しなければなりません（セグメント情報会計基準29）。

a　製品及びサービスに関する情報（セグメント情報会計基準30）

　主要な個々の製品又はサービスあるいはこれらの種類や性質，製造方法，販売市場等の類似性に基づく同種・同系列のグループごとに外部顧客への売上高

b　地域に関する情報（セグメント情報会計基準31）

イ　国内の外部顧客への売上高に分類した額と海外の外部顧客への売上高に分類した額

　　海外の外部顧客への売上高に分類した額のうち，主要な国がある場合には，

これを区分して開示しなければなりません。なお，各区分に売上高を分類した基準をあわせて記載するものとされています。

ロ　国内に所在している有形固定資産の額と海外に所在している有形固定資産の額

　海外に所在している有形固定資産の額のうち，主要な国がある場合には，これを区分して開示しなければなりません。

　なお，これらの事項に加えて，複数の国をくくった地域（例えば，北米，欧州等）に係る額についても開示することができるとされています。

c　主要な顧客に関する情報（セグメント情報会計基準32）

　主要な顧客がある場合には，その旨，当該顧客の名称又は氏名，当該顧客への売上高及び当該顧客との取引に関連する主な報告セグメントの名称

⑨　固定資産の減損損失に関する報告セグメント別情報の開示

　固定資産の減損損失を計上している場合には，セグメント情報の中で同様の情報が開示されている場合を除き，報告セグメント別の内訳を注記します。なお，報告セグメントに配分されていない減損損失がある場合には，その額及びその内容を記載しなければなりません（セグメント情報会計基準33）。

⑩　のれんに関する報告セグメント別情報の開示

　のれんの償却額又は負ののれんの償却額を計上している場合には，その償却額及び未償却残高に関する報告セグメント別の内訳をそれぞれ開示しなければなりません（セグメント情報会計基準34）。

⑪　適　用　時　期

　平成22年4月1日以後開始する連結会計年度及び事業年度から適用することになっており，早期適用は認められていません。

(2) 減損会計

① 公表の経緯

減損会計については，平成14年8月9日付けで企業会計審議会より，「固定資産の減損に係る会計基準の設定に関する意見書」が公表されました。固定資産の減損については，平成11年12月以降，第一部会で検討が行われ，会計基準の国際的調和と経済情勢から固定資産の帳簿価額が価値を過大に表示したまま将来に損失を繰り延べているという疑念が存在していることから，「固定資産の減損に係る会計基準」（以下，「減損会計基準」という）の整備が求められたものです。

なお，平成15年10月31日付で企業会計基準適用指針第6号「固定資産の減損に係る会計基準の適用指針」（以下，「減損適用指針」という）が企業会計基準委員会より公表されています。

② 基本的考え方

減損会計導入前においては，固定資産は，取得原価に基づき，減価償却等を控除した金額で評価され，また，固定資産の帳簿価額を臨時的に減額する臨時償却が認められていました。臨時償却とは，減価償却計算に適用されている耐用年数又は残存価額が，予見することのできなかった原因等により著しく不合理となった場合に，耐用年数の短縮や残存価額の修正に基づいて一時に行われる減価償却累計額の修正ですが，資産の収益性の低下を帳簿価額に反映すること自体を目的としたものではありませんでした。

固定資産の減損とは，資産の収益性の低下により投資額の回収が見込めなくなった状態であり，減損処理とは，そのような場合に，一定の条件の下で回収可能性を反映させるように帳簿価額を減額する会計処理です。これは，金融商品に適用されている時価評価とは異なり，取得原価基準の下で行われる帳簿価額の臨時的な減額です。

③ 減損会計の適用プロセス

減損会計の適用プロセスは次のとおりです。
a 対象資産の有無の把握
b 固定資産のグルーピング
c 「減損の兆候」の把握
d 減損損失の認識の測定
e 減損損失の測定と配分
f 会計処理・表示・注記

④ 減損会計の対象資産

固定資産に分類されている資産とされていますが，他の基準に減損処理の定めのある資産は対象から除かれることになります。

例えば，金融商品会計基準における金融資産，税効果会計基準における繰延税金資産，退職給付会計基準における前払年金費用などについては，対象資産から除かれます（減損会計基準一）。

⑤ 資産のグルーピング

減損会計基準では，合理的な範囲におけるグルーピングの方法として，他の資産又は資産グループのキャッシュ・フローから概ね独立したキャッシュ・フローを生み出す最小の単位で行う（減損会計基準二6①）とし，さらに，実務的には管理会計上の区分や投資の意思決定を行う際の単位等を考慮してグルーピングの方法を定めることになります（減損会計基準前文四2(6)①）。

⑥ 減損の兆候

減損の兆候とは，資産又は資産グループに減損が生じている可能性を示す事象であり（減損会計基準二1，減損適用指針11），減損の兆候が有る場合は，減損損失を認識するかどうかの判定を行い，減損の兆候がなければ減損損失を

認識するかどうかの判定は不要となります。

減損の兆候としては，例えば，次の事象が挙げられます（減損会計基準二１）。

a 資産又は資産グループが使用されている営業活動から生ずる損益又はキャッシュ・フローが継続してマイナスとなっているか，あるいは，継続してマイナスとなる見込みであること

b 資産又は資産グループが使用されている範囲又は方法について，当該資産又は資産グループの回収可能価額を著しく低下させる変化が生じたか，あるいは，生ずる見込みであること

c 資産又は資産グループが使用されている事業に関連して，経営環境が著しく悪化したか，あるいは，悪化する見込みであること

d 資産又は資産グループの市場価格が著しく下落したこと

⑦ 減損損失の認識の判定

減損の兆候がある資産又は資産グループについての減損損失を認識するかどうかの判定は，資産又は資産グループから得られる割引前将来キャッシュ・フローの総額と帳簿価額を比較することによって行い，比較の結果，割引前将来キャッシュ・フローの総額が帳簿価額を下回る場合には，減損損失を認識することになります（減損会計基準二２(1)）。

割引前キャッシュ・フローの見積期間は資産の経済的残存耐用年数と20年のいずれか短い方とされています（減損会計基準二２(2)）。

⑧ 減損損失の測定

減損損失を認識すべきであると判定された資産又は資産グループについては，帳簿価額を回収可能価額まで減額し，当該減少額を減損損失として当期の損失します（減損会計基準二３）。

回収可能価額とは，資産又は資産グループの正味売却価額と使用価値のいずれか高いほうの金額になります。正味売却価額は，資産又は資産グループの時

価から，売却に要する処分費用見込額を控除して算定されます。使用価値は，資産又は資産グループの継続的使用と使用後の処分によって生ずると見込まれる将来キャッシュ・フローの現在価値をいいます（減損会計基準注解1）。

⑨ 将来キャッシュ・フロー

前述のように，将来キャッシュ・フローは減損損失を認識するかどうか判定する場合と，使用価値を算定する場合に見積もる必要があります。将来キャッシュ・フローは，資産又は資産グループの継続的使用と使用後の処分によって生ずると見込まれる将来キャッシュ・イン・フローから，継続的使用と使用後の処分のために生ずると見込まれる将来キャッシュ・アウト・フローを控除して見積もります。

将来キャッシュ・フローは，時価の算定を目的とするためではなく，企業にとって資産又は資産グループが回収可能かどうかを判定するため，あるいは，企業にとって資産又は資産グループがどれだけの経済的な価値を有しているかを算定するために見積もられることから，企業の固有の事情を反映した合理的で説明可能な仮定及び予測に基づいて見積もることとしています。将来キャッシュ・フローの見積りに際しては，資産又は資産グループの現在の使用状況及び合理的な使用計画等を考慮することとしており，計画されていない将来の設備の増強や事業の再編の結果として生ずる将来キャッシュ・フローは，見積りには含めません。また，将来の用途が定まっていない遊休資産については，現在の状況に基づきキャッシュ・フローを見積もることになります（減損会計基準二4(1)(2)）。

将来キャッシュ・フローの見積りの方法には，生起する可能性の最も高い単一の金額を見積もる方法と生起しうる複数の将来キャッシュ・フローをそれぞれの確率で加重平均した金額を見積もる方法があります（減損会計基準二4(3)）。

将来キャッシュ・フローの範囲は，固定資産の使用又は処分から直接的に生ずる項目に限定されるため，資産又は資産グループが使用されている営業活動

に直接的に関連する項目のほか，本社費など営業活動から間接的に生ずる費目も，将来キャッシュ・フローに含まれます。税金や利息の支払額は将来キャッシュ・フローには含まれません（減損会計基準二4(4)(5)）。

⑩ 使用価値の算定に際し用いられる割引率

使用価値の算定に際し用いられる割引率は，貨幣の時間価値を反映した税引前の利率とされています。将来キャッシュ・フローがその見積値から乖離するリスクも反映させる必要がありますが，その方法としては，将来キャッシュ・フローに反映させる方法と割引率に反映させる方法があり，いずれの方法も認められます（減損会計基準二5）。

前者の方法を採用した場合，割引率は貨幣の時間価値だけを反映した無リスクの割引率となり，後者の方法を採用した場合には，貨幣の時間価値と，将来キャッシュ・フローがその見積値から乖離するリスクの両方を反映したものとなります。

なお，減損損失を認識するかどうかを判定する際に見積られる割引前将来キャッシュ・フローの算定においては，将来キャッシュ・フローがその見積値から乖離するリスクをキャッシュ・フローに反映させない方法で統一することとしています（減損会計基準注解6）。

⑪ 共用資産の取扱い

共用資産の取扱いについては，次の2つの方法が示されています（減損会計基準二7）。

a より大きな単位でグルーピングを行う方法

一般に共用資産の帳簿価額を合理的な基準で各資産又は資産グループに配分することは困難であると考えられるため，この方法が原則とされています。この場合，共用資産を含むより大きい単位でグルーピングを行う前に，共用資産を含まない資産又は資産グループごとに，減損会計を適用し，その後，共用資

産を含めたより大きな資産グループで減損会計の適用を行います。共用資産を加えることによって算定される減損損失の増加額は，原則として共用資産に配分されます。ただし，共用資産に配分された減損損失が，共用資産の帳簿価額と正味売却価額の差額を超過することが明らかな場合には，当該超過額を合理的な基準により各資産グループに配分します。

b　共用資産の帳簿価額を資産又は資産グループに配分する方法

共用資産の帳簿価額を合理的な基準で配分することができる場合には，各資産又は資産グループに共用資産の帳簿価額を配分することもできることとされています。この場合には，共用資産に減損の兆候があるかどうかにかかわらず，その帳簿価額を各資産又は資産グループに配分することとなります。

⑫　のれんの取扱い

のれんについても，共用資産同様に，単独ではキャッシュ・フローを生成しないため，どのようなグルーピングで減損処理を行うかが問題となります。

のれんが認識される取引において，取得の対価が概ね独立して決定され，取得後も内部管理上独立した業績評価が行われる複数の事業が取得される場合，まず，のれんが認識された取引において取得された事業の単位に応じて，合理的な基準に基づき分割することとされています。

分割されたのれんについては，共用資産と同様，より大きな単位でグルーピングを行う方法が原則とされ，のれんの帳簿価額を関連する資産グループに合理的な基準で配分することができる場合には，のれんの帳簿価額を資産又は資産グループに配分する方法が適用されます。

ただし，共用資産の場合と異なり，のれんの帳簿価額を資産又は資産グループに配分する方法を採用した場合に，各資産グループについて認識された減損損失を，のれんに優先的に配分し，残額を帳簿価額に基づく比例配分等の合理的な方法で資産グループの各構成資産に配分します（減損会計基準二８）。

⑬　減損処理後の会計処理

減損処理を行った資産については，減損損失を控除した帳簿価額に基づき減価償却が行われることになります。また，減損損失も戻入れは，行わないこととされています（減損会計基準三）。

⑭　中小企業における適用

「中小企業の会計に関する指針」（以下，「中小企業会計指針」という）では，固定資産について予測することができない減損が生じた時は，その時の取得原価から相当の減額をしなければならないとされています。減損損失の認識及びその額の算定に当たって，減損会計基準の適用による技術的困難性等を勘案し，指針では，資産の使用状況に大幅な変更があった場合に，減損の可能性について検討することとしています。具体的には，固定資産としての機能を有していても将来使用の見込みが客観的にないこと又は固定資産の用途を転用したが採算が見込めないことのいずれかに該当し，かつ，時価が著しく下落している場合には減損損失を認識するものとしています。なお，資産が相当期間遊休状態にあれば，通常，将来使用の見込みがないことと判断されます（中小企業会計指針36項）。

⑮　税務上の取扱い

法人税法上，減価償却費として損金の額に算入する金額は，償却費として損金経理した金額のうち税法上の償却限度額に達するまでの金額とされています（法31①）。ここで，「償却費として損金経理した金額」には，償却費の科目をもって経理した金額のほか，「減価償却資産について計上した評価損の金額のうち損金の額に算入されなかった金額」も含まれるものとされており，この評価損の金額には減損損失の金額も含まれることとされています（法基通7−5−1⑸）。したがって，法人税法上の償却限度額の範囲内で減損損失も損金の額に算入されることになります。

(3) リース会計

① 公表の経緯

　企業会計基準委員会は，平成19年3月30日に企業会計基準第13号「リース取引に関する会計基準」（以下，「リース会計基準」という）及び企業会計基準適用指針第16号（以下，「リース適用指針」という）を公表しました。改正前会計基準では，ファイナンス・リース取引のうち所有権移転外ファイナンス・リース取引については，一定の注記を要件として通常の賃貸借取引に係る方法に準じた会計処理（以下，「例外処理」）を採用することを認めてきましたが，例外処理がほぼすべてを占める現状は，会計基準の趣旨を否定するような特異な状況であり，早急に是正する必要があるとされました。我が国のリース取引が資金を融通する金融ではなく物を融資する物融であり，諸外国のファイナンス・リースとは異なるという意見や税制上の取扱いから，会計上の情報開示の観点のみでは結論を得ることが難しい課題でした。平成19年度税制改正の大綱が財務省より公表され，リースに関する税制の改正内容が明らかになったことを受け，平成18年12月に公開草案が公表されました。

　また，会計基準のコンバージェンスに向けた共同プロジェクトにおいて，リース会計を短期的な検討項目として位置づけていましたが，この基準の改正により，現状の国際会計基準第17号「リース」と平仄が合い，国際的な会計基準間のコンバージェンスに寄与することとなりました。

　今回の改正で例外処理が廃止され，ファイナンス・リース取引については，通常の売買取引に係る方法に準じた会計処理を行うこととされています（リース会計基準9）。

② 所有権移転外ファイナンス・リース取引の借手の会計処理（リース会計基準10～12）

　借手は，リース取引開始日に，リース物件とこれに係る債務をリース資産及

びリース債務として計上します。リース資産及びリース債務の計上額は，原則として，リース契約締結時に合意されたリース料総額からこれに含まれている利息相当額の合理的な見積額を控除する方法により，当該利息相当額については，原則として，リース期間にわたり利息法により配分します。

　リース資産総額に重要性が乏しいと認められる場合は，次のいずれかの方法を採用することができます（リース適用指針31，32）。

a　リース料総額から利息相当額の合理的な見積額を控除しない方法

　この場合，リース資産及びリース債務は，リース料総額で計上され，支払利息は計上されず，減価償却費のみが計上されます。

b　利息相当額の総額をリース期間にわたり定額法で配分する方法

　所有権移転ファイナンス・リース取引に係るリース資産の減価償却費は，自己所有の固定資産に適用する減価償却方法と同一の方法により算定しますが，所有権移転外ファイナンス・リース取引に係るリース資産の減価償却費は，原則として，リース期間を耐用年数とし，残存価額をゼロとして算定します。

　なお，リース契約1件当たりのリース料総額が300万円以下のリース取引など少額のリース資産やリース期間が1年以内のリース取引については，簡便的に，オペレーティング・リース取引の会計処理に準じて，通常の賃貸借取引に係る方法に準じた会計処理を行うことができます。

③　所有権移転外ファイナンス・リース取引の貸手の会計処理（リース会計基準13，14）

　貸手は，リース取引開始日に，通常の売買取引に係る方法に準じた会計処理により，所有権移転ファイナンス・リース取引についてはリース債権として，所有権移転外ファイナンス・リース取引についてはリース投資資産として計上します。

　貸手における利息相当額の総額は，リース契約締結時に合意されたリース料総額及び見積残存価額の合計額から，これに対応するリース資産の取得価額を

控除することによって算定します。当該利息相当額については，原則として，リース期間にわたり利息法により配分します。

④ 不動産に係るリース取引の取扱い（リース適用指針19, 20）

不動産のリース取引については，契約上，賃貸借となっている場合でもリース取引に含まれ，ファイナンス・リース取引に該当するか，オペレーティング・リース取引に該当するかを判定します。土地については，無限の耐用年数を有し，通常はフルペイアウトにはならないため，所有権移転条項があるか割安購入選択権条項がある場合を除き，オペレーティング・リース取引に該当するものと推定します。

土地と建物等を一括したリース取引（契約上，建物賃貸借契約とされているものも含む）は，原則として，リース料総額を合理的な方法で土地に係る部分と建物等に係る部分に分割した上で，現在価値基準の判定を行います。ただし，適切な土地の賃料が契約書で明示されているなどの場合を除いては，借手においては，リース料に含まれている土地の賃料相当の算出は容易でないことが想定されるため，借手においては，セール・アンド・リースバック取引を除き，土地の賃料が容易に判別可能でない場合は，両者を区別せずに現在価値基準の判定を行うことができます。

⑤ 中小企業における適用

平成20年版の「中小企業会計指針」では，新たにリース取引の項が新設され，所有権移転外ファイナンス・リース取引に係る借手は，通常の売買取引に係る方法に準じて会計処理を行うこととされました。ただし，通常の賃貸借取引に係る方法に準じて会計処理を行うことができますが，この場合は，未経過リース料を注記するとされています（中小企業会計指針74－2～4）。

⑥ リース取引関連税制

　税制においても，取引の経済的実態に合った処理とすべきという点では企業会計の考え方と異なることはなく，また，所有権移転外ファイナンス・リース取引は経済的実態が売買取引と同様であるという認識にも相違はないことから，企業会計における見直しを契機として，所有権移転外ファイナンス・リース取引についても売買取引に準じた処理としています。

　平成19年度の法人税法改正において，以下の措置が講じられています。

a　所有権移転外ファイナンス・リース取引は，売買取引とみなす。

b　所有権移転外ファイナンス・リース取引の賃借人のリース資産の償却方法は，リース期間定額法（リース期間を償却期間とする定額法をいう）とする。なお，賃借人が賃借料として経理した場合においてもこれを償却費として取り扱う。

c　所有権移転外ファイナンス・リース取引の賃貸人について，リース料総額から原価を控除した金額（以下「リース利益額」という）のうち，受取利息と認められる部分の金額（リース利益額の100分の20相当額）を利息法により収益計上し，それ以外の部分の金額をリース期間にわたって均等額により収益計上することができることとする。

　なお，上記aからcまでの改正は，平成20年4月1日以後に締結する所有権移転外ファイナンス・リース契約について適用されます。

　リース取引に係る消費税の取扱いについても，売買処理として計算されますので，借手の場合，購入時（引渡し時）に一括して仕入税額控除することとされます。リース料総額が300万以下のため，賃貸借処理を行った場合や中小企業が中小企業会計指針に従い，賃貸借処理を行った場合でも，リース取引開始初年度にリース料総額の仕入税額控除を行うことになります。

　また，法人事業税の外形標準課税計算時の留意点として，所有権移転外ファイナンス・リース取引の合理的に区分された利息相当額については，純支払利子に含まれることになることが挙げられます。

(4) 四半期会計基準

① 公表の経緯

　四半期開示は，証券取引所における開示制度としてすでに四半期決算が行われていますが，金融商品取引法に基づく開示制度にはなく，またその会計基準も未整備となっていました。このような中，平成17年6月に公表された金融審議会金融分科第一部会ディスクロージャー・ワーキング・グループ報告「今後の開示制度のあり方について」（以下「報告書」）において，「四半期開示のあり方」が示され，四半期財務諸表に係る作成基準のすみやかな策定が要請されました。この要請を受けて，企業会計基準委員会では，論点整理による検討後，公開草案を平成18年11月に公表し，委員会に寄せられたコメントを検討し，企業会計基準第12号「四半期財務諸表に関する会計基準」（以下，「四半期会計基準」という）及び企業会計基準適用指針第14号「四半期財務諸表に関する会計基準の適用指針」（以下，「四半期適用指針」という）を平成19年3月14日付けで公表しました。

　なお，この報告書に沿って平成18年6月に金融商品取引法制を整備する法改正が成立し，平成20年4月1日以後開始連結会計年度及び事業年度から四半期報告制度が導入されています。

② 四半期財務諸表の範囲

　四半期連結財務諸表の範囲は，四半期連結貸借対照表，四半期連結損益計算書及び四半期連結キャッシュ・フロー計算書とされ，また，四半期個別財務諸表の範囲は，四半期個別貸借対照表，四半期個別損益計算書及び四半期個別キャッシュ・フロー計算書とされています（四半期会計基準5，6）。連結，個別いずれも四半期株主資本等変動計算書の開示は求めず，株主資本の金額に著しい変動があった場合には，主な変動事由を注記事項として開示することとされています（四半期会計基準19(13)，25(11)）。

なお，四半期連結財務諸表を開示する場合には，四半期個別財務諸表の開示は要しません（四半期会計基準6）。

③ 四半期財務諸表等の開示対象期間

四半期財務諸表等の開示対象期間は次のとおりとされています（四半期会計基準7）。

・貸借対照表……四半期会計期間末日の四半期貸借対照表及び前年度末日の要約貸借対照表
・損益計算書……四半期会計期間及び期首からの累計期間の四半期損益計算書，並びに前年度におけるそれぞれ対応する期間の四半期損益計算書
・キャッシュ・フロー計算書…期首からの累計期間の四半期キャッシュ・フロー計算書及び前年度における対応する期間の四半期キャッシュ・フロー計算書

④ 四半期財務諸表の性格

四半期財務諸表の性格付けについては，中間財務諸表と同様「実績主義」と「予測主義」という2つの異なる考え方がありますが，中間財務諸表の性格付けを実績主義に変更した経緯，定性的情報や前年同期比較の開示，会社の恣意性の排除，国際的な会計基準の動向から「実績主義」を基本とすることとしています（四半期会計基準39）。

⑤ 会計処理

a 四半期個別財務諸表への準拠

四半期連結財務諸表は，年度の連結財務諸表同様，企業集団に属する親会社及び子会社が一般に公正妥当と認められる企業会計の基準に準拠して作成した四半期個別財務諸表を基礎として作成することとしています（四半期会計基準

8）。

b 会計処理の原則及び手続

　会計処理の原則及び手続は，四半期特有の会計処理を除き，原則として年度の財務諸表の作成に当たって採用する会計処理の原則及び手続に準拠しなければなりません。ただし，財務諸表利用者の判断を誤らせない限り，簡便的な会計処理によることができます（四半期会計基準9）。

c 四半期特有の会計処理

　四半期特有の会計処理は，原価差異の繰延処理，後入先出法における売上原価修正及び税金費用の計算とされています（四半期会計基準11）。

・原価差異の繰延処理……予定価格又は標準原価が年間（又は6か月等）を基礎に設定されているために発生する原価差異で，原価計算期間末である年度末（又は第2四半期会計期間末等）までにほぼ解消が見込まれる場合には，継続適用を条件として，当該原価差異を流動資産又は流動負債として繰り延べることが認められています（四半期会計基準12，50）。

・後入先出法の売上原価修正……棚卸資産の評価方法に後入先出法を採用している場合において，棚卸資産の各四半期会計期間末における数量が年度の期首の数量より少ないが，年度末までに不足分を補充することが合理的に見込まれるときには，継続適用を条件として，その再調達価額に基づいて売上原価を加減し，当該加減した差額を流動資産又は流動負債として繰り延べる処理を認めることとしています（四半期会計基準13）。

・税金費用の計算……法人税等については，原則として年度決算と同様の方法により計算し，繰延税金資産及び繰延税金負債の回収可能性等を検討することとされていますが，税金費用については，四半期会計期間を含む年度の税引前当期純利益に対する税効果会計適用後の実効税率を合理的に見積り，税引前四半期純利益に当該見積実効税率を乗じて計算することができます。この場合には，四半期貸借対照表計上額は未払法人税等その他適用な科目により，流動負債又は流動資産として表示し，前年度

末の繰延税金資産及び繰延税金負債については、回収可能性を検討した上で四半期貸借対照表に計上することとされています（四半期会計基準14）。

d 簡便的な会計処理

四半期財務諸表は、年度の財務諸表や中間財務諸表よりも開示の迅速性が求められていることから、財務諸表利用者の判断を誤らせない限り、中間作成基準よりも簡便的な会計処理によることができることとされました。

以下、適用指針で認められている簡便的な会計処理を列挙します。

一般債権の貸倒見積高の算定（四半期適用指針3，83，84）

有価証券の減損処理（四半期適用指針4，5，85，86）

棚卸資産の実地棚卸の省略（四半期適用指針6）

棚卸資産の簿価切下げ（四半期適用指針8，88項）

原価差異の配賦方法（四半期適用指針9，89項）

経過勘定項目の計上（四半期適用指針11）

減価償却費の算定において合理的な予算制度の利用（四半期適用指針12，90）

定率法を利用している場合の減価償却費の算定（四半期適用指針13）

税金費用の算定方法（四半期適用指針15，93）

繰延税金資産の回収可能性の判断（四半期適用指針16，17，94）

連結財務諸表における重要性が乏しい連結会社における簡便的な会計処理（四半期適用指針20）

退職給付費用の期間按分計算（四半期適用指針24～26）

持分プーリング法の適用における内部取引の相殺消去（四半期適用指針27）

連結会社相互間の債権債務及び取引の相殺消去（四半期適用指針28，29）

未実現損益の消去（四半期適用指針30）

e 開　　示

イ　科目の表示

四半期財務諸表（連結・個別）の表示方法は、年度の財務諸表に準じて記

載します。ただし，財務諸表利用者の判断を誤らせない限り，集約して記載することができるとされています（四半期会計基準17，23）。

ロ　注 記 事 項

中間財務諸表よりも注記項目及び注記内容の簡略化が図られており，前年度と比較して著しい変動がある項目など，財務諸表利用者が四半期財務諸表を理解する上で重要な事項を注記事項として定めています（四半期会計基準55）。

四半期連結財務諸表には，次の事項を注記しなければなりません（四半期会計基準19）。

・連結の範囲に含めた子会社，持分法を適用した非連結子会社及び関連会社に関する事項その他連結の方針に関する事項について，重要な変更を行った場合には，その旨及びその理由

・重要な会計処理の原則及び手続について変更を行った場合には，変更を行った四半期会計期間以後において，その旨，その理由及び期首からの累計期間への影響額

・当年度の第2四半期以降に自発的に重要な会計処理の原則及び手続について変更を行った場合には，(2)の記載に加え，第2四半期以降に変更した理由，直前の四半期会計期間の末日までの期首からの累計期間への影響額。なお，影響額を算定することが実務上困難な場合には，影響額の記載に代えて，その旨及びその理由

・前年度の連結財務諸表の作成に当たり自発的に重要な会計処理の原則及び手続について変更を行っており，かつ，前年度の四半期連結財務諸表と当年度の四半期連結財務諸表の作成に当たっての重要な会計処理の原則及び手続との間に相違が見られる場合には，その旨及び前年度の対応する四半期会計期間及び期首からの累計期間への影響額。なお，影響額を算定することが実務上困難な場合には，影響額の記載に代えて，その旨及びその理由

- 四半期連結財務諸表の表示方法を変更した場合には，その内容
- 簡便的な会計処理及び四半期特有の会計処理を採用している場合には，その旨及びその内容
- 事業の種類別セグメントごとの売上高及び営業損益（以下「事業の種類別セグメント情報」という），所在地別セグメントごとの売上高及び営業損益（以下「所在地別セグメント情報」という）及び海外売上高。また，企業結合や事業分離等により事業の種類別セグメント情報に係るセグメント別資産の金額に著しい変動があった場合には，その概要
- 1株当たり四半期純損益，潜在株式調整後1株当たり四半期純利益及び当該金額の算定上の基礎
- 1株当たり純資産額
- 四半期会計期間の末日における発行済株式総数，自己株式数，新株予約権（自己新株予約権を含む）の目的となる株式数及び四半期会計期間末残高
- ストック・オプションを新たに付与した場合及び重要な事項に変更がある場合には，その旨及びその内容
- 配当に関する事項
- 株主資本の金額に著しい変動があった場合には，主な変動事由
- 四半期会計期間の末日に継続企業の前提に重要な疑義を抱かせる事象又は状況が存在する場合には，その旨及びその内容，継続企業の前提に関する重要な疑義の存在及び経営者の対応等
- 事業の性質上営業収益又は営業費用に著しい季節的変動がある場合には，その状況
- 重要な保証債務その他の重要な偶発債務
- 重要な企業結合に関する事項
  パーチェス法を適用した重要な企業結合
    - 企業結合の概要，四半期連結損益計算書に含まれる被取得企業等の業績の期間，実施した会計処理の概要

・当該企業結合が当年度の期首に完了したと仮定したときの四半期連結損益計算書の期首からの累計期間への影響の概算額。なお，四半期連結財務諸表で影響の概算額を算定することが実務上困難な場合には，影響の概算額の記載に代えて，その旨及びその理由

持分プーリング法を適用した企業結合

・企業結合の概要，議決権のある株式の交換比率及びその算定方法等，当該企業結合を持分の結合と判定した理由，企業結合の結果として処分することが決定された重要な事業

・当該企業結合が当年度の期首以外で行われた場合には，当年度の期首に企業結合が行われたものとみなし，直前の四半期会計期間の末日までの期首からの累計期間への影響額。なお，四半期連結財務諸表で影響額を正確に算定することができない場合には，その旨，その理由及び適当な方法による影響の概算額

・前年度の連結財務諸表には持分プーリング法を適用した結果が反映されているが，前年度の対応する四半期連結財務諸表には反映されていない場合には，その旨及び前年度の対応する四半期会計期間及び期首からの累計期間への影響額。なお，四半期連結財務諸表で影響額を正確に算定することができない場合には，その旨，その理由及び適当な方法による影響の概算額

重要な共通支配下の取引等及び共同支配企業の形成

・企業結合の概要，実施した会計処理の概要

・重要な事業分離に関する事項

事業分離の概要，実施した会計処理の概要，四半期連結損益計算書に計上されている分離した事業に係る損益の概算額

・四半期連結財務諸表を作成する日までに発生した重要な後発事象

・四半期連結キャッシュ・フロー計算書における現金及び現金同等物の四半期末残高と四半期連結貸借対照表に掲記されている科目の金額との関係

・企業集団の財政状態，経営成績及びキャッシュ・フローの状況を適切に判断するために重要なその他の事項

⑥ 適用時期

平成20年4月1日以後開始する連結会計年度及び事業年度から適用されています。

(5) 関連当事者取引

① 公表の経緯

我が国における関連当事者の開示は，会計基準の1つとして位置づけられていなかったこと，国際的な会計基準とは関連当事者の定義や開示する取引範囲などで差異があったこと，さらに，純粋持株会社の増加を踏まえた見直しの必要性などから，平成17年3月から開始された国際会計基準審議会との会計基準のコンバージェンスに向けた共同プロジェクトでの検討課題とされ，平成18年10月17日に企業会計基準第11号「関連当事者の開示に関する会計基準」(以下，「関連当事者会計基準」という)及び企業会計基準適用指針「関連当事者の開示に関する会計基準の適用指針」(以下，「関連当事者適用指針」という)が公表されました。

② 目的

関連当事者の開示は，会社と関連当事者との取引や関連当事者の存在が財務諸表に与えている影響を財務諸表利用が把握できるように，適切な情報を提供するものでなければならないとされています(関連当事者会計基準2)。

③ 関連当事者の範囲

関連当事者とは，ある当事者が他の当事者を支配しているか，又は，他の当

事者の財務上及び業務上の意思決定に対して重要な影響力を有している場合の当事者等をいい，次に掲げる者をいいます（関連当事者会計基準5(3)）。

a　親　会　社
b　子　会　社
c　財務諸表作成会社と同一の親会社をもつ会社
d　財務諸表作成会社が他の会社の関連会社である場合における当該他の会社（以下「その他の関係会社」）並びに当該その他の関係会社の親会社及び子会社
e　関連会社及び当該関連会社の子会社
f　財務諸表作成会社の主要株主及びその近親者
g　財務諸表作成会社の役員及び近親者
h　親会社の役員及びその近親者
i　重要な子会社の役員及びその近親者
j　へからリに掲げる者が議決権の過半数を自己の計算において所有している会社及びその子会社
k　従業員のための企業年金（企業年金と会社の間で掛け金の拠出以外の重要な取引を行う場合に限る）

④　開示対象となる取引の範囲

　開示する取引の範囲については，連結財務諸表においては，連結会社（連結財務諸表作成会社及び連結子会社）と関連当事者との取引を開示対象とし，開示対象が拡大されました。ただし，連結財務諸表を作成するに当たって相殺消去した取引は開示対象外となります（関連当事者会計基準6）。

　無償取引や低廉な価格での取引，形式的・名目的に第三者と経由した取引で，実質上の相手先が関連当事者であることが明確な場合についても開示対象に含めることとされています。

　関連当事者適用指針では，関連当事者に対する債権が貸倒懸念債権及び破産

更生債権等に該当する場合は，債権の期末残高に対する貸倒引当金残高，当期の貸倒引当金繰入額等，当期の貸倒損失額を開示することとし，現行の開示項目の拡大が図られています（関連当事者適用指針8）。

⑤ 重要性の判断基準

主な変更点は，関連当事者が個人グループである場合，関連当事者との取引が連結損益計算書項目及び連結貸借対照表項目等のいずれに係る取引についても，1,000万円を超える取引が開示対象とされたこと（従来は100万円）及び役員が他の法人の代表者を兼務し，その代表者として会社と取引を行う場合も関連当事者が法人である場合の取引の判断基準により重要性を判断することとしたという点です（関連当事者適用指針31～33）。

⑥ 関連当事者の存在に関する開示

親会社又は重要な関連会社が存在する場合には，取引に関する開示だけでなく，関連当事者の存在に関する開示が求められました。親会社が存在する場合には，親会社の名称等，重要な関連会社が存在する場合には，その名称及び当該関連会社の要約財務情報の開示を求めています（関連当事者会計基準11）。

⑦ 適用時期

平成20年4月1日以後開始する連結会計年度及び事業年度から適用となっています（ただし平成19年4月1日以後開始する連結会計年度及び事業年度からの早期適用も認められています）。

【参考文献】
・「セグメント情報等の開示に関する会計基準及び同適用・指針について」 高津知之・岩野正憲　週刊経営財務No.2871　平成20年6月2日
・「『固定資産の減損に係る会計基準の設定に関する意見書』の公表」 平松朗　商事法務　No.1638　平成14年9月5日

・「企業会計基準第13号『リース取引に関する会計基準』の解説」 小賀坂敦 商事法務No.1801 平成19年6月5日
・「『四半期財務諸表に関する会計基準及びその適用指針』について」 新井武広 週刊経営財務No.2821 平成19年5月28日
・「関連当事者の開示に関する会計基準と適用指針の概要」 五反田屋信明 商事法務No.1783 平成18年11月25日

第3章

コンバージェンスの論点
－相違点の解説－

コンバージェンスの論点
－相違点の解説－

(1) はじめに

本章では，国際会計基準と日本の会計基準の差異について主な差異と背景をまとめます。本章記載の差異が，今後対応が必要となる論点の主だった項目となります。

本章では，まず，EUの同等性評価において，コンバージェンスが必要とされた26項目を中心にまとめ，それ以外の主だった差異についてもまとめています。

本章の目的は，日本基準を適用している企業が，今後求められる変化の概要を把握できるようにすることです。

(2) 26項目の相違点

① 企業結合関係

企業結合関係には，持分プーリング法，株式を対価とする場合の対価の測定日，取得した研究開発の資産計上，負ののれん，少数株主持分の算定方法，段階取得及び外貨建てのれんの換算の7項目の論点が含まれています。これらの論点は平成20年12月26日改正の企業結合に関する会計基準（以下「新企業結合会計基準」という）等により対応がされています。

a 持分プーリング法

我が国の会計基準と国際的な会計基準の間の差異の象徴的な存在として例示されてきた本論点の相違は，日本の会計基準においては持分プーリング法と

パーチェス法との選択適用が認められ，企業結合の経済的実態に応じて，使い分けられていましたが，国際会計基準では，すべての企業結合についてパーチェス法の適用が強制され，持分プーリング法の適用は認められていない点でした。

<パーチェス法と持分プーリング法>

国際会計基準	(旧) 日 本 基 準	今　　　後
パーチェス法のみ	パーチェス法と持分プーリング法の選択適用	パーチェス法のみ

　国際財務報告基準（International Financial Reporting Standards（以下「IFRS」）がパーチェス法へ一本化した背景には，実質的に同種の取引に異なる会計処理が存在することにより比較可能性が害される点，米国・オーストラリア等で既に持分プーリング法が禁止されていたために，国際的な比較可能性が害される点及び実際に持分プーリング法が適用可能な持分結合は稀なケースであった点から持分プーリング法が不要と判断されたことにあります[1]。

　これに対し，我が国では，持分結合の経済的実態に実質的な差異が存在し，実態が異なる以上，異なる会計処理を認めるべきとする立場を採ってきました。しかし，近年の研究報告によると，平成18年4月1日から平成19年7月2日までに提出された有価証券報告書に含まれる連結財務諸表又は半期報告書に含まれる中間連結財務諸表に記載のある企業結合のうち，持分プーリング法によるものは116件中，わずかに3件でした[2]。

<我が国における持分プーリング法及びパーチェス法の適用状況>
（平成18年4月1日〜平成19年7月2日提出）

	平成18年4月1日〜平成19年7月2日提出				計
	連結財務諸表		中間連結財務諸表		
	連結会計年度内の企業結合	後発事象としての企業結合	中間連結会計期間内の企業結合	後発事象としての企業結合	
持分プーリング法	1	2			3
パーチェス法	96	7	10		113
	97	9	10		116

84　第3章　コンバージェンスの論点－相違点の解説－

（注1）　これらは適用件数を示している。なお，有価証券報告書と半期報告書のいずれにも記載されているものや，ある会社の子会社における企業結合について当該子会社の連結財務諸表とその親会社の連結財務諸表の両方に記載されているものなど，同一案件が複数の報告書にわたって記載されているものについては，1件として集計している。
（注2）　事業年度内の企業結合でパーチェス法が適用されている96件のうち，平成18年3月31日以前に開始した連結会計年度の連結財務諸表であって，調査対象期間中の企業結合に対して企業結合会計基準に準じてパーチェス法が適用されているものが8件含まれている。
（注3）　「持分プーリング法によっている」旨の記載があるものの，共通支配下の取引など，その内容から明らかに持分プーリング法が適用される事例に該当しないものについては，集計から除外している。

このような実態のもと，比較可能性を確保するため，我が国においても，IFRSがパーチェス法に一本化した趣旨と同様の趣旨で，新企業結合会計基準においては，パーチェス法へ一本化されることになりました。

b　株式を対価とする場合の対価の測定日

企業結合の対価が，市場価格のある取得企業等の株式である場合，我が国では，取得の対価となる財の時価は，原則として，その企業結合の主要条件が合意されて公表された日前の合理的な期間における株価を基礎にして算定するものとされていましたが，国際的な会計基準では，取得日における時価により算定するという相違がありました[3]。

<取得の対価>

国際会計基準	（旧）日　本　基　準	今　　　後
取得日の時価	公表日前の合理的な期間の株価に基づき算定	取得日（企業結合日）の時価

IFRSが，取得日の時価とした背景には，株式以外の対価は取得日で測定されることとの整合性をとるべきで，また合意公表日と取得日との間の変動は生じるのが通常であり，不確定な時価で算定すべきではないといった考え方があります。

これに対し，我が国では，合意公表日と取得日との間の条件変更が一般的で

はないとし,合意後の株価変動は本来の被取得企業の事業価値以外の要素が含まれているとし,確定時点として合意公表日前の合理的期間としてきました[4]。

しかし,我が国においても必ずしも合意公表日と取得日との間の条件変更がないとは言えないことから,新企業結合会計基準では,市場価格のある取得企業等の株式が取得の対価として交付される場合には,取得の対価となる財の時価は,原則として,企業結合日における株価を基礎にして算定しなければならないとされています。

c 取得した研究開発の資産計上

企業結合等により取得した仕掛研究開発については,我が国では,社内の研究開発費の取扱いと同様に,費用として処理することが求められていたのに対して,国際財務報告基準においては,企業結合により取得した他の無形資産と同様に,企業結合日の公正価値に基づいて資産として計上することが求められていた点で相違がありました[5]。

<取得した仕掛研究開発>

国際会計基準	(旧)日本基準	今後
資産計上	費用処理	資産計上

国際財務報告基準においては,買入れにより取得した資産については,有形資産か無形資産かを問わず,一般にその取得原価で資産計上するものと考えています。この取扱いは,個別の買入れにより無形資産等を取得した場合に限らず,企業結合によって,被取得企業の資産及び負債を包括的に取得した場合にも基本的に当てはまることになります。ただし,企業結合による取得の場合には,取得原価は企業結合日時点の時価を基礎として取得の対価を配分することにより算定することになります[6]。この取扱いは,買い入れた無形資産の内容により変わってくるわけではありません。このため,企業結合によって取得した仕掛研究開発について無形資産の認識要件[7]を満たす限り,資産として計上することが求められることになります。

一方，我が国の会計基準では，企業結合により取得した無形資産が，仕掛研究開発に該当するか否かは，その「企業結合後の使途」が，社内の研究開発であるか否かで判断するとされているということになっていました。この考え方によると，他の無形資産と同じように仕掛研究開発も取得時点においては資産性を持つとしても，仕掛研究開発の使途は取得企業における研究開発とみるため，特定の研究開発目的にのみ使用され，他の目的に使用できない資産として，研究開発費等会計基準における研究開発費の取扱いと整合的な取扱いが求められていたため，企業結合により取得した仕掛研究開発についても，社内の研究開発に関する支出の取扱いと同様，費用処理することになっていました[8]。仕掛研究開発が，取得企業において研究開発に使われ，研究開発費を構成する原価要素に該当するとみている点は，例えば，研究開発の一部を外注した場合に，その外注費も社内の研究開発費を構成すると考えて，費用処理が求められることと類似しています。また，仕掛研究開発を個別に買い入れた場合にも，社内の研究開発費と同様に費用処理することになっていました[9]。

この取得した仕掛研究開発についても，無形資産として計上される方向となっています。

d　負ののれん

負ののれんが発生した場合，我が国では正の値であるのれんの会計処理方法との対称性を重視して，規則的な償却を行う方法が採用されていましたが，国際的な会計基準では取得日の利益として処理されているという相違がありました[10]。

＜負ののれんの会計処理＞

国際会計基準	（旧）日本基準	今　　後
取得日の利益	規則的償却	取得日の利益

国際会計基準が，負ののれんを取得日の利益とする趣旨は，その発生理由が，バーゲン・パーチェス（企業あるいはその所有者は，通常，その時価よりも低

い価格で売却するようなことはしないものの，何らかの理由によりその事業をすぐにでも処分する必要があるために，通常より安く売却するケース）を想定している点にあります。

我が国では，取得後発生する負債については，すべて対価に折り込み済みであり，発生理由について合理的な理由が無いとして，承継した資産の取得原価総額を調整する要素とみて，正の値であるのれんと対称的に，規則的な償却を行うこととしてきました。

しかし，合併時の資産・負債評価がより適正になされることにより，調整要素は少額になるが，それでも多額の負ののれんが発生する場合等に調整額とする合理的な理由が無い等の理由により，新企業結合会計基準では国際会計基準同様に取得時の利益として処理することになりました。

e　少数株主持分の算定方法

我が国では，少数株主持分は子会社の資本に対する少数株主の持分割合額によって測定され，子会社資本の算定の前提となる子会社の資産及び負債の評価方法としては，全面時価評価法と部分時価評価法の2つが認められてきました。しかしながら，国際的な会計基準では，部分時価評価法に相当する取扱いは認められていないという相違がありました。

<少数株主持分の算定>

国際会計基準	日　本　基　準	今　　後
少数株主持分自体の時価	全面時価評価法と部分時価評価法の選択適用	全面時価評価法により算定（実質同質）

そもそも国際会計基準では，少数株主持分は，少数株主持分自体の時価によって測定することが原則とされています。しかし，被取得企業の識別可能純資産の時価の比例持分額によることができるという容認処理を設けていることから，この容認処理と我が国の全面時価評価法による方法と，ほぼ同じ考えによることとなり，具体的な差異は識別可能純資産の時価の測定方法として，部分時価評価法を認められるかという点になっていました。

この点，19年4月1日から平成20年3月31日に終了する連結会計年度に係る連結財務諸表を対象に，「全面時価評価法」及び「部分時価評価法」をキーワードとして，連結財務諸表作成の基本となる事項記載の会社数を調査したところ，全面時価評価法を採用しているものが3,412社あるのに対し，部分時価評価法を採用しているものは123社に留まっていました[11]。

そのため，部分時価評価法を採用している企業はわずかであること，また，子会社の株式を現金以外の対価（例えば，自社の株式）で取得することを想定した企業結合会計基準では全面時価評価法のみが認められていることから，新企業結合会計基準では部分時価評価法を選択する余地を無くすことになりました。

f　段階取得

ある企業の支配を段階的に取得した場合の当該企業の取得原価として，我が国では過去から取得している株式の累積原価によるものとされていますが，国際的な会計基準では，以前から所有していた被取得企業の持分を支配獲得日の時価によって再評価し，再評価の結果生じた差額については，損益として認識することとされています。

<段階取得の場合の取得原価>

国際会計基準	日　本　基　準	今　　後
従来の持分についても時価評価	累積取得原価	従来の持分についても時価評価

国際会計基準による処理の背景に，少数株主持分としての株式を所有することから企業の支配を獲得することへの変化は，投資の性質及びそれを取り巻く経済環境が大きく変わることを意味し，このような変化によって，投資の分類及び測定の基礎が変わることは当然のこととする考えがあります。また，原価を累積するという実務は，財務報告における多くの不整合と欠陥につながることになるという考えにも対応したものです。

我が国の処理は，貸借対照表に計上する資産の価額は，原則として当該資産

の取得原価を基礎としなければならないとする取得原価主義会計の考え方に基づくものであり，また，購入取引からは原則として損益は生じないとする考え方と整合するものでありました。

国際会計基準と我が国の視点の違いは，投資の時点の相違であり，当初から一連の取得取引を投資として考えるか，支配獲得時にそれまでの支出の性質を大きく変えて投資と考えるかの違いと捉えることができます。

そのため，単に視点の相違であれば，企業がある企業を取得する際の取得原価は，過去から取得している株式の累積原価ではなく，当該企業を取得するために必要な支出額であると考えることもできることから，我が国においても平成20年12月26日企業会計基準第22号連結財務諸表に関する会計基準により，子会社の資産及び負債の評価について，支配獲得時における時価をもって測定する全面時価評価法のみとされました。

g　外貨建てのれんの換算

在外子会社の取得により発生したのれんを決算日において本邦通貨に換算する場合，我が国では発生時の為替相場で換算することとされてきました。そのため，国際会計基準では決算日の為替相場で換算することとされている国際的な会計基準と相違がありました。

<在外子会社取得の際ののれん>

国際会計基準	日 本 基 準	今　　後
決算時の為替相場で換算	発生時の為替相場	決算時の為替相場で換算

この相違は，当該のれんの残高及びのれんの償却額の相違をもたらし，また，為替換算調整勘定の計上額の相違をもたらすことになります。外貨建のれんを本邦通貨に換算する際，いずれの為替相場を適用するべきかについては，概念的には，そののれんが在外子会社の資産の一部と考えるか，あるいは，親会社の資産の一部と考えるかによって異なるものと考えられます。

国際的な会計基準では，外貨建のれんは在外子会社の資産であると考えてい

ます。そのため、実質的に在外子会社の無形資産と同様と考え、決算日の為替相場で換算することとされています。

我が国では、親会社が在外子会社を連結する場合、子会社に対する投資から発生するのれんは親会社の資産の一部であり、親会社の通貨である円貨額で固定し、のれん残高及びのれん償却額は、為替相場の変動による影響を受けるべきではないと考え、外貨建のれんの換算は発生時の為替相場によっていました[12]。

この点、のれんは、取得企業が取得する資産及び引き受ける負債の純額を超える何らかの価値に対して支払われたものであり、のれんを被取得企業が有する資産と捉えるならば、他の識別可能資産及び負債と同様に、在外子会社の取得により生じた外貨建のれんも各期の為替相場の変動を反映させることが適当であると考えられます。

そのため、のれんが被取得企業の有する超過収益力であるならば、外貨建のれんについても、当該被取得企業の有する他の資産と同様と考え、決算日の為替相場により換算する方法に変更されました。

② 連結の範囲(SPEを含む)

日本基準においては、監査委員会報告第60号で示されていた取扱いについて、他の会社等の意思決定機関を支配していないこと等が明らかであると認められる場合が明確化されてきませんでした。

<連結の範囲(SPC含む)>

従来	対応	今後
SPC等の取扱いが不明確	要件定め子会社の範囲を明確化	開示について継続検討
子会社ではない、持分法会社でない会社が不明確	具体例定め明確化	

そこで、企業会計基準適用指針第22号「連結財務諸表における子会社及び関

連会社の範囲の決定に関する適用指針」（以下「22号」）では投資企業が投資育成や事業再生を図りキャピタルゲイン獲得を目的とする営業取引として等により他の会社等の株式や出資を有している場合には，従来の要件を満たしていても，次のすべてを満たすようなときには，子会社には該当しないことを明示しました。

例えば，売却等により他の会社等の議決権の大部分を所有しないこととなる合理的な計画があること，他の会社等との間で，通常の取引として投融資を行っているもの以外の取引がほとんどないこと，他の会社等の事業の種類は，自己の事業の種類と明らかに異なるものであること，他の会社等とのシナジー効果も連携関係もないことなどです。また，利害関係者の判断を著しく誤らせるおそれがあるため連結の範囲に含めない子会社及び持分法を適用しない関連会社についても明確ではありませんでした。

連結原則では，連結することにより利害関係者の判断を著しく誤らせるおそれのある会社等は，連結の範囲に含めないものとしています。一般に，それは限定的であると考えられており，監査委員会報告第60号では具体例は示されてきませんでしたが，22号では，現行の実務等を考慮した具体例が示されいます。

また，22号では子会社の場合と同様に，持分法を適用することにより利害関係者の判断を著しく誤らせるおそれのある関連会社（非連結子会社を含む）に対する投資については，持分法を適用しないことを明示し，現行の連結財務諸表規則における取扱いと整合させています。

さらに米国基準のようにSPCに対する保管計算書を要求するかについて継続的に議論が続けられています。

③ 在外子会社の会計基準の統一

従来の監査委員会報告第56号「親子会社間の会計処理の統一に関する当面の監査上の取扱い」（以下「当面の取扱い」という）では，「在外子会社の会計処理についても，本来，企業集団として統一されるべきものであり，その子会社

の所在地国の会計基準において認められている会計処理が企業集団として統一しようとする会計処理と異なるときは,当面,親会社と子会社との間で統一する必要はないものとする。なお,在外子会社が採用している会計処理が明らかに合理的でないと認められる場合には,連結決算手続上で修正する必要があることに留意する。」とされていました。

<在外子会社の会計基準>

国際会計基準	日 本 基 準	今 後
親会社に統一	原則統一。合理的で無い場合を除き,所在地国の会計基準のままを容認。	親会社に統一

 しかし,我が国の会計基準は,その後,国際財務報告基準(IFRS)や米国会計基準といった国際的な会計基準と同等の水準まで整備がなされ,一方,欧州をはじめ多くの国々において,国際財務報告基準が採用されつつあり,また,国際会計基準審議会と米国財務会計基準審議会(FASB)とのコンバージェンス・プロジェクトにおいて,両会計基準間の相違は削減される方向で検討がなされてきました。

 このような状況に鑑み,連結財務諸表作成における在外子会社の会計処理について,実務対応報告第18号「連結財務諸表作成における在外子会社の会計処理に関する当面の取扱い」(以下「実務対応報告18号」という)により当面の取扱いを改めることとしました。

 すなわち,原則的に,連結財務諸表を作成する場合,同一環境下で行われた同一の性質の取引等について,親会社及び子会社が採用する会計処理の原則及び手続は,原則として統一しなければならないとされています。ただし,在外子会社の財務諸表が,国際財務報告基準又は米国会計基準に準拠して作成されている場合には,当面の間,それらを連結決算手続上利用することができるものとされました。

 その場合であっても,次に示す項目については,当該修正額に重要性が乏し

い場合を除き，連結決算手続上，当期純利益が適切に計上されるよう当該在外子会社の会計処理を修正しなければなりません。
a　のれんの償却
b　退職給付会計における数理計算上の差異の費用処理
c　研究開発費の支出時費用処理
d　投資不動産の時価評価及び固定資産の再評価
e　会計方針の変更に伴う財務諸表の遡及修正
f　少数株主損益の会計処理
e　明らかに合理的でないと認められる会計処理

④　関連会社の会計方針の統一

　関連会社についても，原則的に，同一環境下で行われた同一の性質の取引等について，投資会社（その子会社を含む）及び持分法を適用する被投資会社が採用する会計処理の原則及び手続は，原則として統一します。

　投資会社及び持分法適用関連会社が採用する会計処理の原則及び手続の統一に当たっては，原則的な取扱いによるほか，当面の間，日本公認会計士協会監査・保証実務委員会報告第56号「親子会社間の会計処理の統一に関する当面の監査上の取扱」と同様の取扱いとします。さらに，在外関連会社については，当面の間，実務対応報告第18号に準じて行うことができるものとします。

　この論点の背景は，実質的に在外子会社のそれと同様です。

⑤　株 式 報 酬

<株 式 報 酬>

国際会計基準	日 本 基 準
実質的差異無し	

a 費用認識

ストック・オプションについては，2005年12月にストック・オプション等に関する会計基準（企業会計基準第8号）及び適用指針を公表済みであり，すでに適用されています。

国際会計基準，我が国ともにストック・オプションは費用処理しています。ストック・オプション費用化に一本化の経緯は以下のとおりです。

第一に，費用認識の前提条件に疑問があるとする立場からは，費用認識に根拠があるとする指摘の前提となっているストック・オプションがサービスに対する対価として付与されているという前提（対価性）に疑問があると主張されました。

第二に，費用認識に根拠がないとする立場からは，ストック・オプションの付与によっても，新旧株主間で富の移転が生じるに過ぎないから，現行の会計基準の枠組みの中では費用認識には根拠がなく，ストック・オプションを付与しても，企業には現金その他の会社財産の流出が生じないため，費用認識に根拠がないと主張されました。

第三に，見積りの信頼性の観点から，費用認識が困難又は不適当であるとする立場からは，ストック・オプションの公正な評価額の見積りに信頼性がないと主張されました。

これに対し，費用認識に根拠があるとする立場からは，従業員等は，ストック・オプションを対価としてこれと引換えに企業にサービスを提供し，企業はこれを消費しているから，費用認識に根拠があるという主張がなされました。サービス提供の対価性について，企業に帰属し，貸借対照表に計上されている財貨を消費した場合に費用認識が必要である以上，企業に帰属しているサービスを消費した場合にも費用を認識するのが整合的です。また，企業に帰属したサービスを貸借対照表に計上しないのは，単にサービスの性質上，貯蔵性がなく取得と同時に消費されてしまうからに過ぎず，その消費は財貨の消費と本質的に何ら異なるところはないありません。ストック・オプションに対価性が認

められる限り，これに対応して取得したサービスの消費を費用として認識することが適当であると考え，費用処理が採用されました。

b その他

以上のように，現在日本基準と国際的な会計基準に大きな差異は無くなりました。

ここで開示されない項目が今後国際会計基準で開示されるようになれば，日本においても開示の検討が必要となります。

⑥ 棚卸資産の会計

棚卸資産の会計については，低価法，後入先出法の2項目に分けて述べます。

a 低価法

我が国においては，これまで，取得原価をもって棚卸資産の貸借対照表価額とし（原価法），時価が取得原価よりも下落した場合には時価による方法を適用して算定すること（低価法）ができるものとされ，原価法と低価法の選択適用が認められてきました。なお，原価法を適用している場合でも，時価が取得原価より著しく下落したときは，回復する見込みがあると認められる場合を除き，時価をもって貸借対照表価額とする（強制評価減）ものとされてきました。そのため，低価法のみの国際会計基準との間に差異がありました。

<棚卸資産の評価>

国際会計基準	（旧）日本基準	現在
低価法	原価法と低価法の選択適用と強制評価減	正味売却価額をもって貸借対照表価額とする

国際会計基準が低価法を採用した背景には，すべての資産（もちろん棚卸資産を含む）と負債を公正価値で計上する方向に向かうためのIAS2（棚卸資産）の改訂があります。IAS2では費用収益対応及び取得原価体系に関連する記述はすべて削除されており，そこでは原価基準と低価基準の選択適用という思考ではなく，原価と正味実現可能価額のいずれか低い金額での測定，すなわち，

低価基準が想定されています。

　我が国においても，国際的に資産を公正価値で計上するという潮流に収斂させるために，収益性の低下により投資額の回収が見込まれなくなった場合に正味売却価額を貸借対照表価額とする方法を採用しました。この収斂は，我が国においても会計上，資産項目を回収可能価額まで帳簿価額を切り下げるという保守主義的な考え方が導入されたこと意味します[13]。

b　後入先出法

　国際会計基準は，IAS第2号の平成15年の改正に当たって，後入先出法の採用を認めないこととしました。そのため，後入先出法を含め，複数の方法が容認されている点で我が国の会計基準とは差異がありました。

<後入先出法の採用>

国際会計基準	日本基準	現在
容認しない	後入先出法も容認	後入先出法廃止（個別法，先入先出法，平均原価法，売価還元法から選択）

　我が国では，先入先出法と後入先出法は，従来正反対であるにも関わらず，選択が容認されてきました。その背景には，先入先出法は，期末貸借対照表の棚卸資産金額が期末時価に近づくという意味で貸借対照表重視であり，後入先出法は，損益計算書上，インフレ等通貨価値の変動による利益を反映しない等費用収益対応の原則に忠実である意味で損益計算書重視という異なる考え方が併存してきたことがあります。

　しかし，国際的に会計アプローチの潮流が資産負債アプローチが強まる中で，後入先出法は容認されなくなりました。そのため，正反対の会計処理を認める立場を変更し，我が国においても，後入先出法を廃止することとなりました。

⑦　固定資産の減損

a　減損テスト

　固定資産の減損について，国際会計基準では，認識の判定の際に回収可能価

額が帳簿を下回るかで判断するのに対し，日本基準では割引前将来キャッシュフロー総額を下回るかで判断し，減損損失の測定の際に回収可能価額が帳簿価額を下回る場合に，減損損失を認識している点に相違があります。

<減損損失の認識の判定>

国際会計基準	日 本 基 準	今　　後
帳簿価額＞回収可能額	帳簿価額＞割引前将来キャッシュフロー総額	未定

　国際会計基準の減損の考え方の背景には，回収可能価額が帳簿価額を下回る場合に，直ちに減損損失を認識し，適時に損益に反映することで利用者が適時に損失を把握できるようにするという考えがあります。すなわち，資産価値の変動により利益を測定する考えに立っています[14]。

　一方，日本基準では，減損している可能性が高い場合に減損損失を認識する考え方です。すなわち，減損を認識するハードルは国際会計基準より高く設定され，より慎重に減損損失を認識します。これは，投資額の回収が見込めなくなった場合の損失の計上であり，取得原価会計の枠組みの中での，帳簿価額の臨時的な減額とする考えに立っています。

　国際的な会計アプローチの潮流は資産負債アプローチが強まり，すべての資産・負債を公正価値で開示し，その損益を適時に開示するという考えが中心となってきています。しかし，我が国における検討は，国際的な動向を見つつすすめられると思われます。

b　減損の戻入

　国際会計基準では，回収可能価額が回復した場合は，減損損失の戻入れを行うのに対し，日本基準では，減損損失の戻入れを行わない点で相違しています。

<減損損失の戻入れ>

国際会計基準	日 本 基 準	今　　後
減損損失の戻入れを行う	なし	未定

国際会計基準が減損の戻入れを行う背景には，減損の目的を資産に回収可能価額を超える帳簿価額を付さないことであるとし，減損損失を計上後，回収可能価額が帳簿価額を上回れば，貸借対照表に資産の時価を適切に反映するため，回収可能額を開示すべきとする考え方があります。

一方で，我が国の会計基準では，減損損失は減損の存在が相当に確実な場合に限って，簿価の切下げとして実施しているため，戻入れを想定していません。また，変動損益の損益計算書への反映は取得原価主義と整合しません。また実務上の負担の軽減できることも相俟って戻入れは行われてきませんでした。

減損損失の戻入れについても今後の検討課題となっています。

⑧ 開発費の資産計上

社内の開発費については，国際財務報告基準においては，一定の要件を満たす限り資産計上が求められているのに対し，我が国の会計基準が，社内の研究費と同様，発生時点での費用処理を求めている点で相違します。

<開 発 費>

国際会計基準	日 本 基 準	今　　後
一定要件で資産計上	発生時点費用化	国際的動向みつつ検討

我が国においては，研究開発費は，すべて発生時に費用として処理しなければならないとされています（研究開発費等会計基準三）。

その背景には，第一に研究開発費は，発生時には将来の収益を獲得できるか否かが不明であり，また，研究開発計画が進行し，将来の収益の獲得期待が高まったとしても，依然としてその獲得が確実であるとはいえないため，研究開発費を資産として貸借対照表に計上することは適当ではないとする考え方，第二に，仮に，一定の要件を満たすものについて資産計上を強制する処理を採用する場合には，資産計上の要件を定める必要があるものの，実務上客観的に判断可能な要件を規定することは困難であり，抽象的な要件のもとで資産計上を

求めることとした場合，企業間の比較可能性が損なわれるおそれがあるする考え方にあります。

これに対して，国際財務報告基準では，IAS第38号において，無形資産を，第一に資産に起因する，期待される将来の経済的便益が企業に流入する蓋然性が高く（probable），かつ第二に資産の取得原価を信頼性をもって測定することができる場合に認識しなければならないとしています（IAS第38号第21項）。IAS第38号においては，企業の研究開発費について，研究（又は内部プロジェクトの研究局面）から生じた無形資産を認識してはならず，これに関する支出は，発生時に費用として認識しなければならない（IAS第38号第54項）とする一方で，開発（又は内部プロジェクトの開発局面）から生じた無形資産は，企業がIAS第38号に定めるすべての要件を立証できる場合に，これを認識しなければならないとしています（IAS第38号第57項）。

開発費の資産計上については，IASBの検討も道半ばであることから，IASBとFASBとの議論の動向を踏まえながら検討を行う予定としています。

⑨ 農　　業

<農　業>

国際会計基準	日　本　基　準	今　　後
農産物と補助金について認識測定方法を規定。	なし	当面対応無し。

国際会計基準では農業活動を行う会社の会計処理，開示について定めています。農業活動とは，生物資産を販売するため，農産物にするため，又は新たな生物資産を得るために，企業が生物的変化を管理することをいう，とされています。国際会計基準が対象とする範囲は，生物資産・収穫時点における農産物及び政府補助金であり，これらの認識・測定方法を定めています。例えば，生物資産（羊・ぶどうの木等）は見積販売時費用控除後の公正価値で測定され，農産物（羊毛・ぶどう等）は収穫時において，その見積販売時費用控除後の公

正価値で測定されます。

　我が国においては，こうした農業に関する基準は設けられていません。背景には，我が国においては，農業活動を行う有報提出会社が極めて少ない（有価証券報告書提出会社は2008年8月時点で業種農業で8社[05]，業種林業で1社[06]）点が挙げられます。そのため，差異はあるものの，重要性は無いとして，コンバージェンスの検討項目に含められていなません。

⑩　保険契約（異常危険準備金）

　IASBでは，いわゆる保険会計について議論が進められています。例えば，「我が国会計基準の開発に関するプロジェクト計画について－EUによる同等性評価等を視野に入れたコンバージェンスの取組み－」で例示された，異常危険準備金は数十年に1度起こる地震等の災害の際に発生する支払いに備えるために設定されるものでありますが，我が国においては，該当するような準備金は負債項目としても資本項目としてもありません。

　この点，対象業種が保険業に限られており，当面の検討課題としては検討項目に含められていません。

⑪　工事契約（工事完成基準）

＜工事完成基準＞

国際会計基準	（旧）日本基準	2009/4/1以後，2009/3/31以前早期適用可
収益認識は進行基準	工事進行基準又は工事完成基準の選択適用	工事進行基準適用を厳格化

　これまで我が国では，長期請負工事に関する収益の計上については，工事進行基準又は工事完成基準のいずれかを選択適用することができるとされてきました[07]。このため，同じような請負工事契約であっても，企業の選択により異なる収益等の認識基準が適用される結果，財務諸表間の比較可能性が損なわれ

る場合があるとの指摘がなされていました。こうした指摘を踏まえ，工事契約に関する収益認識の方法が中長期的な検討課題として認識されてきました。

その後，四半期財務報告制度が導入されるなど，より適時な財務情報の提供への関心が高まり，この面からも工事契約に関する収益認識の方法について見直しの必要性が指摘されていました。また，工事契約に関する収益認識の方法に関しては，会計基準のコンバージェンスに向けた協議の中でも，共同プロジェクトの第3回会合（平成18年3月開催）において短期プロジェクト項目における検討項目の1つに追加され検討されてきました。

その結果，工事契約に関する会計基準として公表され，我が国においても工事契約に関して，工事の進行途上においても，その進捗部分について成果の確実性が認められる場合には進行基準を適用し，この要件を満たさない場合には工事完成基準を適用するというように，原則的には工事進行基準とし，その適用条件を明確にしました。

⑫ 不良債権

コンバージェンスの取り組みにおいて，我が国の金融機関においては一定の開示ルールが定められており，特段の対応は不要と考えられるとされています[08]。そのため，コンバージェンスへの対応は当面の課題とはされていません

⑬ 廃棄費用・資産除去債務

廃棄費用，資産除去債務は，26項目中別の項目として取り扱われていますが，内容的には，IFRIC解釈指針第1号「廃棄，原状回復及びそれらに類似した既存の負債の変動」と日本基準との差異であり，ASBJにおいても合わせて検討を行ってきました。

国際財務報告基準では，資産除去債務についてはIAS第37号により負債に計上され，また，これに対応する除去費用はIAS第16号により有形固定資産に計上されることになります。

一方，我が国においては，国際的な会計基準に見られるような，資産除去債務を負債として計上し，対応する除去費用を有形固定資産の取得価額に計上する会計処理は行われていない[19]点で相違していました。

<資産除去債務>

国際会計基準	(旧) 日本基準	2010/4/1以後, 2010/3/31以前早期適用可
資産除去債務および除去費用を計上	なし	資産除去債務および除去費用を計上

　国際会計基準が廃棄費用・資産除去債務の会計処理を定めている背景は以下の通りです。有形固定資産の除去といった将来に履行されるサービスについて，その支払いが将来において履行される場合，当該債務は通常，双務未履行と考えられ，認識されることはありません。しかし，有形固定資産の解体，撤去等の処分，原状回復に要するサービスに係る支払いが法律上の義務に基づく場合など，有形固定資産の除去時に不可避的に生じる場合があります。国際会計基準では，このような場合に，たとえその支払いが後日であっても，実質的に債務として負担している金額を合理的に見積ることを条件に，資産除去債務の全額を負債として計上することにより，貸借対照表に計上すべき負債は全て計上すべきと考えています[20]。

　一方我が国においては，そうした考えは有りませんでした。しかし，将来不可避的に発生する費用を負債計上するという考え方を導入し，2010年4月1日以降開始する事業年度（2010年3月31日以前開始の事業年度についても早期適用可）から資産除去債務を計上することとなっています。

⑭　年金・退職後給付

　ASBJは，年金・退職給付については，IASBとの共同プロジェクトの長期項目として取り上げており，2007年以降プロジェクトを設置して，IASB／FASBの議論に関して意見発信等を行うことを予定しています。

我が国においても，IASB／FASB の議論の動向を踏まえて検討し，方向性を決定していく見通しです。

a 基礎率

国際会計基準では，基礎率（死亡率，退職率，割引率，予定昇給率，年金資産の期待運用収益率等）は企業の最善の見積りが必要とされています。つまり，毎期最善の見積りを行うことで，市場の変動が基礎率に反映されることになります。

一方，我が国では，基礎率に重要な変動が生じていない場合には，これを見直さないことができるとされ，計算基礎を合理的に決定すると定義されるため，ある一定の変動を踏まえて設定することも可能でした。結果として，国際会計基準より基礎率の変動が平準化されることになる点で相違していました。

＜退職給付会計（基礎率）＞

国際会計基準	日 本 基 準	平成21年4月1日以後 平成21年3月31日以前 早期適用可
決算毎見積り	一定の変動まで変更しないことができる。	割引率は期末の安全性の高い長期の債券の利回り

b コリドーアプローチ

コリドーアプローチとは，前期末の数理計算上の差異の累積額が前期末の退職給付債務の一定範囲（10％），または前期末の年金資産の公正価値の一定範囲（10％）を超過する場合に，数理計算上の差異として費用計上するアプローチです。

我が国において数理差異は，各期の発生額を発生した期または翌期から直ちに毎期費用処理しなければならない点が相違します。

＜退職給付会計（コリドーアプローチ）＞

国際会計基準	日 本 基 準	今　　後
一定範囲を超えた数理差異を費用処理（コリドーアプローチ）	発生した全ての数理差異は発生期又は翌期から費用処理	討議していく。

国際会計基準がコリドーアプローチを採用する背景には，数理計算上の差異は，将来における期間において相殺される可能性があるという考え方があります。また，コリドーアプローチは，基礎率を毎期見直し，退職給付債務を再評価し，退職給付債務の変動を重視する貸借対照表重視の考え方に整合的です。

日本においては，退職給付債務計算の際に用いられる基礎率に変動が無い場合には，退職給付債務の再評価は行われず，数理計算上の差異をどう退職給付費用に按分するかという損益計算書重視の考え方に整合的である点で相違します。

現状我が国はコリドーアプローチを採用していませんが，会計概念が損益計算書重視から貸借対照表重視にシフトしていることを背景に，国際会計基準へ合わせる必要があるか検討されると思われます。企業会計基準委員会ではその他の論点と合わせ，平成21年1月22日に退職給付会計の見直しに関する論点の整理を公表し，検討を行っています。

⑮ 金融商品の公正価値の開示

金融取引を巡る環境が変化する中で，金融商品の時価情報に対するニーズが拡大していること等を踏まえて，すべての金融商品についてその状況やその時価等に関する事項の開示の充実を図るため，平成20年3月10日金融商品に関する会計基準が改正されています。

⑯ 投資不動産

国際会計基準（IAS）第40号では，「投資不動産」の評価方法は公正価値評価と原価評価の選択適用となっており，原価評価した場合は時価を注記することが求められており，実質的に時価開示が求められています。日本では，販売用不動産以外は，固定資産として原価評価（減損を含む）をしている点で差異がありました。

＜投資不動産＞

国際会計基準	日 本 基 準	今　　後
時価評価又は原価評価（時価注記）	原価評価（減損会計はあり）	時価開示

　投資不動産の評価については，平成20年11月28日賃貸不動産の時価等の開示に関する会計基準で時価を注記により開示することとなった（8項）。

⑰　金　融　商　品

　会計基準が複雑なため，CESRは技術的評価を継続するとしています。当面は対応はありません。IASBとFASBとの議論の動向を踏まえながら検討を行う予定です。

(3) その他の相違点

①　セグメント情報開示

　国際会計基準及び平成20年3月21日改正の企業会計基準第17号「セグメント情報等の開示に関する会計基準」（以下「新セグメント基準」という）では，マネジメント・アプローチを採用しています。マネジメント・アプローチでは，セグメントの区分方法あるいは測定方法が特定の方法に限定されておらず，経営者の意思決定や業績評価に使用されている情報に基づく一組のセグメント情報を開示することを求めています。

　従来の我が国のセグメント情報開示と国際会計基準の代表的な差異は，セグメントの区分方法あるいは測定方法の違いです。

　我が国の会計基準では，従来，事業の種類別セグメント情報，所在地別セグメント情報及び海外売上高について企業の連結財務諸表を分解した情報の開示を企業に求めていました。

<セグメント>

国際会計基準	日 本 基 準	2010／4／1〜
マネジメントアプローチによる区分	事業の種類別セグメント情報，所在地別セグメント情報及び海外売上高	マネジメントアプローチによる区分

　このように，従来のセグメント情報と新セグメント基準に基づくセグメント情報の違いは，経営者の実際の意思決定や業績評価に使用されている情報に基づくか否かという違いです。

　なお，従来企業が開示してきたセグメント情報の事業の種類や地域による区分方法あるいは測定方法が，マネジメント・アプローチによるセグメントの区分方法や測定方法と異ならない場合には，新会計基準の適用後も従来と同様の方法により開示されることが考えられます。

　国際会計基準が，マネジメント・アプローチを採用している背景には，事業区分等の開示では，開示すべきセグメント区分の定義が不明確であったために，企業の恣意的な解釈がなされた結果，開示されているセグメントの数が少ないことや単一セグメントとして報告する企業が多いことなどの問題点が指摘されていたことがあります。マネジメント・アプローチは，これらの問題点を解消することができるとされた方法です。

　その一方，マネジメント・アプローチに基づくセグメント情報は，企業の組織構造に基づく情報であるため，企業間の比較を困難にし，また，同一企業の年度間の比較が困難になるという短所や，内部的に利用されている財務情報を基礎とした情報の開示を要求することは，企業の事業活動の障害となる可能性があるという短所があるとされています。

　国際的会計基準の立場においては，会計情報の比較可能性は，会計情報が有用であるために必要とされる最低限の基礎的な条件とされ，意思決定有用性を直接的に判定する特性とは考えていません。会計情報の財務諸表利用者の意思決定との関連性は，比較可能性の確保に優先すると考えられています。よって，

我が国のセグメント情報開示においても，マネジメント・アプローチを導入することになりました。

② 過年度遡及修正

国際財務報告基準においては，主にIAS 第8号で，財務諸表の過年度遡及修正の取扱いが定められています。この基準では，会計方針の選択と適用，会計方針の変更，会計上の見積りの変更と誤謬の訂正の会計処理及びその開示に関する定めが設けられていますが，これらについては企業の財務諸表の目的適合性と信頼性及び財務諸表の期間比較可能性と企業間の比較可能性を向上させることを意図したものであるとされています[20]。

具体的には，同一企業の会計情報を時系列で比較する場合，あるいは，同一時点の会計情報を企業間で比較する場合，それらの比較に障害とならないように会計情報が作成されていることを要請するものであります。

企業においては同一の会計方法が継続的に（首尾一貫して）適用されなければなりません。さらに，その変更に際しては，利用者の比較作業に資するための情報の開示が必要となるという考え方です。

この点，我が国では，比較可能情報は注記にて開示する立場をとり，会社法（旧商法）に基づき，過年度財務諸表を遡って修正することはできないとする考え方もありました。しかし，コンバージェンスの潮流の中で，より比較可能性を高めるために過年度遡及修正についても取り入れる見込みです。

<過年度遡及修正>

国際会計基準	日 本 基 準	2008年6月20日 論点整理
会計方針の変更を遡及して適用	遡及適用無し	遡及修正採用？
表示方法の変更を遡及して適用	遡及適用無し	遡及修正採用？
見積もり変更は誤謬訂正ではない	見積もり変更は追加情報	遡及処理しない

a 会計方針の変更

　国際財務報告基準ではIAS第8号において，会計方針の変更に関し，新たに適用された会計基準については，経過措置に従うことを求めている一方，経過措置がない場合やより信頼できる情報を提供するため自発的に会計方針を変更する場合においては，原則として当該変更を遡及的に適用することを求めています。

　我が国では，会計方針の変更を行った場合，会計方針の変更が当該変更期間の財務諸表に与えた影響に関する開示を求める定め（財務諸表等規則等）はあるものの，過年度財務諸表に新しい会計方針を遡及適用し，これを開示することは求めていません[22]。

b 表示方法の変更

　国際財務報告基準ではIAS第1号において，財務諸表上の項目の表示及び分類は，原則として継続しなければならないとするとともに，表示又は分類を変更した場合には，原則として過年度分についても組み替えたうえで，当該組替えの内容や理由などの一定の開示を求めています[23]。

　我が国では，表示方法の変更が行われた場合の取扱いについては明文化されていません。また，現行の取扱い（財務諸表等規則等）においては，表示方法についても継続性を保持するべきことを明示したうえで，表示方法を変更した場合には前事業年度の財務諸表との比較を行うために必要な注記を行うこととされていますが，過年度財務諸表の組替えは行われていません[24]。

c 会計上の見積もりの変更

　国際財務報告基準ではIAS第8号において，会計上の見積りの変更は，資産や負債の現状の評価の結果行われる，あるいは，資産や負債に関連して予測される将来の便益及び義務の評価の結果行われる，資産や負債の帳簿価額の修正又は資産の定期的な費消額の修正をいうとされ，新しい情報や展開から生じるもので誤謬の訂正ではないものとされています[25]。

　我が国においては，日本公認会計士協会　監査基準委員会報告書第26号「監

査実務指針の体系」(以下「監査基準委員会報告書第26号」という) のなかで，会計上の見積りとは，将来事象の結果に依存するために金額が確定できない場合，又は既に発生している事象に関する情報を適時にあるいは経済的に入手できないために金額が確定できない場合において，当該金額の概算額を算出することをいうとされています。また，会計上の見積りの変更については，日本公認会計士協会　監査委員会報告第77号「追加情報の注記について」(以下「監査委員会報告第77号」という) において，過去に特定の会計事象等の数値・金額が会計処理を行う時点では確定できなかったため，見積りを基礎として会計処理していた場合において，損益への影響が発生する見積りの見直しをいうとされています[26]。

③　財務諸表の表示

「財務諸表の表示」という相違点は，IASB及びASBJにおいて業績報告の相違として議論されていた論点です。簡潔にいえば，損益計算書による業績開示の相違についての議論です。

財務諸表の表示方法(業績の報告方法)の相違の中心は，最終的に純利益を報告するか，包括利益を報告するかの相違点です。

<過年度遡及修正>

国際会計基準	日本基準	今後
包括利益で業績報告	純利益で業績報告	議論していく。
貸借対照表重視	損益計算書重視	議論していく。

包括利益とは，特定期間における純資産の変動額のうち，報告主体の所有者である株主，子会社の少数株主，及び将来それらになり得るオプションの所有者との直接的な取引によらない部分をいいます。直接的な取引の典型例は，親会社の増資による親会社株主持分の増加，いわゆる資本連結手続を通じた少数株主持分の発生，新株予約権の発行などです。なお，純資産を構成する項目間

の振替であっても、それらの項目の一部がここでいう直接的な取引によらないものであるときは、その部分が包括利益に含められる場合もあります。

　純利益とは、特定期間の期末までに生じた純資産の変動額（報告主体の所有者である株主、子会社の少数株主、及び前項にいうオプションの所有者との直接的な取引による部分を除く）のうち、その期間中にリスクから解放された投資の成果であって、報告主体の所有者に帰属する部分をいいます。純利益は、純資産のうちもっぱら株主資本だけを増減させます。

　企業の投資の成果は、最終的には、投下した資金と回収した資金の差額に当たるネット・キャッシュフローであり、各期の利益の合計がその額に等しくなることが、利益の測定にとって基本的な制約になります。包括利益と純利益はともにこの制約を満たすものの、このうち純利益はリスクから解放された投資の成果であり、それは、企業が行った投資に関する期待に対比される事実が生じたか否かで判断されます。

　純利益は、収益から費用を控除した後、少数株主損益を控除して求められます。ここでいう少数株主損益とは、特定期間中にリスクから解放された投資の成果のうち、子会社の少数株主に帰属する部分をいいます。

　包括利益のうち、(1)投資のリスクから解放されていない部分を除き、(2)過年度に計上された包括利益のうち期中に投資のリスクから解放された部分を加え、(3)少数株主損益を控除すると、純利益が求められます。

　包括利益重視の考え方の背景には、未実現損益も業績と考えると一度認識された未実現損益が実現によって再度純損益として認識されることを望ましくないとする考え方があります。また、資産と負債の変動から利益を求める資産・負債アプローチの考え方には馴染む考え方です。

　一方で純利益重視の考え方の背景には、収益・費用アプローチ及び実現主義に馴染むという点があります。包括利益と純利益の差異に、リスクから開放されていない部分であるが、利益はあくまで実現したものという考えがある場合、純利益こそが業績とされます。

この議論は，IASBでも継続的に議論されており，日本においてもその議論の進行に歩調を合わせることになると思われます。

④ 収益認識

国際会計基準では，収益の認識・測定について，便益の発生可能性が高く，その便益が高い信頼性をもって測定できるときに，その公正価値により測定するように求めている（IAS18）のに対し，日本では，実現主義を採り，取引価額により測定する点で相違しています。

また，国際会計基準では，割賦販売の収益認識について，引渡基準かつ割賦販売利益と利息相当分を分離して測定するよう求めています（IAS18）が，日本では，引渡基準は原則だが，例外として，回収期限到来基準または入金基準も容認する点で相違しています。

さらに，国際会計基準では，取引の成果を一定の信頼性を持って見積もることができると判断されるとき，進行基準で役務提供の収益認識を行います（IAS18）が，日本では，未完成請負工事等について，工事進行基準等の進行基準があるが，原則的には完成基準で役務提供の収益認識を行う点で相違しています。同様に，ソフトウェア開発料の収益認識についても，国際会計基準では，ソフトウェア開発進行基準で行うが，日本では顧客が検収を終えた段階で計上を行う点で相違します。

⑤ のれんの償却

国際会計基準では，のれんについて，規則的な償却を行わず，厳格で実用的な減損テストを実施する方法を採用しています。これは，取得のれんについては，その耐用年数および原価のパターンは一般に予測不可能であることから，規則償却はむしろ恣意的な見積りであり，のれんの償却費に有用性は認めらないという立場に立っているからです。

我が国では，のれんの本質を超過収益力と考えるのであれば，競争の進展に

よって通常はその価値が減価することから，のれんを規則償却することで，企業結合の成果としての収益と償却費用が対応されます。また，取得したのれんは費消され，自己創設のれんに置換される資産であるので自己創設のれんの認識を禁止する考え方に整合するとする立場に立っています[27]。

⑥ 負債と資本の区分

国際対応専門委員会で検討中の論点です。FASBのDPは2007年11月公表済みで，IASBのDPは2008年2月に公表されています。

(4) 本章のまとめ

本章で記載した主な差異は以下の通りにまとめられます。なお，括弧書きの日本基準については基準の公表改正により2009年2月末現在で対応済の差異です。

項　　目	国際会計基準	日　本　基　準
(2)① 企業結合 　a　持分プーリング	パーチェス法のみ	（パーチェス法と持分プーリング法の選択適用）
b　株式を対価とする場合の対価の測定日	取得日の時価で測定する。	（主要条件が合意されて公表された日前の合理的な期間における株価を基礎にして測定）
c　取得仕掛研究開発費	企業結合日の公正価値に基づいて資産として計上	（費用処理）
d　負ののれん	取得日の利益として処理	（規則的に償却）
e　少数株主持分	全面時価評価法のみ。部分時価評価法は認められていない。	（全面時価評価法と部分時価評価法の選択適用可）
f　企業の支配を段	以前から所有していた被取得	（過去から取得している株式

	階取得した場合の当該企業の取得原価	企業の持分を支配獲得日の時価によって再評価し，再評価の結果生じた差額については，損益として認識	の累積原価）
	g　在外子会社の取得により発生したのれんを決算日において本邦通貨に換算する場合	決算日の為替相場で換算	（発生日の為替相場で換算）
②	連結範囲	ＳＰＥに関する具体的指針有り	具体的指針が無かった。
③	在外子会社の会計基準の統一		原則統一。ただし，一定の調整以外国際会計基準，米国会計基準適用可。
④	関連会社の会計方針の統一		同上
⑤	株式報酬 a　費用認識	費用処理	
	b　その他	国際会計基準とともに検討中。	
⑥	棚卸資産会計 a　低価法	低価法のみ	（取得原価と低価法選択適用，強制評価減）
	b　後入先出法	禁止	（選択可）
⑦	減損会計 a　減損テスト	回収可能価額が帳簿価額を下回る場合に，直ちに減損損失を認識	割引前将来キャッシュフロー総額を下回るかで判断，測定は回収可能価額
	b　減損戻入	有り	無し
⑧	開　発　費	国際財務報告基準においては，一定の要件を満たす限り資産計上が求められている。	発生時費用処理
⑨	農　　業	農産物を見積販売時費用控除後の公正価値で測定	該当基準無し

⑩ 保　　　険	異常危険準備金等有り	該当基準無し
⑪ 工事契約	工事進行基準（確認）	（工事進行基準又は工事完成基準）
⑫ 不良債権	実質的に差異無し。	
⑬ 廃棄費用・除去債務	資産除去債務の負債計上除去費用の有形固定資産計上。	（該当基準無し）
⑭ 年金・退職後給付 　a 基 礎 率	毎期市場の変動が基礎率に反映	（一定幅まで基礎率を安定して設定可能）
b コリドーアプローチ	採用	不採用
d 開　　　示	数理計算上の差異を資本計上	数理計算上の差異を費用処理
⑮ 金融商品の公正価値の開示	実質的に差異無し	
⑯ 投資不動産	公正価値評価と原価評価の選択適用となっており，原価評価した場合は時価を注記	（原価評価）
⑰ 金融商品	IASB，FASBの動向みつつ対応	
(3)① セグメント	マネジメントアプローチ	（事業別／所在地別／海外）
② 過年度遡及修正	過年度遡及修正の規定有り	該当する基準なし
③ 財務諸表表示	包括利益	純利益
④ 収益認識	その便益が高い信頼性をもって測定できるときに，その公正価値により測定。また，進行基準。	実現主義 完成基準
⑤ のれんの償却	実施せず，減損テスト	規則的償却
⑥ 負債と資本の区分	検討中	検討中

---

(1) 「国際財務報告論－会計基準の収斂と新たな展開」平松一夫，中央経済社，2007年8月30日，161～162頁参照。

(2) 「企業結合会計に関する調査報告-EUによる同等性評価に関連する項目について-」企業会計基準委員会, 2007年10月16日参照。
(3) 「企業結合会計の見直しに関する論点の整理」企業会計基準委員会, 2007年12月27日。
(4) 同上参照。
(5) 「研究開発費に関する論点の整理」企業会計基準委員会, 2007年12月27日。
(6) IFRS 3号36項。
(7) 32項参照。
(8) (旧)企業会計基準適用指針第10号 企業結合基準及び事業分離等会計基準に関する適用指針, 371項参照。
(9) 研究開発費等会計基準 三。
(10) 「企業結合会計の見直しに関する論点の整理」企業会計基準委員会, 2007年12月27日。
(11) JICPA Database, 有価証券報告書検索システムにて, 決算日が2007年4月1日～2008年3月31日の会社中, 連結財務諸表作成の基本となる事項より, キーワード検索。
(12) 「外貨建取引等の会計処理に関する実務指針」日本公認会計士協会, 会計制度委員会報告第4号 第40項。
(13) 「国際動向から見た棚卸資産会計」杉本徳栄, 企業会計, 第58巻第11号, 2006年11月, 42-49頁,「国際財務報告論」平松一夫, 中央経済社, 2007年8月, 71頁参照。
(14) 平松一夫。
(15) EDINETにて「業種」農業,「提出書類」有価証券報告書で検索。
(16) EDINETにて「業種」林業,「提出書類」有価証券報告書で検索。
(17) 企業会計原則注解(注7)。
(18) 「我が国会計基準の開発に関するプロジェクト計画について―EUによる同等性評価等を視野に入れたコンバージェンスへの取組み―」企業会計基準委員会, 2006年10月12日。
(19) 「資産除去債務の会計処理に関する論点の整理」企業会計基準委員会, 2007年5月30日16項, 17項参照。
(20) 「資産除去債務の会計処理に関する論点の整理」企業会計基準委員会, 2007年5月30日25項。
(21) 「過年度遡及修正に関する論点の整理」企業会計基準委員会, 2007年7月9日, 13項。
(22) 「過年度遡及修正に関する論点の整理」企業会計基準委員会, 2007年7月9日, 33項～34項。
(23) 同上55項。
(24) 同上54項。
(25) 同上65項。
(26) 同上62項。
(27) 「国際財務報告論-会計基準の収斂と新たな展開」平松一夫, 中央経済社, 2007年8月30日, 202～203頁参照。

第4章

公表された項目についての詳説

1 棚卸資産（評価基準）

(1) 基準の概要

　従来，期末棚卸資産の評価については，取得原価をもって貸借対照表価額とする「原価法」と，時価が下落し取得原価を下回った場合に時価をもって貸借対照表価額とすることができる「低価法」の選択適用が認められてきましたが，すべての棚卸資産について簿価切下げ（低価基準）が強制されることとなりました。これは，企業会計基準委員会から平成18年7月5日に公表された企業会計基準第9号「棚卸資産の評価に関する会計基準」（平成20年9月26日一部改正，以下「本会計基準」という）に基づくものであり，すべての企業において平成20年4月1日以後開始する事業年度から適用されます。したがって，当該会計基準の公表により，通常の販売目的で保有する棚卸資産については，取得原価をもって貸借対照表価額とし，期末における正味売却価額が取得原価よりも下落している場合には，収益性が低下しているものとみて，当該正味売却価額をもって貸借対照表価額とすることとされました。

　当該会計基準は，低価法を原則とするIFRS（国際財務報告基準，以下「IFRS」という）との整合性を図るため，また，「金融商品に関する会計基準」（以下「金融商品会計基準」という）の制定により有価証券の減損処理及び引当金のルールが，「固定資産の減損に係る会計基準」（以下「減損会計基準」という）の制定により固定資産の減損のルールが整備されたことに伴い公表されたものです。

　なお，この基準は，棚卸資産の評価基準及び開示に関して「企業会計原則」

及び「原価計算基準」に定めがあるものについても優先して適用し，棚卸資産を通常の販売目的で保有する棚卸資産とトレーディング目的で保有する棚卸資産に区分して会計処理及び開示の方法を定めています。

(2) 基準の詳説

① 棚卸資産の範囲

棚卸資産は，商品，製品，半製品，原材料，仕掛品等の資産であり不動産業における販売用不動産や建設業における未成工事支出金等，注文生産や請負作業についての仕掛中のものも含まれます。また，企業がその営業目的達成のために所有し，かつ，売却を予定する資産のほか売却を予定しない資産であっても販売活動及び一般管理活動において短期間に消費される事務用消耗品等も含まれます。事務用消耗品等についてはIFRSと必ずしも一致するものではありませんが，製造用以外のものであっても短期的に消費される点や実務上の便宜が考慮され，一般的に重要性も乏しいと考えられることから棚卸資産に含められています。なお，売却には，通常の販売のほか活発な取引が行われるように整備された市場が存在することを前提として棚卸資産の保有者が単に市場価格の変動により利益を得ることを目的とするトレーディングも含みます。

すべての企業の棚卸資産について本会計基準を適用しますが，他の会計処理によって収益性の低下が適切に反映されている場合には，本会計基準を適用する必要はありません。また，企業がその営業目的達成のために所有し，かつ，売却を予定する資産であっても，「金融商品会計基準」に定める売買目的有価証券や「研究開発費等に係る会計基準」に定める市場販売目的のソフトウェアのように棚卸資産に該当せず，他の会計基準において取扱いが定められているものについては，それぞれ他の会計基準の定めによるものとされます。

棚卸資産の範囲をまとめると以下のとおりになります。

	資　産	内　容
対象となるもの	商品，製品，半製品，原材料，半成工事（未成工事支出金），貯蔵品	連続意見書第四に規定される一般的な棚卸資産
	販売用不動産	時価・評価損算定実務による
	トレーディング目的保有の棚卸資産	単に市場価格の変動により利益を得る売買目的で保有するもの（金地金等）
対象外	売買目的有価証券，市場販売目的ソフトウェアなど	棚卸資産に該当せず他の会計基準により取扱いが明示されているため当該他の基準により処理する
	他の会計処理により収益性の低下が反映済の棚卸資産	他の会計基準により収益性の低下を反映済のため

② 用語の整理

棚卸資産の評価基準として各種の価格概念が用いられていますが，整理すると下記のとおりです。

用　語	定　義
時　価	公正な評価額をいい，市場価格に基づく価額をいう。 　市場価格が観察できない場合には合理的に算定された価額を公正な評価額とする。合理的に算定された価額とは，期末前後での販売（購買）実績に基づく価額を用いる場合や，契約により取り決められた一定の価額を用いる場合等をいう。
正味売却価格* （正味実現可能価額）	正味売却価額＝売価 − 見積追加製造原価及び見積販売直接経費 　売価は，購買市場と売却市場とが区別される場合における売却市場の時価をいう。 　「売却市場」とは当該資産を売却する場合に企業が参加する市場をいう。売価は，売却市場における市場価格の存在を前提とした価額であるが，このような市場価格が存在しない場合には，合理的に算定された価額をいう。棚卸資産の種類により種々の取引形態があるが，ここでいう取引形態には，取引参加者が少なく，当該企業のみが売手となるような相対取引しか行われない場合までも含むため，合理的に算定された価額には，観察可能でなくと

	も売手が実際に販売できると合理的に見込まれる程度の価格を含むことに留意する必要がある。
再 調 達 原 価	再調達原価＝(購買市場の)時価＋購入付随費用 「購買市場」とは当該資産を購入する場合に企業が参加する市場をいう。

＊　本会計基準においては，「取得原価」の対比として「正味売却価額」が用いられています。
　「企業会計原則と関係諸法令との調整に関する連続意見書第四棚卸資産の評価について」(以下「連続意見書第四」という)で用いられていた「正味実現可能価額」という用語に代えて，「正味売却価額」という用語が用いられていますが，これは，実現可能という用語は不明確であるという意見があることや，「減損会計基準」において「正味売却価額」を用いていることとの整合性に配慮したものであり，これらの意味するところに相違はありません。

③　棚卸資産の評価基準
・　基本的な考え方

　棚卸資産については，原則として購入代価又は製造原価に引取費用等の付随費用を加えて取得原価とし，認められた評価方法(個別法・先入先出法・平均原価法・売価還元法)の中から選択した方法を適用して売上原価等の払出原価と期末棚卸資産の価額を算定します(後入先出法については，国際会計基準審議会(IASB)がIAS第2号の平成15年(2003年)の改正に当たって後入先出法の採用を認めないこととしたため選択できる棚卸資産の評価方法から後入先出法を削除しました。詳細は「2　棚卸資産の評価方法－後入先出法の採用禁止へ－」参照)。

　棚卸資産の評価方法は，事業の種類，棚卸資産の種類，その性質及びその使用方法等を考慮した区分ごとに選択し，選択した評価方法を継続して適用しなければなりません。

　これまで棚卸資産の評価基準は，原則として原価法とされてきました。これは，棚卸資産の原価を当期の実現収益に対応させることにより，適正な期間損益計算を行うことができると考えられてきたためといわれています。すなわち

当期の損益が，期末時価の変動，又は，将来の販売時点に確定する損益によって歪められてはならないという考えから原価法が原則的な方法であり，低価法は例外的な方法と位置付けられてきました。

　しかし，期末の棚卸資産は，将来の収益を生み出すという意味においての有用な原価，すなわち回収可能な原価であるとみることもできます。このように考えると棚卸資産についても収益性の低下により投資額の回収が見込めなくなった場合には，品質低下や陳腐化が生じた場合に限らず帳簿価額を切り下げることが考えられます。金融商品会計基準や減損会計基準において，収益性が低下した場合には，回収可能な額まで帳簿価額を切り下げる会計処理が行われるのと同様です。すなわち，棚卸資産の場合，販売により投下資金の回収を図るため，正味売却価額が帳簿価額よりも低下しているときには，収益性が低下しているとみて，帳簿価額を正味売却価額まで切り下げることが減損会計基準等他の会計基準における考え方とも整合的であると考えられます。

　そのため，収益性が低下した場合における簿価切下げは，取得原価基準の下で回収可能性を反映させるように，過大な帳簿価額を減額し，将来に損失を繰り延べないために行われる会計処理です。棚卸資産の収益性が当初の予想よりも低下した場合において，回収可能な額まで帳簿価額を切り下げることにより財務諸表利用者に的確な情報を提供することができるものと考えられるからです。通常，期末時点における正味売却価額と帳簿価額との比較により収益性の低下を認識しますが，理論的には，期末時点ではなく将来販売時点の売価に基づく正味売却価額が趣旨に合致します。しかし，一般的に販売までにある程度の時間を要し，将来販売時点の売価の正確な把握は困難な場合が多いことから合理的に算定された価額として期末前後での販売実績に基づく価額も用いられています。

④ 会計処理方法
a 通常の販売目的で保有する棚卸資産に係る会計処理と表示
イ 会 計 処 理

通常の販売目的（販売するための製造目的を含む）で保有する棚卸資産の場合は，取得原価をもって貸借対照表価額としますが，期末における正味売却価額が取得原価よりも下落している場合には，当該正味売却価額をもって貸借対照表価額とすることになります。この場合，収益性の低下による簿価切下額（前期に計上した簿価切下額を戻し入れる場合には，当該戻入額相殺後の額）は売上原価としますが，原材料等に係る簿価切下額のうち，例えば品質低下に起因する簿価切下額など製造に関連し不可避的に発生すると認められるものについては製造原価として処理します。なお，そのような場合であっても，当該簿価切下額の重要性が乏しいときには，売上原価へ一括計上することができるものと考えられます。

しかし，収益性の低下に基づく簿価切下額が，臨時の事象に起因し，かつ，多額であるときには，特別損失に計上します。臨時の事象とは，例えば，次のような事象をいいます。なお，この場合には，洗替え法を適用していても，当該簿価切下額の戻入れを行うことは認められません。

　ⅰ　重要な事業部門の廃止
　ⅱ　災害損失の発生

また，簿価切下額が，販売促進に起因する場合には販売費として表示することが考えられますが，本会計基準では当該会計処理を示していません。これは，当該会計処理を認めた場合には，販売促進に起因するという意味を拡大解釈し，本来販売費として処理すべきではない簿価切下額についても販売費とするような濫用のおそれがあるからです。ただし，これは，棚卸資産を見本品として使用する場合に，他勘定振替処理により販売費として計上する処理まで否定するものではありません。

なお，収益性の低下に基づき帳簿価額を切り下げる場合には，従来の強制

評価減が計上される余地はないものと考えられることから,正味売却価額が帳簿価額よりも著しく下落したという理由をもって,簿価切下額を営業外費用又は特別損失に計上することはできません。

洗替え法を採用する企業において,前期末に計上した簿価切下額の戻入額の損益計上区分と,当期の簿価切下額の損益計上区分とが異なる場合,前期の戻入額と販売による当期の売上総利益のマイナス（販売されていない場合には,追加の簿価切下額）が両建計上されてしまうため,両者を同じ区分に計上することが適当です。

また,営業循環過程から外れた滞留又は処分見込等の棚卸資産について合理的に算定された価額によることが困難な場合には,正味売却価額まで切り下げる方法に代えて,その状況に応じ,次のような方法により収益性の低下の事実を適切に反映するよう処理します。

　ⅰ　帳簿価額を処分見込価額（ゼロ又は備忘価額を含む）まで切り下げる方法

　ⅱ　一定の回転期間を超える場合,規則的に帳簿価額を切り下げる方法

ロ　表 示 方 法

通常の販売目的で保有する棚卸資産について,収益性の低下による簿価切下額（前期に計上した簿価切下額を戻し入れる場合には,当該戻入額相殺後の額）は,注記による方法又は売上原価等の内訳項目として独立掲記する方法により示さなければなりません。ただし,当該金額の重要性が乏しい場合には,この限りではありません。

<売上原価の内訳項目として独立掲記する場合の例示>

損益計算書

売 上 原 価	
1　期 首 棚 卸 高	×××
2　当 期 仕 入 高	×××
合　　　計	×××
3　期 末 棚 卸 高	×××
差　　　引	×××

4	棚 卸 減 耗 費	×××	
5	たな卸資産評価損	×××	×××

b 販売活動及び一般管理活動目的で保有する棚卸資産の簿価切下げ

　販売活動及び一般管理活動目的で保有する棚卸資産に関しては，棚卸資産の範囲には含まれるものの販売により投資が回収されるものではないため，価格の下落が必ずしも収益性の低下に結びつかないと考えられます。しかし，少なくとも当該棚卸資産の価格下落が物理的な劣化又は経済的な劣化に起因している場合，収益性の低下に準じて通常の販売目的の棚卸資産と同様に簿価切下げを行うことが適当です。

c トレーディング目的で保有する棚卸資産に係る会計処理と表示方法

イ　会 計 処 理

　トレーディング目的で保有する棚卸資産については，市場価格に基づく価額をもって貸借対照表価額とし，帳簿価額との差額（評価差額）は，当期の損益として処理します。

　トレーディング目的で保有する棚卸資産として分類するための留意点や保有目的の変更の処理は，「金融商品会計基準」における売買目的有価証券に関する取扱いに準じます。

　当初から加工や販売の努力を行うことなく単に市場価格の変動により利益を得るトレーディング目的で保有する棚卸資産については，投資者にとっての有用な情報は棚卸資産の期末時点の市場価格に求められると考えられることから市場価格に基づく価額をもって貸借対照表価額とすることとされます。その場合，活発な取引が行われるよう整備された，購買市場と販売市場とが区別されていない単一の市場（例えば，金の取引市場）の存在が前提となります。また，そうした市場でトレーディングを目的に保有する棚卸資産は，売買・換金に対して事業遂行上等の制約がなく，市場価格の変動にあたる評価差額が企業にとっての投資活動の成果と考えられることから，その評価差額は当期の損益として処理することが適当と考えられます。

トレーディング目的で保有する棚卸資産に係る会計処理は、売買目的有価証券の会計処理と同様であるため、その具体的な適用は、金融商品会計基準に準ずることとしています。

したがって、金融商品会計基準のほか、その具体的な指針等も参照する必要があります。

ロ 表示方法

トレーディング目的で保有する棚卸資産に係る損益は、原則として、純額で売上高に表示します。

d 会計処理及び表示のまとめ

通常の販売目的の棚卸資産とトレーディング目的の棚卸資産の取扱いは以下のとおりになります。

	具体的ケース	通常の販売目的の棚卸資産	トレーディング目的の棚卸資産
貸借対照表計上額	収益性低下なし	取得価額	市場価額に基づく価額
	収益性低下あり	正味売却価額	
		正味売却価額の代替として正味売却価額に準ずる再調達価額等も適用可	
評価差額の処理	原則	売上原価	純額で売上高
	例外	製造原価(製造に関し不可避的に発生する場合)、特別損失(臨時多額で特殊な場合)	
洗替法と切放法の選択適用		継続適用を原則として種類ごと、簿価切り下げごとに選択可能	
注記の要否		収益性低下による簿価切下げ額は注記するか、売上原価等の内訳として独立掲記	不要

⑤ 会計処理における論点
a 収益性低下の判断及び簿価切下げの単位

　収益性の低下の有無に係る判断及び簿価切下げは，原則として個別品目ごとに行います。ただし，複数の棚卸資産を一括りとした単位で行うことが適切と判断されるときには，継続して適用することを条件として，その方法によることもできます。

　棚卸資産に関する投資の成果は，通常，個別品目ごとに確定することから収益性の低下を判断し，簿価切下げを行う単位も個別品目単位であることが原則ですが，次のような場合には，複数の棚卸資産を一括りとした単位で行う方が投資の成果を適切に示すことができると判断されるため，複数の品目を一括りとして取り扱うことが適当と考えられます。

イ　補完的な関係にある複数商品の売買を行っている企業において，いずれか一方の売買だけでは正常な水準を超えるような収益は見込めないが，双方の売買では正常な水準を超える収益が見込めるような場合
ロ　同じ製品に使われる材料，仕掛品及び製品を1グループとして扱う場合

b 洗替え法と切放し法

　前期に計上した簿価切下額の戻入れに関しては，当期に戻入れを行う方法（洗替え法）と行わない方法（切放し法）のいずれかの方法を棚卸資産の種類ごとに選択適用できます。

　また，売価の下落要因を区分把握できる場合には，物理的劣化や経済的劣化，若しくは市場の需給変化の要因ごとに選択適用できます。この場合，いったん採用した方法は，原則として，継続して適用する必要があります。

　固定資産の減損処理においては損失発生の可能性の高さを要件とするのに対し，棚卸資産における収益性の低下は，期末における正味売却価額が帳簿価額を下回っているかどうかによって判断するため，簿価切下額の戻入れを行う洗替え法の方が，戻入れを行わない切放し法に比して，正味売却価額の回復という事実を反映するため，収益性の低下に着目した簿価切下げの考え方と整合的

であるという考え方があります。

　他方，収益性の低下に基づき過大な帳簿価額を切り下げ，将来に損失を繰り延べないために行われる会計処理においていったん費用処理した金額を正味売却価額が回復したからといって戻し入れることは，固定資産の減損処理と同様に適切ではないという考え方もあります。この場合，評価性引当金により費用処理を間接的に行っているのであれば，見積りの変更により戻し入れることになりますが，直接的に帳簿価額を切り下げる場合には，切放し法が整合的であると考えられます。

　実務上，収益性低下の要因を物理的な劣化や経済的な劣化による場合とそれ以外の場合に区分できる企業においては，前者の要因による売価が反騰することは通常考えられないことから，前者については切放し法，後者については洗替え法による処理が適切との指摘もあります。しかし，洗替え法を採用した場合であっても，正味売却価額の回復がなければ，戻入額と同額以上の簿価切下額が期末に計上されるため，損益に与える影響は切放し法による場合と変わりません。このため，要因別に区分できるときには，簿価切下げの要因ごとに選択できるものとされました。また，これまで洗替え法と切放し法の両方が認められてきたことから，洗替え法と切放し法のいずれが実務上簡便であるかに関しては，企業により異なります。これらの理由により，本会計基準では，洗替え法と切放し法のいずれによることもできるものとし，いったん採用した方法に関しては，継続して適用しなければならないものとしました。

　また，1つの経済実態に対して複数の会計処理が認められることは適当ではないという指摘があります。確かに，前期末に帳簿価額を切り下げた棚卸資産の正味売却価額が回復し，かつ，当期末時点で在庫となっている場合には，両者の結果が異なります。しかしながら，一般的に，正味売却価額が回復するケースは，必ずしも多くないと考えられることや，仮に正味売却価額が回復している場合には，通常，販売され在庫として残らないと見込まれることから，洗替え法と切放し法の選択を企業に委ねても，結果は大きく異ならないものと考え

られます。

c　正味売却価額がマイナスとなってしまう場合

アフターコスト（見積追加製造原価及び見積販売直接経費）が売価を超えるときには，正味売却価額はマイナスとなりますが，その場合には，棚卸資産の帳簿価額をゼロまで切り下げたとしても，当該マイナス部分については，反映できません。したがって，このマイナスの正味売却価額を反映させるため引当金による損失計上を行うべきとの考え方もあります。しかし，現実問題として追加的に製造原価や販売直接経費をかけることによって売価を超えることになってしまうのであれば，現状のまま処分してしまうことのほうが多いのではないでしょうか。それでも追加的に製造原価や販売直接経費をかけて販売したほうが損失が小さくなると判断された場合の見込損失額や，予想される廃棄コストについては，必要に応じ引当金の設定が必要になるものと思われます。

d　収益性の低下の原因について

棚卸資産の収益性の低下の原因は，品質低下又は陳腐化に起因する簿価切下げとそれ以外に起因する簿価切下げとに大別することができます。

品質低下や陳腐化による評価損と低価法評価損との間には，以下の通りその発生原因等の相違が存在するといわれてきました。

	品質低下評価損	陳腐化評価損	低価法評価損
発　生　原　因	物理的な劣化	経済的な劣化 （商品ライフサイクルの変化）	市場の需給変化
棚卸資産の状態	欠　　陥		正　　常
売価の回復可能性	な　　し		あ　　り

これまでは，低価法を例外的処理と位置付けてきたことと相まって，品質低下・陳腐化評価損と低価法評価損の間には，その取扱いに明確な差異がみられました。しかし，発生原因は相違するものの，正味売却価額が下落することにより収益性が低下しているという点からみれば，会計処理上，それぞれの区分に相違を設ける意義は乏しいと思われます。また，特に経済的な劣化による収

益性の低下と，市場の需給変化に基づく正味売却価額の下落による収益性の低下とを明確に区分することは困難です。例えば，パソコンのように技術進歩の著しい棚卸資産を考えてみるとそれ自体の性能は変わらないにも拘らず販売戦略としてのモデルチェンジ（ライフサイクル）から生ずる陳腐化と技術進歩による市場のニーズから生ずる陳腐化が混在して収益性を引き下げる原因となっています。また，流行や季節に左右されるアパレル業界の衣料品についても同様です。したがって，これらの評価損の区別の困難性や不必要性を鑑み，すべて収益性の低下といった観点から相違がないものとして取り扱うこととされました。

e 複数の売却市場に参加し得るため異なる売価が存在する場合

　企業が複数の売却市場に参加し得る場合とは，次のように，特定の棚卸資産に関して企業自身が複数の販売経路を有しており，その販売経路ごとに売価が異なる場合をいいます。

イ　消費者への直接販売と代理店経由の間接販売

　メーカーが直販店や通信販売・ネット販売等を通じて実施する直接販売と代理店を通じた間接販売

ロ　正規販売とアウトレット

　同一商品でありながら季節や流行に左右される衣料品等や旧モデルとなってしまった製品を正常品販売とは異なる市場（アウトレットモール等）で販売する場合

ハ　特定の販売先との契約により一定の売価で販売することが決定されている場合とそのような契約がない場合

　このように複数の売却市場が存在する場合，企業は売価の高い市場に参加することが想定されますが，実際に販売できると見込まれる売価を用います。企業は売価の高い市場への参加を望むものと想定されますがそのすべてが売価の高い市場で売却できるわけではありません。販売しようとする棚卸資産の状況や市場のニーズ等を考慮しなくてはなりません。その売価は，売手で

ある当該企業が実際に販売できると見込んだ売価であることに留意する必要があります。なお，複数の売却市場が存在し，売価が異なる場合であっても，棚卸資産をそれぞれの市場向けに区分できないときには，それぞれの市場の販売比率に基づいた加重平均売価等によることが考えられます。

⑥ 業種別棚卸資産の評価の検討
a 小売業等（売価還元法を採用している場合）

小売業等の業種においては，多店舗かつ莫大なアイテム数の棚卸資産を有するため個々の棚卸資産の受払いについて継続的な帳簿記録を行わず実地棚卸によって把握した期末棚卸資産を売価還元法（棚卸資産の値入率又は回転率の類似性に基づくグループの期末棚卸資産の売価合計額に，次に示す原価率（連続意見書第四に定める売価還元平均原価法の原価率）を乗じて求めた金額を期末棚卸資産の帳簿価額とする方法）によって評価するケースがあります。

【連続意見書第四に定める売価還元平均原価法の原価率】

$$\text{売価還元平均原価法の原価率} = \frac{\text{期首繰越商品原価} + \text{当期受入原価総額}}{\text{期首繰越商品小売価額} + \text{当期受入原価総額} + \text{原始値入額} + \text{値上額} - \text{値上取消額} - \text{値下額} + \text{値下取消額}}$$

この棚卸資産の評価方法として，売価還元法を採用している場合においても，原則として期末における正味売却価額（棚卸資産の値入率又は回転率の類似性に基づくグループの売価合計額から見積販売直接経費を控除した金額）が帳簿価額よりも下落しているときには当該正味売却価額をもって貸借対照表価額とする必要があります。しかし，売価還元法を採用するのは，個々の棚卸資産の正味売却価額を把握することが困難であるからであり当該正味売却価額をもって貸借対照表価額とすることは出来ません。

そこで，売価還元法の算式中，値下額及び値下取消額を除外した売価還元法の原価率（連続意見書第四に定める売価還元低価法の原価率）を用いる方法があります。値下額及び値下取消額を除外した売価還元法の原価率を適用する方

法は，収益性の低下に基づく簿価切下げという考え方と必ずしも整合するものではありませんが，これまでの実務上の取扱いなどを考慮し，値下額等が売価合計額に適切に反映されている場合には，当該原価率の適用により算定された期末棚卸資産の帳簿価額は，収益性の低下に基づく簿価切下額を反映したものとみなすことができることとされました。

【連続意見書第四に定める売価還元低価法の原価率】

$$\text{売価還元平均低価法の原価率} = \frac{\text{期首繰越商品原価} + \text{当期受入原価総額}}{\text{期首繰越商品小売価額} + \text{当期受入原価総額} + \text{原始値入額} + \text{値上額} - \text{値上取消額}}$$

ただし，この売価還元低価法の適用に当たっては，棚卸資産の売価の改定に係る値上額と値上取消額及び値下額と値下取消額をそれぞれ把握しておかなければならず，実務上，手間が増えることは避けられません。

b　**小売業（売価還元法を採用していない場合）**

　小売業の中でもブランド品や宝石・貴金属等の高額品を棚卸資産とする場合には，これらの売却市場において市場価格が存在すれば当該市場価格に基づく価額を売価としますが，資産の性質上，市場価格が存在することは多くありません。特に量産品でない場合には，市場価格を求めることが難しいでしょう。貴金属については，原材料の市場の相場にも左右されるため，売却市場における合理的に算定された価額による必要があります。当該価額は，同等の棚卸資産を売却市場で実際に販売可能な価額として見積ることが適当です。期末前後での販売実績に基づく価額や特定の販売先との間の契約で取り決め価額がある場合には，これらの売価も基準となります。

c　**製造業（再調達原価を利用する場合）**

　「正味売却価額」とは，売価から見積追加製造原価及び見積販売直接経費を控除したものと定義をしましたが，製造業における原材料等のように再調達原価の方が把握しやすく，正味売却価額が当該再調達原価に歩調を合わせて動くと想定される場合には，継続して適用することを条件として，再調達原価（最

終仕入原価を含む）によることができます。

　製造業における原材料は、製品を構成することとなり完成後の製品売価に基づく正味売却価額が帳簿価額を上回っていれば、帳簿価額を切り下げる必要はありません。しかし、原材料等は、再調達原価の方が把握しやすいと考えられるため正味売却価額が再調達原価に歩調を合わせて動くと想定されるときに限り再調達原価によることができるものとされました。再調達原価の方が把握しやすいという点は、原材料等に限らず他の購入品の場合でも同様と考えられるため正味売却価額が再調達原価に歩調を合わせて動くと想定されるときには、継続して適用することを条件に正味売却価額の代理数値として再調達原価によることができるものとされています。再調達原価には、購入に付随する費用が含められますが、重要性等が乏しい場合には含めないこともできます。

d　建設会社及び不動産業（販売用不動産及び開発事業等支出金の評価）

　建設会社及び不動産業に係る販売用不動産及び開発事業等支出金（未成工事支出金等で処理されているものを含む）については、平成16年4月の監査委員会報告69号において「強制評価減の要否の判断に関する監査上の取扱い」で時価の概念が示されています。低価法の強制適用により販売用不動産等に対する強制評価減の適用はなくなりましたが、販売用不動産等の評価に関する基本的考え方は変わるものでないことから、当該報告は、販売用不動産等の評価に関する取扱いを示すものとされています。

　ここでは、販売用不動産等の時価についても正味売却価額と再調達原価が考えられますが、販売用不動産等に低価法を適用する場合の時価としては、販売用不動産等は通常の営業循環過程において販売することを目的としている資産であるため売却時価を資産の評価額の基礎とする正味売却価額の方が妥当とされています。したがって、将来の販売見込額の客観的な算定が求められます。

イ　販売見込額の客観性

　　販売用不動産等の時価が適切に算定されているか否かの判断に当たっては、当該不動産等の販売見込額や造成・建築工事原価今後発生見込額等が適切に

見積もられていることを検討する必要があります。特に，土地は，他の資産と異なり同一のものが存在せずその自然的，人為的特性のために適正価格を形成する市場がなく，また地域性という特性により他の一般の資産と異なる価格特性が生じていることに留意する必要があります。このように，販売用不動産等の時価の算定においては，見積りや主観的な判断に依拠する場合が多くなります。したがって，販売用不動産等の時価の算定に当たっては，その客観性及び合理性，開発計画の実現可能性並びに開発主体の実績などを慎重に考慮する必要があります。

ロ　期末現在の状況に応じた具体的な評価

　i　開発を行わない不動産又は開発が完了した不動産の時価の算定方法

　　　販売用不動産の時価＝販売見込額－販売経費等見込額

　ii　開発後販売する不動産の時価の算定方法

　　　開発事業等支出金の時価＝完成後販売見込額－（造成・建築工事原価今後発生見込額＋販売経費等見込額）

　　　なお，開発計画の実現可能性が認められない販売用不動産等については，開発利益を見込めないため，原則として，イの開発を行わない不動産として評価します。

　iii　時価の回復可能性に関する判断指針

　　　販売用不動産等は，一般の棚卸資産と異なる時価の形成要因を有するため時価の回復可能性の具体的判断に当たっては，日本経済や地域経済の状況，地価の動向等のマクロな要因だけでなく，対象となっている販売用不動産等の具体的個別的な回復可能性の検討が必要です。例えば，当該不動産に関する土地利用規制の解除，開発計画の認可，計画道路や鉄道等の具体的計画が確認できるなど，相当の期間内に時価がおおむね取得価額以上となる見込みがあるといった判断が必要です。

　　　また，このほか，開発計画の実現可能性及び近隣の開発環境，不動産を取り巻く状況の変化（例えば，震災や風水害，環境汚染等）等の要因も考

iv 販売用不動産等及び固定資産の保有目的変更への対応

　従来，販売目的で保有していた不動産を，賃貸事業目的あるいは自社使用の不動産とする場合には，保有目的の変更に該当するため，当該不動産の帳簿価額を流動資産としての販売用不動産等から固定資産としての投資不動産あるいは有形固定資産に振り替えることとなります。

　また，これとは逆に，賃貸事業目的又は自社使用のために保有している固定資産を，合理的な理由に基づき販売目的で保有することに変更する場合は，保有目的の変更自体が当該固定資産の減損の兆候に該当する可能性があるので，固定資産の減損に係る会計基準に従い，減損の認識及び測定の手続を実施した後の帳簿価額により，固定資産から流動資産に振り替えることになります。また，販売用不動産等に振替後は，当然に販売用不動産等として帳簿価額の切り下げが適用されることに留意が必要です。

　なお，販売用不動産等及び固定資産の保有目的の変更が，会社の財務諸表に重要な影響を与える場合は，追加情報として，その旨及びその金額を貸借対照表に注記することが必要です。

⑦ **適用時期等**

　これまでの会計慣行では，棚卸資産の評価基準を原価法から低価法に変更した場合には，期末棚卸資産の評価から低価法を適用することが一般的であり，そこで求められる低価法評価損は，売上原価又は営業外費用として表示されます。しかしながら，これまで原価法を適用してきた企業においては，強制評価減適用の要否は検討していたとはいえ，棚卸資産の回転期間の長い企業など，少なくない金額の簿価切下額が生ずるケースも想定されます。

　このため，簿価切下額のうち期首の棚卸資産に係る部分に関しては，前期損益修正損の性格があり，特別損失として計上することを許容すべきという意見があることから，適用初年度の例外が認められています。本会計基準が適用さ

れる最初の事業年度において，簿価切下額が多額に発生し，それが期首の棚卸資産に係るものである場合には，売上原価又は営業外費用とせず，次のいずれかの方法により特別損失に計上することが認められます。なお，この場合には，洗替え法を適用していても，当該簿価切下額の戻入れを行うことはできません。

a 本会計基準を期首在庫の評価から適用したとみなし，期首在庫に含まれる変更差額を特別損失に計上する方法

b 本会計基準を期末在庫の評価から適用するが，期末在庫に含まれる変更差額のうち前期以前に起因する部分を特別損失に計上する方法

適用時期に関して，1年間の早期適用を認めつつ，平成20年4月1日以後開始する事業年度から適用されています。なお，本会計基準を適用する場合には，次の点に留意します。

　イ　一部適用は認められないこと
　ロ　連結財務諸表における連結子会社にも適用すること
　　　財務諸表提出会社の個別財務諸表と連結財務諸表の両方について同時に適用します。

```
（注記例）
連結財務諸表の注記
　1　主要な会計方針
　　(a)　たな卸資産
　　　　主として移動平均法による原価法（収益の低下に基づく簿価切下げによる方法）
```

(3) 税務上の取扱い

① 法人税法の取扱い

法人税法に規定する棚卸資産の売上原価等の計算及びその評価の方法につき，当該事業年度終了の時において有する棚卸資産の価額は，その内国法人がたな

卸資産について選定した評価の方法（個別法，先入先出法，後入先出法，総平均法，移動平均法，単純平均法，最終仕入原価法，売価還元法）により評価した金額（評価の方法を選定しなかった場合又は選定した評価の方法により評価しなかった場合には最終仕入原価法により評価した金額）とする。」とされています。棚卸資産の評価の方法として8種類の原価法を規定するとともに低価法を規定しています。低価法では，期末棚卸資産をその種類等の異なるごとに区別し，その種類等の同じものについて，いずれかの原価法により評価した価額と当該事業年度終了の時における価額（実現可能価額）とのうちいずれか低い価額をもってその評価額とする方法をいうものと規定しています。

　また，法人税法は，低価法適用後の処理について洗替え方式を原則としていますが，後入先出法を除く原価法を選定している場合において，受払帳簿への記帳等を要件として，いわゆる切放し低価法の採用を認めています（法令28②）。

② 企業会計と法人税法における時価の相違

　企業会計における時価は，「正味売却価額」であり，法人税法の規定では「当該事業年度終了の時における価額」と定め，明確な規定がありませんが現行通達（法基通9－1－3）の解釈からすると「実現可能価額」を指すものと考えらます。そうすると，時価の概念は次の図の通りであり必ずしも一致するものではありません。平成19年度税制改正前は，「当該事業年度終了の時におけるその取得のために通常要する価額（再調達原価）」を税務上の時価と考えておりましたが，企業会計の整備を踏まえ多数の法人の日常的な取引について事務処理の増大を回避するための改正が行われ，「当該事業年度終了の時における価額」を税務上の時価とすることとなりました。「当該事業年度終了の時における価額」とは，正常な条件により第三者間で取引された場合における価額と解されており，会計上の「正味売却価額」と異なるものの改正の意図としては，おおむね同一のものと考えるとにしています。なお，企業会計においては，製造業において再調達原価を用いることがありますが，税務上もこれを時価と

して用いることを排除するものではないと考えられます。

<時価の比較>

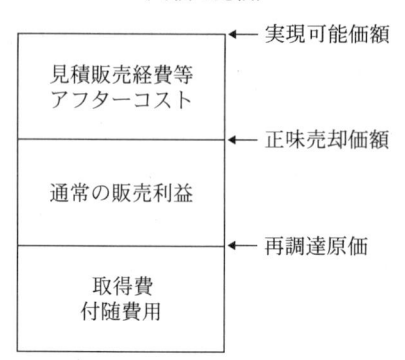

```
┌─────────────────┐ ← 実現可能価額
│ 見積販売経費等   │
│ アフターコスト   │
├─────────────────┤ ← 正味売却価額
│                 │
│ 通常の販売利益   │
│                 │
├─────────────────┤ ← 再調達原価
│                 │
│ 取得費           │
│ 付随費用         │
└─────────────────┘
```

棚卸資産の評価に係る企業会計と法人税法との相違をまとめると次表のとおりとなります。

	企 業 会 計	法 人 税 法
評 価 方 法	収益性低下による簿価切下げの強制適用	原価法と低価法の選択適用（法法29、法令28①）
時 価 の 定 義	原則：正味売却価額 例外：再調達価額	実現可能価額 再調達価額（法令28①二）
低価法適用後の処理	洗替法又は切放法の選択適用	洗替法又は切放法の選択適用可（法令28②）

③ 法人税法の調整の要否

　法人税法上の評価減における時価「実現可能価額」と会計上の時価「正味売却価額」が異なるため、税務上の時価差額を評価減によるものと低価法によるものを区分した上で、「実現可能価額」を算定し、申告調整を要する可能性があります。税務上の時価が明確に定義されていないため申告調整の要否については疑義のあるところです。平成19年度の改正の趣旨からみれば申告調整不要とも考えられますが、条文から読むと「実現可能価額」と「正味売却価額」の

差異の調整が必要とも思われます。

したがって、税務上は、原価法を採用しておき評価損を有税扱いとして別表四において申告調整しておき、その棚卸資産が売却された時点で認容する方法も考えられます。

(事　例)
　会計上、棚卸資産の収益性の低下に基づく簿価の切下げ2,000を実施した。当該評価損について税務上、申告調整を実施する。
　　(借) 棚卸資産評価損　　2,000　　(貸) 棚　卸　資　産　　2,000

(別表四)

区　分		金　額	留　保	社外流出
加算	棚卸資産評価損	2,000	2,000	

(別表五 (一))

区　分	期首現在利益積立金額	当期の増減		期首現在利益積立金額
		増	減	
棚　卸　資　産		2,000		2,000

---

④　トレーディング目的で保有する棚卸資産

本会計基準上の「トレーディング目的で保有する棚卸資産」は、企業が商品先物取引等により投機目的で保有する金地金等を指すものと思われますが、このような棚卸資産については、法人税法上も売買目的有価証券の取扱いに準じて、時価法により評価することにより、法人の事業活動の成果を的確に所得に反映させることになります。

平成19年度税制改正においては、本会計基準の取扱いに合わせて、「金、銀、白金その他の資産のうち、市場における短期的な価格の変動又は市場間の価格

差を利用して利益を得る目的で行う取引に専ら従事する者が短期売買目的でその取得の取引を行ったもの」等を「短期売買商品」とし，これらの資産については，時価法により評価することとしています。

⑤ 法人税法における届出

法人税法においては，棚卸資産の評価方法及び低価法の適用について所轄税務署長に対し「棚卸資産の評価方法の変更承認申請書」を提出し，その承認を得なければなりません。

(4) 中小企業における適用

平成17年8月に公表され，漸次改定されている「中小企業の会計に関する指針」は，平成19年4月27日の本指針改正後に企業会計基準委員会が公表した各種の企業会計基準等のうち，企業会計基準第9号「棚卸資産の評価に関する会計基準」に対応した会計処理の見直しを行ったほか，法人税法の改正及び金融商品取引法の施行等を踏まえた所要の修正を行ってきました。この「中小企業の会計に関する指針」に基づく棚卸資産の評価の取扱いについては下記の通り「棚卸資産の評価に関する会計基準」に準拠しています。

① 棚卸資産の評価基準

a 棚卸資産の期末における時価が帳簿価額より下落し，かつ，金額的重要性がある場合には，時価をもって貸借対照表価額とします。

なお，次の事実が生じた場合には，その事実を反映させて帳簿価額を切下げなければならないことに留意する必要があります。

イ 棚卸資産について災害により著しく損傷したとき
ロ 著しく陳腐化したとき
ハ 上記に準ずる特別の事実が生じたとき

b　aにおける時価とは，原則として正味売却価額（売却市場における時価から見積追加製造原価及び見積販売直接経費を控除した金額）をいいます。

②　棚卸資産の評価方法

棚卸資産の評価方法は，個別法，先入先出法，後入先出法，総平均法，移動平均法，売価還元法等，一般に認められる方法によります。

なお，期間損益の計算上著しい弊害がない場合には，最終仕入原価法を用いることもできます。

③　損益計算書上の表示及び注記

a　棚卸資産に係る簿価切下額は，次のとおり表示します。
　　イ　ロ，ハ以外のもの……………………………………売上原価
　　ロ　棚卸資産の製造に関して発生するもの……………製造原価
　　ハ　臨時の事象に起因し，かつ，多額であるもの……特別損失
b　棚卸資産に係る簿価切下額のうち，重要性のあるものについては，注記による方法又は売上原価等の内訳項目として表示することが望ましいとされています。

【参考文献】
・「棚卸資産の評価原則に関する会計基準（案）の解説」経理情報2006.6.1（No.1117）
・「棚卸資産の評価基準はこうなる！」経理情報2006.8.20／9.1（No.1125）
・論文「棚卸資産の評価に関する会計基準と法人税法の調整の方向性」税務大学校研究部教育官　原省三
・「平成19年版　改正税法のすべて」大蔵財務協会
・「新会計基準を学ぶ」税務経理協会
・新日本有限責任監査法人ホームページ

2 棚卸資産の評価方法
－後入先出法の採用禁止へ－

(1) 基準の概要

① 棚卸資産の評価に関する会計基準の改正

「棚卸資産の評価に関する会計基準」(企業会計基準第9号 平成18年7月25日)が平成20年9月26日に改正され,これまで棚卸資産の評価方法の1つとして採用が認められていた後入先出法について,平成22年4月1日以後開始する事業年度から採用が認められないこととなりました。

② 日本における後入先出法の廃止に至るまでの経緯

日本では,これまで棚卸資産の評価方法について,個別法,先入先出法,後入先出法,平均原価法等の採用が認められてきました。企業は,自社の取引実態などを考慮して,これらの評価方法の中から自社に適するいずれか方法を選択し,これを継続して適用してきたものと考えられます。

このように我が国では,後入先出法は先入先出法や平均原価法と同様に棚卸資産の評価方法の1つとして採用が認められてきました。しかし,国際財務報告基準(IFRS)における国際会計基準第2号「棚卸資産」(以下「IAS第2号」という)においては,平成15年以降は棚卸資産の評価方法として後入先出法の採用は認めていませんでした。

また,欧州連合における第三国会計基準の同等性評価に関連して提案された欧州証券規制当局委員会(CESR)による「技術的助言」(平成17年7月)の中でも,後入先出法の取扱いは,我が国の会計基準とIFRSの相違点の1つと

して指摘されていました。

このため,企業会計基準委員会と国際会計基準審議会(以下「IASB」という)との会計基準の国際的なコンバージェンスに向けた共同プロジェクトの中でも,棚卸資産の後入先出法の取扱いは,平成18年3月に開催された共同プロジェクト第3回会合において長期項目に位置付けられていました。

その後,平成19年8月に企業会計基準委員会とIASBとの間で,「会計基準のコンバージェンスの加速化に向けた取組みへの合意(東京合意)」が公表されるなど,会計基準の国際的なコンバージェンスの取組みが加速化してきました。こうした状況を受けて,企業会計基準委員会は,棚卸資産の後入先出法の取扱いを長期項目から短期項目に変更し,我が国の後入先出法の採用状況に関する実態調査の結果等を踏まえ,後入先出法を含む棚卸資産の評価方法の見直しについての審議を行ってきました。

その結果,平成18年7月5日に公表されていた「棚卸資産の評価に関する会計基準」の改正が実施され,棚卸資産の評価方法についても規定した改正後の「棚卸資産の評価に関する会計基準」(改正:平成20年9月26日,以下「棚卸資産会計基準」という)が公表されました。その中で,棚卸資産の評価方法としての後入先出法の採用は,平成22年4月1日以降開始する事業年度においては認めない旨が明示されたのです。

(2) 基準の詳説

① 改正後の「棚卸資産の評価に関する会計基準」における棚卸資産の評価方法

a 棚卸資産会計基準における評価方法の取扱いについて

棚卸資産会計基準においては,企業が採用することが認められる棚卸資産の評価方法が従来から変更されました。

大きな変更点は,棚卸資産会計基準の適用後(平成22年4月1日以後開始の

事業年度）は棚卸資産の評価方法としての後入先出法の採用が認められなくなる点です。以下の図表は，改正後の棚卸資産会計基準及び国際会計基準における棚卸資産の各評価方法の取扱いを示しています。

なお，棚卸資産の評価方法は，事業の種類，棚卸資産の種類，その性質及びその使用方法等を考慮した区分ごとに選択し，一度採用した評価方法については，継続して適用しなければならないとされています。

<各評価方法の概要及び改正後基準における取扱い>

	名　　称	定　　義*1	国際会計基準（IAS第2号）	日本基準（従　来）	日本基準（改正後基準）
1	個別法	取得原価の異なる棚卸資産を区別して記録し，その個々の実際原価によって期末棚卸資産の価額を算定する方法。個別性が強い棚卸資産の評価に適した方法である。	採用は認められる。なお，一定の場合には個別法の採用が強制される。	採用は認められる。	採用は認められる（従来どおり）。
2	先入先出法	最も古く取得されたものから順次払出しが行われ，期末棚卸資産は最も新しく取得されたものからなるとみなして期末棚卸資産の価額を算定する方法。	採用は認められる。	採用は認められる。	採用は認められる（従来どおり）。
3	後入先出法	最も新しく取得されたものから棚卸資産の払出しが行われ，期末棚卸資産は最も古く取得されたものからなるとみなして，期末棚卸資産の価額を算定する方法。	採用することはできない。	採用は認められる。	採用することは認められない（平成22年4月1日以降開始する事業年度)*2。

4	平均原価法	取得した棚卸資産の平均原価を算出し,この平均原価によって期末棚卸資産の価額を算定する方法。なお,平均原価は,総平均法又は移動平均法によって算出する。	採用は認められる。	採用は認められる。	使用は認められる(従来どおり)。
5	売価還元法	値入率等の類似性に基づく棚卸資産のグループごとの期末の売価合計額に,原価率を乗じて求めた金額を期末棚卸資産の価額とする方法。	原価と近似する場合のみ,使用が認められる*3。	採用は認められる。	採用は認められる(従来どおり)。
6	最終仕入原価法	最終仕入原価によって期末棚卸資産の価額を算定する方法。	採用は認められない。	原則として採用は認められない。ただし,一定の要件を満たす場合のみ,採用が認められる。	原則として採用は認められない。ただし,一定の要件を満たす場合のみ,採用が認められる(従来どおり)。

*1　定義は,改正後の棚卸資産会計基準による。
*2　平成20年3月31日以前に開始する事業年度の早期適用も可能。
*3　IAS第2号における売価還元法は原価配分方法(棚卸資産の評価方法)ではなく,原価測定方法とされているが,説明の便宜上,上記の表に記載している。

b　我が国における従来の棚卸資産の評価方法について

　従来,企業会計原則(企業会計原則第三　5 A)や企業会計原則注解(注21)(1)では,棚卸資産の貸借対照表価額の算定のための方法として,個別法,先入先出法,後入先出法,平均原価法及び売価還元原価法等が認められるものとされてきました。

また，原価計算基準では，材料の消費価格の計算方法として，先入先出法，移動平均法，総平均法，後入先出法，個別法が示されてきました（原価計算基準11(三)）。総合原価計算における完成品総合原価と期末仕掛品原価を計算する方法としても，平均法，先入先出法，後入先出法が示されていました（原価計算基準24(二)）。

このように，従来の我が国における棚卸資産の評価方法においては，後入先出法は個別法や先入先出法といった他の評価方法と同様に採用が認められてきました。

なお，現在，一部の企業で採用されている最終仕入原価法は，税務上の棚卸資産の法定評価方法ではあるものの，上述の企業会計原則注解(注21)(1)では棚卸資産の評価方法として例示されておらず，また，改正後の棚卸資産会計基準においても，この方法を棚卸資産の評価方法として定めていません。最終仕入原価法によれば，期末棚卸資産の一部だけが実際取得原価で評価されるものの，その他の部分は時価に近い価額で評価されることとなる場合が多いと考えられ，時価評価に近い結果となる可能性が高いことから，無条件に取得原価基準に属する方法として適用を認めることは適当ではありません。このため，期末棚卸資産の大部分が最終の仕入価格で取得されているときのように期間損益の計算上弊害がないと考えられる場合や，期末棚卸資産に重要性が乏しい場合といった一定の条件を満たす場合においてのみ採用することが容認される方法と考えられます。ただし，IAS第2号においては，最終仕入原価法の採用は認められていない点には留意が必要です。

c 改正後基準における後入先出法の採用禁止について

IAS第2号においてはその平成15年の改正に当たって，一般的に棚卸資産の実際の流れを忠実に表現しているとはいえないことや，後述のようないくつかの短所があることから，それまで選択可能な処理方法として認めていた後入先出法の採用を認めないこととしました。

そのため，IFRSとの会計基準のコンバージェンスの流れの中で，我が国に

おいて後入先出法の採用を今後も継続して認めるべきであるかが議論の対象となりました。

結果的には，後入先出法の採用は認められないこととなりましたが，以下において，後入先出法の特徴や採用禁止という結論に至るまでの議論の経緯について示します。

イ　後入先出法の特徴について

　後入先出法は，最も新しく取得されたものから棚卸資産の払出しが行われ，期末棚卸資産は最も古く取得されたものからなるとみなして，期末棚卸資産の価額を算定する方法であり，棚卸資産を払い出した時の価格水準に最も近いと考えられる価額で収益と費用を対応させることができる方法です。当期の収益に対しては，これと同一の価格水準の費用を計上すべきであるという考え方によれば，棚卸資産の価格水準の変動時には，後入先出法を用いる方が，他の評価方法に比べ，棚卸資産の購入から販売までの保有期間における市況の変動により生じる保有損益を期間損益から排除することによって，より適切な期間損益の計算に資すると考えられてきました。実際に，我が国において，後入先出法は，主として原材料の仕入価格が市況の変動による影響を受け，この仕入価格の変動と製品の販売価格の関連性が強い業種に多く選択される傾向にありました。

　一方で，後入先出法は，棚卸資産が過去に購入した時からの価格変動を反映しない金額で貸借対照表に繰り越され続けるため，その貸借対照表価額が最近の再調達原価の水準と大幅に乖離してしまう可能性があるとされています。後入先出法以外の評価方法を採用した場合，棚卸資産の受払いによって棚卸資産の貸借対照表価額が市況の変動を何らかの形で反映するのに対し，後入先出法を採用した場合には，棚卸資産の受払いが生じているにもかかわらず，市況の変動を長期間にわたって反映しない可能性があります。

　また，棚卸資産の期末の数量が期首の数量を下回る場合には，期間損益計算から排除されてきた保有損益が当期の損益に計上され，その結果，期間損

益が変動することとなります。平成18年7月5日公表の改正前の棚卸資産の評価に関する会計基準により，期末における正味売却価額が取得原価よりも下落している場合には，当該正味売却価額をもって貸借対照表価額とされ，取得原価と当該正味売却価額との差額は当期の費用として処理されることとなり，保有利益のみが長期間繰り延べられることとなったため，期首の棚卸資産が払い出された場合，累積した過年度の保有利益だけがまとめて計上されることとなってしまいます。先入先出法や平均原価法を採用しても保有利益の繰延べは生じますが，後入先出法との比較において，その問題は小さいと考えられます。

ロ　後入先出法の採用禁止へ

　企業会計基準委員会の検討の過程では，後入先出法の採用を引き続き認める必要があるか否かについて，いずれの取扱いについても，それぞれを支持する考え方や意見がありました。

　米国の実務も参考に，市況変動が反映されにくいことや保有利益がまとめて計上される可能性が生じること等の後入先出法の短所を補うための一定の事項を注記することとすれば，後入先出法を棚卸資産の評価方法として引き続き採用することに問題はないのではないかという意見もありました。

　様々な観点からの検討の結果，後入先出法は，先入先出法や平均原価法と同様，棚卸資産の規則的な払出しの仮定に基づく評価方法として有用性があり，この採用を引き続き認めるべきではないかという意見もあるものの，企業会計基準委員会は，近年IASBがIAS第2号の改正に当たって後入先出法の採用を認めないこととしたことを重視し，会計基準の国際的なコンバージェンスを図るため，改正後の棚卸資産会計基準においては，選択できる評価方法から後入先出法を削除することとしたのです。

②　改正後の棚卸資産会計基準の適用初年度の特例について

改正後の棚卸資産会計基準において後入先出法の採用が禁止されることに伴

い，従来から後入先出法を採用している企業については，棚卸資産の評価方法の変更を実施する必要が生じる。この評価方法の変更に当たり，その影響が多額となることも想定されるため，改正後の棚卸資産会計基準においては，適用初年度の特例的な会計処理・注記方法の採用を認めています。

a 損益計算書上の表示に関する特例について

改正後の棚卸資産会計基準の適用によって，棚卸資産の評価方法を後入先出法からその他の評価方法に変更した結果，適用初年度の期首の棚卸資産に係る保有損益相当額の全部又は一部が当期の損益に計上されることとなります。これまでの会計慣行では，棚卸資産の評価方法を変更した場合において，その影響額は特に区分せず売上原価に含めて表示されています。しかし，改正後の棚卸資産会計基準の適用による会計方針の変更は自発的なものではないことや，適用初年度においては当該変更の影響が多額となる場合も想定されることから，期首の棚卸資産に係る保有損益相当額のうち当期の損益に計上された額を特別損益として区分して表示することを許容すべきであるという意見があるため，適用初年度の表示方法として認められることとなりました。

すなわち，改正後の棚卸資産会計基準の適用初年度において，棚卸資産の評価方法を後入先出法から改正後の棚卸資産会計基準に定める他の評価方法へ変更したことによる影響額が多額である場合には，適用初年度の期首における棚卸資産の帳簿価額合計額とその時点の再調達原価合計額の差額（適用初年度の期首の棚卸資産に係る保有損益相当額）のうち当期の損益に計上された額を，特別損益に表示することができるものとされたのです。

b 注記に関する特例について

改正後の棚卸資産会計基準の適用により，後入先出法からその他の評価方法に会計方針を変更する場合，当該変更が財務諸表に与える影響として，適用初年度において後入先出法を適用した場合の損益と変更後の評価方法による損益との差額を注記することとなりますが，当該影響額を正確に算定することが実務上困難な場合もあると考えられます。

このため，こうした場合には当該影響に関する適当な方法による概算額として，当期の損益に含まれる棚卸資産の保有損益相当額を注記することができることとしました。会計方針の変更の影響を記載するに当たっては，棚卸資産の一定の範囲について，このような方法による概算額を用い，その他の棚卸資産については原則的な計算方法である適用初年度において後入先出法を適用した場合の損益と変更後の評価方法による損益との差額によって当該影響額を算定することもできます。ただし，当該保有損益相当額の算定方法の概要及び当該保有損益相当額の算定に含めた棚卸資産の範囲等に関する事項をあわせて注記する必要があることに留意する必要があります。

すなわち，改正後の棚卸資産会計基準の適用初年度において，会計基準の変更に伴い後入先出法から改正後の棚卸資産会計基準に定める評価方法への変更が財務諸表に与える影響を記載する際には，後入先出法を適用した場合の損益と変更後の評価方法による損益との差額に代えて，払い出した棚卸資産の帳簿価額合計額（売上原価）と払出し時点の再調達原価合計額の差額（当期の損益に含まれる棚卸資産の保有損益相当額）を，当該会計方針の変更の影響として注記することができるものとされます。この場合，当該保有損益相当額の算定方法の概要及び当該保有損益相当額の算定に含めた棚卸資産の範囲等に関する事項をあわせて注記することとなります。

c　過年度遡及修正について

基準の改正に当たっては，後入先出法からその他の評価方法に変更した場合の影響について，期首利益剰余金の調整項目とする方法も検討されました。この場合の期首利益剰余金の調整額について，適用初年度の期首において後入先出法により評価していた棚卸資産を期首時点の再調達原価に評価替えした場合の評価差額とすることや，過去に遡って変更後の評価方法を適用して算定される適用初年度の期首までの累積的な影響額とすることが検討されました。しかし，こうした適用初年度の期首利益剰余金の調整項目とする方法は，本来的には過年度の財務諸表に対する新たな会計処理の遡及適用を前提とした取扱いと

も関係することから，現行の我が国の会計実務を踏まえ，改正後の棚卸資産会計基準においては，このような処理は特別に定められていません。

(3) その他の事項について

① 税務上の対応について

企業会計上は改正後の棚卸資産会計基準の適用に伴い，後入先出法の適用は認められないこととなります。一方で，法人税法上，後入先出法の採用が認められなくなるかは，現段階において明確となっていません。そのため，今後の課税当局の動向に留意する必要があります。

② 業務上の対応の必要性について

従来から後入先出法を採用している企業においては，改正後の棚卸資産会計基準適用後は棚卸資産の評価方法を後入先出法以外の方法に変更する必要があります。そのため，変更を実施する企業においては棚卸資産管理システムのプログラムを変更する等，業務上の対応が必要になることが想定されます。このような対応については一定の時間を要すると考えられるため，改正後の棚卸資産会計基準の適用に間に合うように早い段階での準備が必要となります。

(4) 設　例

改正後の棚卸資産会計基準の適用に伴い棚卸資産の評価方法を後入先出法から他の評価方法に変更した場合に，変更の影響額が多額である場合には，適用初年度期首における棚卸資産の帳簿価額合計額とその時点の再調達原価合計額の差額のうち，当期の損益に計上された額を，特別損益に計上することが認められます（(3)①参照）。

特別損益に計上する金額の計算参考事例を示すと下記のようになります。な

お，下記の事例はあくまで改正後の棚卸資産会計基準の内容について参考として示すものであり，各企業の実情等に応じて異なることにご留意ください。

① 前提条件

X社は，改正後の棚卸資産会計基準の適用により，棚卸資産の評価方法を後入先出法から総平均法に変更している。X社は，外部の業者より購入した棚卸資産Aを販売する事業を行っている。なお，適用初年度の期首における棚卸資産Aの購入価格（再調達原価）は＠50円であった（付随費用は生じないものとする）。

② 棚卸資産Aの期首残高，当期払出高及び期末残高

(単位：円)

	受　　　　入 (数量×＠単価)	払　　　出 (数量×＠単価)	残　　　高 (数量×＠単価)
期　首　残　高	－	－	400,000 (10,000個×＠40)
当期払出高及び 期　末　残　高	1,800,000 (30,000個×＠60)	1,925,000 (35,000個×＠55)	275,000 (5,000個×＠55)

③ 期首の棚卸資産Aに係る保有損益相当額及び当期損益に計上された額の計算例

期首保有利益相当額：
　　再調達原価10,000個×＠50－帳簿価額10,000個×＠40＝100,000円
うち，当期の損益に計上された額：
　　$100,000円 \times \dfrac{35,000個}{10,000個 + 30,000個} = 87,500円$

（注）期首の棚卸資産に係る保有損益相当額のうち当期損益に計上された額
$$\dfrac{期首保有損益相当額 \times 当期払出数量}{期首保有数量 + 当期受入数量}$$

2 棚卸資産の評価方法　153

　上記の金額が多額であると判断された場合には，特別損益として計上することが認められます（改正後基準第21－3項）。

【参考文献】
- 「国際会計の実務【下巻】International GAAP 2007／8」アーンスト・アンド・ヤング・新日本監査法人　レクシスネクシス・ジャパン
- 「国際財務報告基準のガイドブック＜第3版＞日本基準との比較と作成実務」あずさ監査法人・KPMG　中央経済社
- 「国際財務報告基準の実務＜第3版＞」デロイトトウシュトーマツ　中央経済社
- 「ほんとうにわかる棚卸資産会計の実務」松尾絹代　実業出版社
- 「EUによる同等性評価の最新動向」小津稚加子　企業会計2008年4月号
- 「IFRSとのコンバージェンスをめぐる日本の展望」坂本道美　企業会計2008年4月号
- 「EUによる同等性評価とASBJの対応」西川郁生（企業会計基準委員会委員長）企業会計2008年11月号
- 「EUにおける同等性評価項目に係るASBJの基準開発状況」新井武広（企業会計基準委員会常勤委員）企業会計2008年11月号

3　在外子会社の会計処理の統一

(1)　基準の概要

　平成18年5月,企業会計基準委員会(以下,「ASBJ」という)は実務対応報告第18号「連結財務諸表における在外子会社の会計処理に関する当面の取扱い」(以下,「実務対応報告第18号」という)を公表しました。これは,日本公認会計士協会監査保証実務委員会第56号「親子会社間の会計処理の統一に関する当面の監査上の取扱い」(以下,「委員会報告第56号」という)の内容を一部改訂し,連結財務諸表作成に当たっての在外子会社の採用する会計処理に関する当面の取扱いを変更するものです。

　これらの改正の背景には,委員会報告第56号の公表後,「退職給付に係る会計基準」,「金融商品に係る会計基準」,「固定資産の減損に係る会計基準」等が公表されるなど,我が国の会計基準が,国際的な会計基準と同等の水準まで整備がなされてきていること,欧州をはじめ多くの国々において,国際財務報告基準(以下,「IFRS」という)が採用されつつあり,また,国際会計基準審議会と米国財務会計基準審議会(FASB)とのコンバージェンス・プロジェクトにおいて,両会計基準間の相違が削減される方向で検討がなされていることがあります。

①　在外子会社の会計処理に関する従来の取扱い(委員会報告第56号)
a　原則的取扱い
　委員会報告第56号においては,以下の手順に従い親子会社間で会計処理の統

一を図ることが求められています。
イ 同一環境下で行われた同一の性質の取引等の識別
　例えば、事業の種類別セグメント情報における同一セグメント単位ごとに、又は同一セグメント内における製造・販売などの機能別単位ごとに識別します。
ロ 企業集団としての会計処理の選択と統一
　企業集団として統一を要する取引等が識別された場合には、企業集団の財政状態及び経営成績をより適切に表示すると判断される会計処理の原則及び手続を選択します。したがって、必ずしも親会社で採用されている会計処理の原則及び手続に画一的に統一することを求めるものではありません。
ハ 個別財務諸表段階での会計処理の統一
　連結財務諸表は、一般に公正妥当と認められる企業会計の基準に準拠して作成した個別財務諸表を基礎として作成すべきものであるため、親子会社間の会計処理の統一も各個別財務諸表において行います。ただし、何らかの事由によって個別財務諸表において統一がなされていない場合には、連結決算手続において修正を行う必要があります。

b 当面の取扱い
　上記aの「原則的取扱い」は、在外子会社についても当然に適用されるものであり、原則として同一環境下で行われた同一の性質の取引については、親子会社間で採用する会計処理の原則及び手続は統一する必要があります。
　しかし、在外子会社が所在地国の会計基準において認められている会計処理を行っている場合には、当該会計処理が明らかに合理的でないと認められる場合を除き、親子会社間で会計処理を統一する必要はないものとされています。

② 実務対応報告第18号の概要
　実務対応報告第18号は、在外子会社の会計処理について、同一環境下で行われた同一の性質の取引は親子会社間で原則として統一しなければならないとい

う立場は堅持しつつ，例外的な取扱いについて一定の調整を行うことを条件に，IFRS又は米国において一般に公正妥当と認められる会計基準（以下，「米国会計基準」という）に従った処理を行っている場合には，これらを連結決算上利用することを許容するとしています。

すなわち，これまでの委員会報告第56号においては，在外子会社の採用する会計基準に関しては「その子会社の所在地国の会計基準」とされている以外は特に制限は設けられていませんでしたが，実務対応報告第18号の適用以降においては，連結財務諸表を作成するに当たって在外子会社が採用する会計処理の原則及び手続は，子会社の所在地国にかかわらずIFRS又は米国会計基準のどちらかに準拠して作成された財務諸表しか認められないこととなります。

なお，ここにいう在外子会社の財務諸表とは，所在地国で法的に求められるものや外部に公表されるものに限らず，親会社の連結決算手続上利用することを目的として内部的に作成されたものを含むとされています。

(2) 基準の詳説

① 実務対応報告第18号の原則的取扱い

原則的な取扱いに関しては，委員会報告第56号から変更はないものと解されます。すなわち，同一環境下で行われた同一の性質の取引は，親子会社間で原則として統一する必要があります。

② 当面の取扱い

これに対し，当面の間は，在外子会社の財務諸表がIFRS又は米国会計基準に準拠して作成されている場合には，これらを連結決算上利用することができることとされました。なお，ここにいう在外子会社の財務諸表には上述のとおり，親会社の連結決算手続上利用することを目的して内部的に作成されたものを含み，親会社への報告目的のみのために独自に作成された財務数値（いわゆ

る連結パッケージ上のみにおいて作成された数値等）を親会社の連結決算上利用することは認められます。

ただし，IFRS又は米国会計基準に準拠して作成された在外子会社の財務諸表を連結決算上利用する場合には，下の表に挙げた6つの項目については，重要性の乏しい場合を除き，それぞれ表の「修正の内容」に記載のとおり，修正を行うことが求められます。これは，IFRS又は米国会計基準における会計処理が，我が国の会計基準に共通する考え方（当期純利益を算定する上での費用配分，当期純利益を株主資本との連携及び投資の性格に応じた資産及び負債の評価等が挙げられている）と相違していると考えられる項目であり，一般に差異に重要性が認められ，修正を行わないことに合理性が認められないと考えられるからです。

これらの6つの項目については，従来の連結決算手続に比して追加的に入手が必要な情報であるが，必要な情報の収集に実務的な困難が伴うことは一般的には想定されない項目であると考えられます。

a 修正が必要な6項目

項　　目	修　正　の　内　容
のれんの償却	在外子会社が計上しているのれんは，計上後20年以内の効果の及ぶ期間にわたり規則的償却が行われるよう修正します。ただし，現地財務諸表上減損が計上されており，減損計上後の帳簿価額が規則的償却実施時の残高を下回っている場合には修正は行わず，当該減損処理後の残高に基づき規則的償却を行います。
退職給付会計における数理計算上の差異の費用処理	退職給付会計における数理計算上の差異を，純資産の部に直接計上している場合には，平均残存勤務期間以内の一定の年数での規則的償却となるよう修正します。
研究開発費の支出時費用処理	「研究開発費に係る会計基準」（平成10年3月企業会計審議会）の対象となる研究開発費が現地財務諸表上資産計上されている場合には，支出時の費用となるよう修正します。
投資不動産の時価評価及び固定資産の再評価	投資不動産が時価評価されている場合には，取得原価を基礎として正規の減価償却によって算定した減価償却費（減損損失を含む）を計上するよう修正します。

会計方針の変更に伴う財務諸表の遡及調整	現地財務諸表において，会計方針の変更に伴い過年度財務諸表の遡及修正を行っている場合には，これを当期の損益とするよう修正します。
少数株主損益の会計処理	現地財務諸表上において，少数株主に帰属する損益が当期純利益の計算上控除されていない場合には，当期純利益が親会社持分相当額となるよう修正します。

　現状では我が国の会計基準を体系的に，また詳細に英文にて解説した文献がないので，在外子会社の現地経理担当者が日本基準を体系的に理解することができず，連結グループ会社間の会計方針を日本基準で統一することは困難と思われます。

　したがって，米国以外の在外子会社の多くがIFRSに移行するものと思われますので，各国現地基準からIFRSへの組替え，及びIFRSから日本基準への6項目の組替えについての実務上の対応策の確定が企業にとって重要となります。

b　6項目以外の修正

　実務対応報告第18号は，上記の6項目以外についても，明らかに合理的でないと認められる場合には，連結決算手続上で修正を行う必要があることに留意するとしています。公開草案では，修正の対象となるのは，当期純損益に大きな影響を及ぼすと思われる6項目に限定され，たとえ総資産や純資産に大きな影響を及ぼす項目があったとしても，それらは修正を要しないということになっていました。しかし，これではあまりにも利益偏重という考え方と解釈されかねないこと，多様な財務諸表利用者にとっては総資産や純資産他の財務数値に関心を持つ場合もありうること，国際的には財務数値の重要性が当期純損益から総資産等のバランスシート・データにシフトしつつあること等の理由で再検討すべきであるとの意見を反映することになりました。その結果，たとえ当期純損益に大きな影響を及ぼすと思われる6項目以外であっても，総資産や純資産等にも大きな影響を与える項目がある場合には，修正を要する旨が明確

にされています。

③ 実務対応報告第18号の考え方

　同一の環境下にあるにもかかわらず，同一の性質の取引等について連結会社間で会計処理が異なっている場合には，その個別財務諸表を基礎とした連結財務諸表が企業集団の財政状態及び経営成績の適切な表示を損なうことは否定できないため，同一の環境下で行われた同一の性質の取引等については，原則として，会計処理を統一することが適当であるとされています（「連結財務諸表制度の見直しに関する意見書」第二部　二4）。

　したがって，連結財務諸表の作成上，在外子会社における同一の環境下で行われた同一の性質の取引等については，我が国の会計基準に基づき会計処理を統一することとなります。しかしながら，これまでは，実務上の実行可能性等を考慮し，在外子会社の財務諸表が，所在地国において公正妥当と認められた会計基準に準拠して作成されている場合，連結決算手続上これを利用することができるものとされていました。このような取扱いにより作成された連結財務諸表に対しては，企業集団内での会計処理の整合性が損なわれており，企業集団の財政状態及び経営成績を適切に表示しなくなるという意見も少なくありません。

　こうした中，近時，国際的な会計基準間の相違点が縮小傾向にあるため，IFRS又は米国会計基準に準拠して作成された在外子会社の財務諸表を基礎としても，我が国の会計基準の下での連結財務諸表が企業集団の財務状況の適切な表示を損なうものではないという見方や，それらに基づく財務諸表の利用であれば実務上の実行可能性が高いという見方を踏まえ，実務対応報告第18号では，これまでの取扱いを見直すものの，当面の間，連結決算手続上，IFRS又は米国会計基準に準拠して作成された財務諸表を利用することができるものとしました。

　その場合であっても，上記当面の取扱いにおいて示した項目は，連結上の当

期純損益に重要な影響を与える場合には修正しなければならないものとしました。これは，当該項目は，IFRS又は米国会計基準に準拠した会計処理が，我が国の会計基準に共通する考え方*と乖離するものであり，一般に当該差異に重要性があるため，修正なしに連結財務諸表に反映することは合理的でなく，その修正に実務上の支障は少ないと考えられたことによります。また，連結上の当期純損益に重要な影響を与える場合としたのは，財務報告において提供される情報の中で，特に重要なのは投資の成果を示す利益情報と考えられることによります。

* 我が国の会計基準に共通する考え方としては，当期純損益を測定する上での費用配分，当期純損益と株主資本との連携及び投資の性格に応じた資産及び負債の評価等が挙げられます。

④ 実務対応報告第18号の適用のために必要な準備

実務対応報告第18号と適用するためには，あらかじめいくつかの論点について準備し，調査・検討しておく必要があります。この準備に要する時間は，企業により大きく異なると考えられますが，在外子会社を多くの国に有している場合や在外子会社に生産拠点を移管している場合は，特に注意して余裕をもって準備を進めていく必要があると思われます。

a 海外現地国会計基準の内容把握とIFRSとの差異把握

b IFRS連結パッケージ及びマニュアルの作成

各社は実務対応報告第18号の導入により追加的に必要となる標準的なIFRS連結パッケージ及びその記入マニュアルを作成する必要があります。

c 日本基準に変更するための6項目ワークシートの作成

実務対応報告第18号が求める6項目について，子会社からの情報入手用の標準的なワークシートを作成する必要があります。

d 会計方針統一を行うための試算表ワークシートの作成

実務対応報告第18号が求める会計方針の統一を行うための標準的な試算表ワークシートを作成する必要があります。

e 海外共通の「在外子会社連結会計方針マニュアル」(日本語・英語)の作成

実務対応報告第18号が求める会計方針統一を行うための標準的な「在外子会社連結会計方針マニュアル」(日本語・英語)を作成する必要があります。

f そ の 他

現在,多くの国では自国基準をIFRSにコンバージェンスする動きが見られますが,会計フレームワークにIFRSを適用していると表明している国であっても,実際,非上場企業にまでIFRSの適用を強制している国はまだ少数であり,多くの国の非上場企業(日本企業の子会社の多くはこれに該当する)は現地国の会計基準に従っているのが実情のようです。

また,現地で導入されているIFRSには,正式なIFRSの部分導入もありうるため,注意が必要です。

さらに,会計上IFRSを適用することが認められている国であっても,税務上は現地国の会計基準に基づいて申告しなければならない国もあると思われます。

このように考えると,現地国の会計基準を日本基準に統一するケースに加え,その他の多くのケースにおいても,在外子会社は現地国の会計基準と連結決算手続のために採用する会計基準の2つに準拠する必要があり,この結果,在外子会社における作業量の増大から生じる負担に加え,監査又はレビュー対象の財務諸表が増加することによる経済的負担も考えられ,これらの影響の程度についても早期に把握しておくことが必要です。

⑤ 適 用 時 期

実務対応報告第18号は,平成20年4月1日以後開始する連結会計年度に係る連結財務諸表から適用します。

⑥ 適用初年度の取扱い

実務対応報告第18号において,適用初年度の取扱いとしては,適用初年度の

期首における在外子会社の貸借対照表上の資産又は負債の残高のうち，実務対応報告第18号の適用の結果として，過年度の税引後損益，過年度の評価・換算差額等あるいは少数株主持分として処理しなければならない差額が生じた場合には，その純額を，それぞれ適用初年度の期首の利益剰余金，評価・換算差額等の該当する科目や少数株主持分に加減するものとしています。

また，IFRSや米国会計基準を適用した結果，連結子会社の範囲に修正が生じた場合には，資本連結の修正に伴う利益剰余金，評価・換算差額等，少数株主持分に対する影響額は，それぞれ実務対応報告第18号の適用初年度の期首利益剰余金，評価・換算差額等及び少数株主持分に加減するものとされています。

⑦ 開　示

開示に関しては，実務対応報告第18号では特に明示していません。しかしながら，以下のとおり，会計処理基準の差異の概要及び会計基準の変更に伴う会計方針の変更の開示対象となることに留意する必要があります。

a　会計処理基準の差異の概要

実務対応報告第18号の当面の取扱いを採用している場合には，これまでの実務対応報告第18号適用前と同様に，「会計処理基準の差異の概要」の注記の対象となることに留意する必要があります。

b　会計基準の変更に伴う連結財務諸表に与える影響額の開示

会計基準の変更に伴い会計方針が変更された場合には，現状では，変更を行った連結会計年度に，会計基準の変更が，営業損益，経常損益，税引前当期純損益，当期純損益又は連結財務諸表のその他の重要な項目に与える影響額を開示する必要があります。

これに対しては，実務対応報告第18号の適用に伴う連結財務諸表に与える影響額の開示について，影響額の開示は実務上困難である等の意見があります。この会計基準の変更に伴う連結財務諸表に与える影響額の開示については，連結財務諸表規則ガイドラインに係ることであり，実務対応報告第18号では言及

⑧ 適用初年度の開示の具体例

㈱ベネッセコーポレーション　平成21年3月期第1四半期報告書
【四半期連結財務諸表作成のための基本となる重要な事項等の変更】
（会計方針の変更）
　連結財務諸表作成における在外子会社の会計処理に関する当面の取扱いの適用
　当第1四半期連結会計期間から,「連結財務諸表作成における在外子会社の会計処理に関する当面の取扱い」（企業会計基準委員会　平成18年5月17日実務対応指針第18号）を適用し，連結決算上の必要な以下の修正を行っております。
　米国連結子会社 Berlitz International, Inc. に計上された「のれん」については，同社の平成14年1月1日開始事業年度から米国財務会計基準書第142号「のれん及びその他の無形固定資産」が適用されたことに伴い，償却せず年一回及び減損の可能性を示す事象が発生した時点で減損の判定を行うこととしておりましたが，上記実務対応報告第18号の適用により，のれんの計上後主として20年の均等償却することとしました。
　これにより，過去に遡ってのれんの償却を実施し，過年度ののれんの償却計算を実施し，過年度ののれん償却額19,418百万円は期首の利益剰余金から減額しております。また，当第1四半期連結会計期間ののれん償却費492百万円は販売費及び一般管理費に計上し，この結果，営業利益，経常利益及び税金等調整前四半期純利益はそれぞれ492百万円減少しております。
　なお，セグメント情報に与える影響は，当該個所に記載しております。

(3) 設　　例

次の設例は，実務対応報告第18号で示された内容について理解を深めるためのものであり，仮定として示された前提条件の記載内容は，経済環境や各企業の実情等に応じて異なる点に留意する必要があります。なお，簡便化のため，税効果は考慮していません。

> 【設例1】 のれんの償却
>
> 　P社の米国会計基準を適用している在外子会社A社において，X1年4月1日に行った企業結合に伴い，のれんが発生しました。A社では米国財務会計基準書第142号「のれん及びその他の無形固定資産」を適用し，当該のれんの償却は行っていません。両社の決算日は3月31日です。
>
> ①　のれんの金額：800千ドル（当該のれんについて減損は生じていません）
>
> ②　P社では実務対応報告第18号をX3年4月1日より適用しました。それまで，P社は委員会報告第56号に基づいて連結決算手続を行い，のれんについては修正を行っていません。
>
> ③　本設例においては，実務対応報告第18号の適用に当たり，X3年4月1日時点で，今後ののれんの効果の及ぶ期間を8年と見積っています。

1　在外子会社A社における会計処理

　X2年3月31日，X3年3月31日及びX4年3月31日
　　　仕訳なし

2　P社におけるのれんに係る連結修正仕訳

　X2年3月31日及びX3年3月31日
　　　仕訳なし
　X4年3月31日（実務対応報告第18号の適用初年度）
　　　期首のれん残高の修正

(借)利益剰余金　　　160　　(貸)の　れ　ん　　　160*¹

*1 在外子会社において、のれんの計上時から規則的に償却するものとすると、効果の及ぶ期間は10年となり、のれんの償却を仮定したX3年4月1日時点の残高は640（＝800－800／10年×2年）となります。このため、のれんの当初計上額800との差額160を修正します。なお、負ののれんについては、在外子会社での会計処理を必ずしも修正する必要はありません。

のれんの償却

(借)のれんの償却　　　80*²　(貸)の　れ　ん　　　80

*2 $\frac{800}{10年}=80$ 又は $\frac{640}{8年}=80$

【設例２】 退職給付会計における数理計算上の差異の費用処理

P社のIFRSを適用している在外子会社B社が、X2年3月期から国際会計基準第19号「従業員給付」で認められている数理計算上の差異を純資産の部で直接計上する方法を採用しています。両社の決算日は3月31日です。

① X2年3月31日に、数理計算上の差異50千ドルを純資産の部で直接計上しました。本設例においては、X3年3月以降、数理計算上の差異は発生しなかったものとします。

② P社では実務対応報告第18号をX3年4月1日より採用しました。それまで、P社は委員会報告第56号に基づいて連結決算手続を行い、数理計算上の差異については修正を行っていません。

③ 実務対応報告第18号の適用に当たり、数理計算上の差異は、発生の翌期から平均残存勤務期間内の10年で費用処理することとします。

---

1 在外子会社B社における会計処理

X2年3月31日

　(借)利益剰余金　　　50　　(貸)退職給付引当金　　　50

X3年3月31日及びX4年3月31日

　　仕訳なし

2 P社における数理計算上の差異に係る連結修正仕訳

X2年3月31日及びX3年3月31日

　　仕訳なし

X4年3月31日（実務対応報告第18号の適用初年度）

　期首退職給付引当金の修正

　　（借）退職給付引当金　　　45*1　（貸）利益剰余金　　　45

　　＊1　数理計算上の差異を発生の翌期から10年で費用処理した場合，X3年4月1日時点の当該数理計算上の差異の未認識は45（＝50－50／10年×1年）であるため，当該金額を退職給付引当金の修正とします。

　未認識数理計算上の差異の費用処理

　　（借）退職給付費用　　　　5*2　（貸）退職給付引当金　　5
　　＊2　$\dfrac{50}{10}=5$

【設例3】 研究開発費の支出時費用処理

　P社のIFRSを適用している在外子会社C社は，X1年4月1日開発活動に係る支出を行いました。C社は，当該支出を，国際会計基準第38号「無形資産」に基づき無形資産に計上しました。両社の決算日は3月31日です。

① 開発費の支出額：300千ドル（当該開発費について減損は生じていません）

② 開発費は5年で定額法により償却しています。

③ 当該支出は，「研究開発費等に係る会計基準」の対象となる研究開発費に該当します。

④ P社では実務対応報告第18号をX3年4月1日より適用しました。それまで，P社は委員会報告第56号に基づいて連結決算手続を行い，開発費については修正を行っていません。

1 在外子会社C社における会計処理

X2年3月31日，X3年3月31日，X4年3月31日及びX5年3月31日

（借）開 発 費 償 却　　　60＊1　（貸）開発費(無形資産)　　　60

＊2　$\dfrac{300}{5年}=60$

抜 粋 精 算 表

	X2.3.31	X3.3.31	X4.3.31	X5.3.31
開発費（無形資産）	240	180	120	60
利益剰余金	△60	△120	△180	△240
（当期：開発費償却）	60	60	60	60

2 P社における開発費に係る連結修正仕訳

X2年3月31日及びX3年3月31日

　　仕訳なし

X4年3月31日（実務対応報告第18号の適用初年度）

　期首開発費残高の戻入れ

　（借）利 益 剰 余 金　　　180　　（貸）開発費(無形資産)　　180

　開発費償却の戻入れ

　（借）開発費(無形資産)　　60　　（貸）開 発 費 償 却　　　　60

X5年3月31日

　開始仕訳

　（借）利 益 剰 余 金　　　120　　（貸）開発費(無形資産)　　120

　開発費償却費の戻入れ

　（借）開発費(無形資産)　　60　　（貸）開 発 費 償 却　　　　60

連結修正仕訳反映後の抜粋精算表

	X2.3.31	X3.3.31	X4.3.31	X5.3.31
開発費（無形資産）	240	180	0	0
利益剰余金	△60	△120	△300	△300
（当期：開発費償却）	60	60	0	0

【設例4－1】 投資不動産の時価評価

P社のIFRSを適用している在外子会社D1社は，X1年4月1日に建物600千ドルを取得し，国際会計基準第40号「投資不動産」で認められている投資不動産の時価評価を採用しています。両社の決算日は3月31日です。

① X2年3月31日の建物の時価は800千ドルであったものとし，X3年3月31日及びX4年3月31日の建物の時価は500千ドルであったものとします。
② X5年3月31日に建物を550千ドルで売却しました。
③ P社では実務対応報告第18号をX3年4月1日より適用しました。それまで，P社は委員会報告第56号に基づいて連結決算手続を行い，投資不動産については修正を行っていません。
④ 実務対応報告第18号の適用に当たり，当該建物の減価償却は，耐用年数10年，残存価額0，定額法で行われるものとします。

1　在外子会社D1社における会計処理

X2年3月31日
　　仕訳なし

X3年3月31日
　　（借）有形固定資産評価損　　　300*1　（貸）建　　　物　　　300
　　＊1　建物の取得原価800－建物の時価500＝300

X4年3月31日
　　仕訳なし

X5年3月31日
　　（借）現　金　預　金　　　550　（貸）建　　　物　　　500
　　　　　　　　　　　　　　　　　　　　　　有形固定資産売却益　　50*2
　　＊2　現金預金550－建物前期末時価500＝50

3 在外子会社の会計処理の統一 169

抜 粋 精 算 表

	X2.3.31	X3.3.31	X4.3.31	X5.3.31
現 金 預 金	0	0	0	550
建 物	800	500	500	0
利 益 剰 余 金	0	△300	△300	△250
(当期：有形固定資産評価損)	0	300	0	0
(当期：有形固定資産売却益)	0	0	0	50

2　P社における投資不動産の時価評価に係る連結修正仕訳

X2年3月31日及びX3年3月31日

　　仕訳なし

X4年3月31日（実務対応報告第18号の適用初年度）

　期首における建物の時価評価の戻入れと減価償却の修正

　（借）建　　　　物　　　800　　（貸）建　　　　物　　　500

　　　　　　　　　　　　　　　　　　　減価償却累計額　　160 *1

　　　　　　　　　　　　　　　　　　　利 益 剰 余 金　　140 *2

　　*1　$\dfrac{\text{取得原価}800}{\text{耐用年数}10\text{年}} \times 2\text{年} = 160$

　　*2　過年度の有形固定資産評価損の戻入れ300−減価償却累計額160＝140

　建物の減価償却

　（借）減 価 償 却 費　　　80　　（貸）減価償却累計額　　　80 *3

　　*3　$\dfrac{\text{取得原価}800}{\text{耐用年数}10\text{年}} = 80$

X5年3月31日

　開始仕訳

　（借）建　　　　物　　　800　　（貸）建　　　　物　　　500

　　　　　　　　　　　　　　　　　　　減価償却累計額　　240 *4

　　　　　　　　　　　　　　　　　　　利 益 剰 余 金　　 60 *5

　　*4　$\dfrac{\text{取得原価}800}{\text{耐用年数}10\text{年}} \times 3\text{年} = 240$

　　*5　過年度の有形固定資産評価損の戻入れ300−減価償却累計額240＝60

170　第4章　公表された項目についての詳説

建物の減価償却

（借）減 価 償 却 費　　　　80*6　（貸）減価償却累計額　　　　80

＊6　$\dfrac{\text{取得原価800}}{\text{耐用年数10年}}=80$

建物の売却益の修正

（借）建　　　　　　物　　　500*7　（貸）建　　　　　　物　　　800*8
　　　減価償却累計額　　　320*8　　　　有形固定資産売却益　　　70*8
　　　有形固定資産売却益　　50*7

＊7　在外子会社で計上した建物の売却に関する仕訳の戻入れ
＊8　連結修正により計上した建物の取得原価及び減価償却累計額の処理
　　　売却益70＝現金預金550－（建物800－減価償却累計額320）

連結修正仕訳反映後の抜粋精算表

	X2.3.31	X3.3.31	X4.3.31	X5.3.31
現 金 預 金	0	0	0	550
建　　　　物	800	500	800	0
減価償却累計額	0	0	240	0
利 益 剰 余 金	0	△300	△140	△150
（当期：減価償却費）	0	0	80	80
（当期：有形固定資産評価損）	0	300	0	0
（当期：有形固定資産売却益）	0	0	0	70

---【設例4-2】　固定資産の再評価---

　P社のIFRSを適用している在外子会社のD2社は、X1年4月1日建物900千ドルを取得し、国際会計基準第16号「有形固定資産」で認められている有形固定資産の再評価を行っています。両社の決算日は3月31日です。

① 　X3年3月31日の建物の再評価額は800千ドルです。X2年3月31日及びX4年3月31日の建物の再評価額は帳簿価額と近似しているため、再評価を行っていません。

② P社では実務対応報告第18号をX3年4月1日より適用しました。それまで，P社は委員会報告第56号に基づいて連結決算手続を行い，建物の再評価額については修正を行っていません。
③ 実務対応報告第18号の適用に当たり，当該建物の減価償却は，耐用年数10年，残存価額0，定額法で行われるものとします。

1　在外子会社D2社における会計処理

X2年3月31日

（借）減価償却費　　　　　90　　（貸）減価償却累計額　　　90

X3年3月31日

（借）減価償却費　　　　　90　　（貸）減価償却累計額　　　90
　　　建　　物　　　　　800　　　　建　　物　　　　　　900
　　　減価償却累計額　　180　　　　再評価剰余金　　　　　80

X4年3月31日

建物の減価償却

（借）減価償却費　　　100*1　（貸）減価償却累計額　　　100
　　　再評価剰余金　　　10*2　　　利益剰余金　　　　　　10

*1 $\dfrac{\text{再評価後建物簿価}800}{\text{残存耐用年数}8\text{年}}=100$

*2 $\dfrac{\text{再評価剰余金に係る減価償却費相当額}80}{8\text{年}}=10$

抜 粋 精 算 表

	X2.3.31	X3.3.31	X4.3.31
建　　物	900	800	800
減価償却累計額	90	0	100
利益剰余金	△90	△180	△270
再評価剰余金	0	80	70
（当期：減価償却費）	90	90	100

2 P社における固定資産の再評価に係る連結修正仕訳

X2年3月31日及びX3年3月31日

　　仕訳なし

X4年3月31日（実務対応報告第18号の適用初年度）

　期首における建物の再評価の戻入れ

（借）建物	900	（貸）建物	800
再評価剰余金	80	減価償却累計額	180

　建物の減価償却の修正

（借）減価償却累計額	100	（貸）減価償却費	100*1
利益剰余金	10	再評価剰余金	10*2
減価償却費	90*3	減価償却累計額	90

*1　$\dfrac{再評価後建物簿価800}{残存耐用年数8年}=100$

*2　$\dfrac{再評価剰余金に係る減価償却費相当額80}{8年}=10$

*3　$\dfrac{再評価前建物の取得原価900}{耐用年数10年}=90$

連結修正仕訳反映後の抜粋精算表

	X2.3.31	X3.3.31	X4.3.31
建物	900	800	800
減価償却累計額	90	0	270
利益剰余金	△90	△180	△270
再評価剰余金	0	80	0
（当期：減価償却費）	90	90	90

【参考文献】
・「在外子会社の会計処理統一における検討事項」加藤厚　経理情報2007.3.20（No.1144）
・「実務対応報告第18号のポイントと移行作業スケジュール」和田勇人　経理情報2007.12.20（No.1169）

- 「『在外子会社の会計処理』問題への対応と準備」辻野幸子　経理情報2007.4.10（No.1146）
- 「在外子会社の会計処理－実務対応報告第18号『連結財務諸表作成における在外子会社の会計処理に関する当面の取扱い』への実務対応」山上眞人　企業会計2008 Vol.60 No.2
- 「実務対応報告　連結財務諸表作成における在外子会社の会計処理に関する当面の取扱い」企業会計基準委員会　平成18年5月17日
- 「ＡＳＢＪ解説　実務対応報告第18号　連結財務諸表作成における在外子会社の会計処理」石原宏司　経理情報2006.7.1（No.1120）

4 在外関連会社の会計処理の統一

(1) 基準の概要

　企業会計基準委員会は，平成20年3月10日に企業会計基準第16号「持分法に関する会計基準」（以下「持分法会計基準」という）及び実務対応報告第24号「持分法を適用する関連会社の会計処理に関する当面の取扱い」を公表しました。

　これまで，我が国における持分法に関する会計処理は，「連結財務諸表原則」に基づいて行われてきましたが，連結財務諸表原則においては，親会社及び子会社の会計処理については原則として統一するとされているものの，投資会社及び持分法適用関連会社については統一すべきか否かが明示されていないため，原則として統一することが望ましいと解されてきました。また，持分法の適用対象となる非連結子会社についても，必ずしも統一することを要しないと解されてきました。

　しかしながら，企業会計基準委員会はIFRSとのコンバージェンスを進めるに当たり，国際会計基準第28号「関連会社に対する投資」において「関連会社が同様の状況において類似する取引及び事象に関して投資企業とは異なる会計方針を用いている場合には，投資企業が持分法を適用するために関連会社の財務諸表を用いる際に，投資企業の会計方針に関連会社の会計方針を一致するための修正を行わなければならない。」（国際会計基準第28号第27項）とされていることから，現行の我が国における持分法の取扱いを見直し，非連結子会社や持分法適用関連会社の会計処理の原則及び手続についても，連結子会社と同様に，原則として統一することとしました。また，これに伴ってIFRSと同様に，

持分法に関する会計処理等に係る取扱いを連結規則とは別の会計基準として整備することとし、これを適用する際の当面必要と考えられる実務上の取扱いについても実務対応報告第24号として定めることとしました。

なお、公表された持分法会計基準は、上記の会計方針の統一に関する事項を除き、現行実務を変更するものではないことに留意する必要があります。

(2) 基準の詳説

① 原則的な取扱い

同一環境下で行われた同一の性質の取引等について、投資会社(その子会社を含む)及び持分法を適用する被投資会社が採用する会計処理の原則及び手続は、原則として統一します(持分法会計基準第9項)。

② 当面の取扱い

投資会社及び持分法適用関連会社が採用する会計処理の原則及び手続の統一に当たっては、原則的な取扱いによるほか、当面の間、委員会報告第56号に定める会計処理の統一に関する取扱いに準じて行うことができるものとします。

さらに、在外関連会社については、当面の間、実務対応報告第18号に準じて行うことができるものとします。

なお、統一のために必要な情報を入手することが極めて困難と認められるときには、当面の間、監査保証実務委員会報告第56号に定める「統一しないことに合理的な理由がある場合」にあたるものとします。

③ 適用時期

持分法会計基準及び実務対応報告24号は、平成22年4月1日以後開始する連結会計年度及び事業年度から開始します。なお、平成22年3月31日以前に開始する連結会計年度及び事業年度から開始することができます。

持分法会計基準及び実務対応報告24号の適用により，適用初年度の期首において持分法適用関連会社の純資産に変動が生じるときには，持分法の適用に当たり，当該変動額のうち投資会社の持分又は負担に見合う額については，次のように処理します。

a　当該変動額が利益剰余金に係るものである場合には，投資会社の適用初年度の期首の利益剰余金に加減します。

b　当該変動額が評価・換算差額等に係るものである場合には，当該評価・換算差額等の該当する科目に加減します。

実務対応報告第24号に定める当面の取扱いを適用し，実務対応報告第18号に準じた処理を行う場合で，修正のために必要となる過年度の情報を入手することが極めて困難と認められるときには，次のように処理することができるものとします。

a　持分法適用関連会社におけるのれん並びに時価評価されている投資不動産及び再評価されている固定資産については，適用初年度の期首において，当該期首時点での貸借対照表計上額に基づいて新たに計上されたものとして扱います。この場合，再評価されている固定資産に係る再評価剰余金については，当該再評価されている固定資産の耐用年数の残存期間にわたり，利益に振り替えます。

b　持分法適用関連会社において，退職給付会計における数理計算上の差異を純資産の部（利益剰余金）に直接計上する方針を採用しているときには，過年度に純資産の部（利益剰余金）に直接計上した数理計算上の差異は，全額が過年度において損益として修正されているものとして扱います。

(3) 設　　例

次の設例は，実務対応報告第24号で示された内容について理解を深めるため

のものであり，仮定として示された前提条件の記載内容は，経済環境や各企業の実情等に応じて異なる点に留意する必要があります。なお，簡便化のため，税効果は考慮していません。

【設　例】

　P社の米国会計基準を適用している在外関連会社A社（持分比率30％）において，X1年4月1日に行った企業結合に伴い，のれんが発生しました。A社では米国財務会計基準書第142号「のれん及びその他の無形資産」を適用し，当該のれんの償却は行っていません。両社の決算日は3月31日です。

① 　のれんの金額：800千ドル（当該のれんについて減損は生じていません）

② 　P社では実務対応報告第24号をX3年4月1日より適用しました。それまで，P社はA社ののれんについて，修正を行っていません。

③ 　実務対応報告第24号の適用に当たり，X3年4月1日時点で，今後ののれんの効果の及ぶ期間を8年と見積っています。

④ 　のれんに係る修正を除き，持分法に関連する仕訳がすでに行われているものとします。

⑤ 　簡便化のため，決算時の為替相場及び期中平均相場は1ドル＝100円で不変とします。

1　原則的な方法（実務対応報告第24号に定める方法）

P社におけるのれんに係る持分法仕訳

⑴　X3年4月1日（実務対応報告第24号の適用初年度の期首）（単位：千円）

　（借）利 益 剰 余 金　　4,800　　（貸）投 資 有 価 証 券　　4,800

<u>期首ののれん残高の修正</u>

　関連会社A社において，のれんの計上時から規則的に償却するものとすると，効果の及ぶ期間は10年となり，のれんの償却を仮定したX3年4月1日

時点の残高は640千ドル（＝800千ドル－800千ドル/10年×2年）となります。このため，修正額は，のれんの当初計上額800千ドルとの差額160千ドルとなります。

（A社の個別財務諸表上で期首ののれん残高を修正する仕訳）　（単位：ドル）

　（借）利 益 剰 余 金　160,000　　（貸）の　　れ　　ん　160,000

持分法仕訳

上記の修正の結果，A社の利益剰余金が160千ドル減少するため，P社の持分額4,800千円（＝160千ドル×持分比率30％×100円）を期首の利益剰余金から減額します。

(2)　X4年3月31日（実務対応報告第24号の適用初年度の期末）

　　（借）持分法投資損益　　2,400＊　　（貸）投資有価証券　　2,400

　　＊　上記の仕訳の説明（便宜上，A社の個別財務諸表上で修正した場合の仕訳で示します）

　　　のれんの償却
　　　　80千ドル＝800千ドル/10年　（又は640千ドル/8年）
　　　（A社の個別財務諸表上でのれんを修正する仕訳）（単位：ドル）
　　　　　（借）の れ ん 償 却　80,000　　（貸）の　　れ　　ん　80,000
　　　持分法仕訳
　　　　2,400千円＝80千ドル×持分比率30％×100円

2　原則的な方法による修正のために必要となる過年度の情報を入手することが極めて困難と認められる場合

のれんに係る持分法仕訳のために必要となる過年度の情報（のれんの当初の計上額及び計上時期）を，P社が入手することが極めて困難と認められるものとします。

P社におけるのれんに係る持分法仕訳

(1)　X3年4月1日（実務対応報告第24号の適用初年度の期首）

　　　　仕訳なし

(2)　X4年3月31日（実務対応報告第24号の適用初年度の期末）（単位：千円）

　　（借）持分法投資損益　　3,000＊　　（貸）投資有価証券　　3,000

* 上記の仕訳の説明(便宜上,A社の個別財務諸表上で修正した場合の仕訳で示します)

のれんの償却

X3年4月1日時点で関連会社A社の貸借対照表に計上されている800千ドルについて,同時点において新たに計上されたものとして取り扱うため,当期ののれんの償却額は100千ドル(=800千ドル/8年)となります。

(A社の個別財務諸表上でのれんを修正する仕訳)(単位:ドル)

　(借)のれん償却　100,000　　(貸)の　れ　ん　100,000

持分法仕訳

　3,000千円=100千ドル×持分比率30%×100円

【参考文献】

・実務対応報告第24号
・「持分法会計基準と持分法会計処理統一に関する実務対応報告の解説」
　公認会計士　古内和明(トーマツリサーチセンター会計情報No.381/2008.5)

5 ストック・オプション

(1) 基準の概要

① ストック・オプションとは？

a 会計的な意味

あらかじめ定められた一定の期間内に一定の価格で、自社の株式を原資とするコール・オプション（一定の金額を支払うことにより自社株式を取得する権利）を行使することにより、会社の株式を取得する権利をいいます。

b 制度としての意味

会社が取締役や従業員に対して、一定の価格で会社の株式を取得する権利（新株予約権）を付与し、取締役や従業員は将来、株価が上昇した時に権利行使して会社の株式を取得売却することにより、上昇分の報酬が得られるという報酬制度といえます。というのも、企業の業績向上による株価の上昇が報酬額と直接連動するので、権利を付与された取締役や従業員の業績向上へのインセンティブ効果につながるからです。

② 日本における制度導入までの経緯

我が国のストック・オプション制度の歴史は浅く、平成9年商法改正までは自己株式の取得が原則禁止されていたため、制度自体の導入が困難でした。

この改正により、金庫株が解禁となり最長10年までストック・オプションのための自己株式取得及びその保有が認められるようになりました。

しかし、制度としての運用が難しく、平成13年11月の商法改正により、新株

予約権制度が導入され有価証券として発行できるようになり，初めてストック・オプションを活用する企業が出てきました。

ただし，旧商法下においては，労務出資が認められていないことから新株予約権の発行は無償と評価され，ストック・オプションを付与する場合には有利発行とみなされ，株主総会の特別決議が必要とされていました。

その後，平成18年5月に会社法が施行され，ストック・オプション目的の新株予約権の交付は「職務執行の対価」であり，公開会社においては新株予約権の募集事項の決定は，原則取締役会決議で行い，例外として特に有利な発行等に当たる場合には，株主総会の特別決議を要するものと整理されました。

③ コンバージェンスへ向けてのストック・オプション会計基準の制定
a 米国の動向

20世紀中盤から米国ではすでにストック・オプションが定着しており，費用化を求める基準や意見書が続々と公表されましたが，ハイテク産業の企業等の反対にあい，法制化には至りませんでした。しかし2002年エンロン事件，ワールドコム事件等の企業の不祥事を契機に，これまでの自主規制の流れから厳格な法規制へと大きく方向転換し，2004年に米国財務会計基準審議会（FASB）からすべてのストック・オプションを原則公正価値によって評価して費用処理をしなければならないとした，SFAS第123号が公表されました。

b EUの動向

一方EU加盟国では，2005年以降EU域内の上場企業に対する国際財務報告基準（IFRS）の強制適用に備えて，米国と時を同じく前年2004年に国際会計基準審議会（IASB）から「株式報酬」（IFRS第2号）が公表され，ストック・オプション取引を含むすべての株式報酬取引は，原則として公正価値を基礎として財務諸表に計上しなければならないこととされました。

c 日本の動向

こうした国際的な会計基準のコンバージェンスへの動向を受けて，我が国に

おいても2005年12月に企業会計基準委員会（ASBJ）より「ストック・オプション等に関する会計基準」及び「ストック・オプション等に関する会計基準の適用指針」が公表されました。

また，平成14年の商法改正での新株予約権制度の創設と，平成18年の会社法施行によりストック・オプションが広く職務執行の対価として位置づけられたことにより，ストック・オプション制度の普及が近年顕著となってきており，今後もより一層活発化すると予想されています。

④ ストック・オプション制度の仕組みについて

ストック・オプション制度の仕組みを，以下の図で説明します。

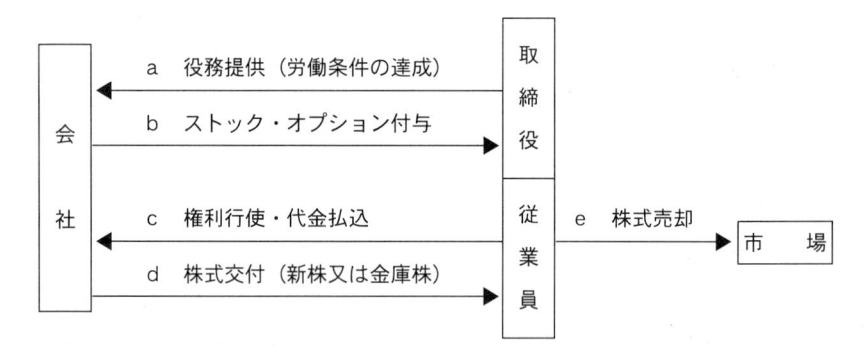

```
          a  役務提供（労働条件の達成）
  ┌──┐ ←──────────────── ┌──┐
  │会│                    │取│
  │  │  b  ストック・オプション付与  │締│
  │  │ ────────────────→ │役│
  │  │                    ├──┤
  │社│  c  権利行使・代金払込  │従│  e  株式売却
  │  │ ←──────────────── │業│ ────→ ┌────┐
  │  │                    │  │       │市  場│
  │  │  d  株式交付（新株又は金庫株） │員│       └────┘
  │  │ ────────────────→ │  │
  └──┘                    └──┘
```

a 　取締役・従業員は会社に対して，役務や労務（広く職務）を提供します。

b 　会社は職務執行の対価として取締役・従業員にある一定の条件の下でストック・オプションを付与します。すなわち一定の条件（期間の経過，勤務の継続等，条件の達成）を満たすことにより権利が確定します。

c 　株価が上昇し，権利行使価格を上回った時点で取締役・従業員は会社に対しストック・オプションの権利行使をします。逆に株価が権利行使価格を下回る場合は，取締役・従業員はストック・オプションの権利行使を行わず（株式を取得しない）放棄することになります。

d 　会社は権利行使を受け，新株あるいは会社の有する自己株式（金庫株）を

権利行使者である取締役・従業員に交付します。
e　取締役・従業員は，権利行使価格で取得した株式を市場で時価により売却することにより，譲渡益を得ることになります。

⑤　ストック・オプション制度のメリットとデメリット

a　メリット

イ　インセンティブ効果

　　株価に連動する報酬体系のため会社と従業員等の目標が一致し，株価上昇のため会社の業績向上に努め，忠誠心やモラルの向上が期待できます。

ロ　資金負担を抑えた有能な人材の確保

　　会社自身が権利付与者に現金を支払う必要がなく，会社の業績向上に伴う株価の上昇によりキャピタル・ゲインとしての報酬を獲得させる成功報酬制度により優秀な人材の確保が期待できます。

b　デメリット

イ　従業員の士気や経営陣のモラル低下の可能性

　　株価上昇局面でない場合，期待した利益が得られないことから従業員の士気が急速に低下する恐れがあります。また経営陣に付与された場合，報酬増大化を図り株価第一主義に陥り，株価対策のための粉飾決算等のモラルの低下が考えられます。

ロ　株式価値の希薄化

　　権利行使により時価より低い価格で株式を発行することになり，既存の株主にとって株式価値希薄化につながり，株式公開の際には多数の潜在株式の存在は，市場では公開後の不確定要素とみなされる可能性があります。

(2) 基準の詳説

① ストック・オプションの会計処理

ストック・オプションの会計処理については，企業会計基準委員会から平成17年12月に「ストック・オプション等に関する会計基準」（以下「ASB基準8号」という）及び「ストック・オプション等に関する会計基準の適用指針」（以下「ASB指針11号」という）が公表され，会社法施行日以降に従業員等に付与されるストック・オプションについてはこの基準に従い会計処理しなければなりません。

基本的な考え方は，企業が従業員等にストック・オプションを付与し，これに応じて従業員等から取得するサービス（役務の提供）を，費用として認識し，その付与日におけるストック・オプションの価値を従業員等からの役務提供の対価（報酬）であると考えて会計処理を行います。

a 会計基準の適用範囲に含まれる取引

会計基準では，ストック・オプション取引の性質のうち企業がサービス等を取得する際の対価として現金等を用いずに，自社株式オプションを用いることに重点を置き，取引の相手方は自社の従業員等であるか否か，企業が取得するサービスが労働役務であるか否かを問わず，自社株式オプションを財貨又はサービスの取得の対価として用いる取引全般（以下イからロ）に適用されます。また対価として自社株式オプションの代わりに自社株式を交付する取引（以下ハ）も適用範囲に含まれます。

　イ　企業がその従業員等に対してストック・オプションを付与する取引
　ロ　企業が財貨又はサービスの取得において，対価として自社株式オプションを付与する取引であって上記イ以外の取引（例えば子会社の従業員等に親会社株式を原資とした株式オプションを付与するケース）
　ハ　企業が財貨又はサービスの取得において，対価として自社の株式を交付する取引（自社株式オプション）

b 具体的な会計処理

ストック・オプションの会計処理は下記の図のように，イ権利確定日以前と，ロ権利確定日後と，ハ条件変更があった場合の3局面に分けて会計処理を行います。以下図にそって解説します。

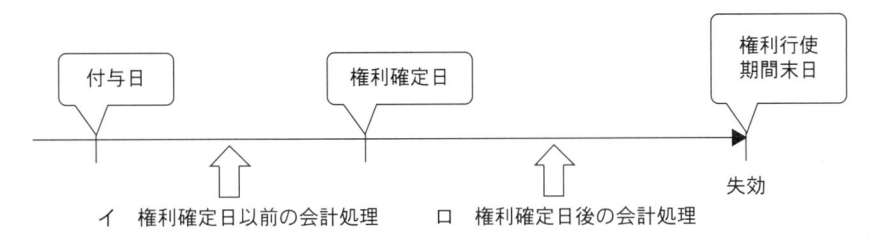

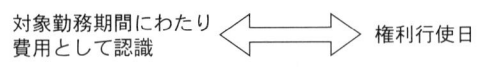

```
   付与日              権利確定日                    権利行使
                                                  期間末日
   ─┬──────────┬──────────────┬────→
    │     ↑              │       ↑              │  失効
    │     │              │       │              │
    │  イ 権利確定日以前の会計処理  ロ 権利確定日後の会計処理
    │                    │
    │  対象勤務期間にわたり  ←────→  権利行使日
    │  費用として認識
    │              ハ 条件変更があった場合の会計処理
```

イ 権利確定日以前の会計処理

i 企業は従業員等に対してストック・オプションを付与し，その対価として従業員等から労働等のサービスを取得した場合，その取得に応じて「株式報酬費用」などの人件費の費用項目として計上します。

　また，対応する貸方項目は，ストック・オプションの権利の行使又は失効が確定するまでの間，貸借対照表の純資産の部に「新株予約権」として計上します。

ii 上記会計処理を行う際に各会計期間において計上される費用は，ストック・オプションの公正な評価額のうち，対象勤務期間を基礎とする方法等の合理的な方法に基づき，当期に発生したと認められる額となります。なお，ストック・オプションの公正な評価額は，公正な評価単価にストック・オプション数を乗じることによって算定します。公正な評価単価の算定方法については後述することにします。

iii ストック・オプション数は付与されたストック・オプション数（付与数）から，権利不確定により失効が見込まれる数を控除して算定します。また権利確定に勤務条件が付されたストック・オプションで，ストック・オプションの付与日から権利確定日の直前までに，当初予定していた退職者数と実際の退職者数が大幅に乖離してきた等，権利不確定による失効の見積数に重要な変動が生じた場合には，これに応じてストック・オプション数を見直す必要が出てきます。ストック・オプション数を見直した場合には，見直し後のストック・オプション数に基づくストック・オプションの公正な評価額に基づき，その期までに費用として計上すべき額とこれまでに計上した額との差額を見直した期に損益として計上することになります。

権利確定日には，ストック・オプション数を最終的に権利の確定したストック・オプション数（権利確定数）と一致させなければなりません。したがってこれにより修正した場合には，修正後のストック・オプション数に基づくストック・オプションの公正な評価額に基づき，権利確定日までに費用として計上すべき額と，これまでに計上した額との差額を権利確定日の属する期の損益として計上することになります。

ここで基本的な設例を示すことにします。

【設　例】

N社はＸ8年3月期決算で，Ｘ8年6月の株主総会において，従業員のうち部長以上の100名に対して，1名あたり100個（合計10,000個）のストック・オプションを付与することを決議し，同年7月1日に付与した。
・このストック・オプションの権利確定日はＸ10年6月末であり，権利行使期間はＸ10年7月からＸ12年6月までである。
・付与日におけるストック・オプションの公正な評価単価は5,000円/個である。

- X8年7月1日の付与時点における失効見込は，今後2年間で10名の退職が見込まれる。
- ストック・オプションの権利行使時における払込金額は，1株あたり50,000円である．
- ストック・オプションの一時行使はできず，権利行使の際には100個まとめて行使しなければならない。
- 年度ごとのストック・オプション数の実数は以下のとおりである。

	未行使数（残数）	失効分（累計）	行使分（累計）	摘要
付与時（X8/7/1）	10,000	—		
X9/3月期	9,700	300	—	退職者3名
X10/3月期	9,500	500	—	退職者2名
X11/3月期	6,500	700	2,800	X10年4月〜6月の退職者2名，行使28名
X12/3月期	3,500	700	5,800	行使30名
X13/3月期	0	1,200	8,800	行使30名，失効5名

（会計処理）

＜X9年3月期＞ （単位：千円）

（借）株式報酬費用　16,875　（貸）新株予約権　16,875

人件費の計上：5千円/個×100個/名×(100名−10名)×$\frac{9月}{24月}$=16,875千円，期末時点の退職者は3名であり失効見込みを修正する必要はないと判断された。

＜X10年3月期＞

（借）株式報酬費用　23,375　（貸）新株予約権　23,375

人件費の計上：(100名−8名)×5千円/個×100個/名×$\frac{21月}{24月}$−16,875千円=23,375千円，期末時点における失効見込み数を8名に修正した。

ロ　権利確定日後の処理

　ストック・オプションの権利が確定した取得者は，その後権利行使期間に権利行使するのか，または権利行使せずに満期が到来し権利が失効するのかのいずれかになります。

　権利行使する場合には，ⅰ新株を発行するか，ⅱ自己株式を処分するかの2例，権利行使しない場合には，ⅲ失効するかの合わせて3例に分けて，上記設例の会計処理を見ることにします。

＜X11年3月期＞

　（借）株式報酬費用　　6,250　　（貸）新株予約権　　6,250

人件費の計上：$(100名－7名)\times 5千円/個\times 100個/名\times \frac{24月}{24月}-(16,875$千円$+23,375$千円$)=6,250$千円

　ⅰ　新株を発行する場合

　（借）現　金　預　金　140,000　　（貸）払　込　資　本　154,000
　　　　新　株　予　約　権　14,000

　払込金額：100個/名×28名×50千円＝140,000千円

　行使されたストックオプションの金額：100個/名×28名×5千円＝14,000千円

　ⅱ　自己株式を交付する場合

　（借）現　金　預　金　140,000　　（貸）自　己　株　式　112,000
　　　　新　株　予　約　権　14,000　　　　　自己株式処分差益　42,000

　払込金額：100個/名×28名×50千円＝140,000千円

　自己株式（取得原価は40千円と仮定）：100個/名×28名×40千円＝112,000千円

＜X12年3月期～X13年3月期＞

　ⅰ　新株を発行する場合

　（借）現　金　預　金　150,000　　（貸）払　込　資　本　165,000
　　　　新　株　予　約　権　15,000

払込金額：100個/名×30名×50千円＝150,000千円

行使されたストックオプションの金額：100個/名×30名×5千円＝15,000千円

ii 自己株式を交付する場合

(借)現　金　預　金　150,000　　(貸)払　込　資　本　171,000
　　　新　株　予　約　権　　15,000
　　　自己株式処分差損　　　6,000

払込金額：100個/名×30名×50千円＝150,000千円

自己株式(取得原価は57千円と仮定)：100個/名×30名×57千円＝171,000千円

iii 権利行使されず，失効した場合

(借)新　株　予　約　権　　2,500　　(貸)新株予約権戻入益　　2,500

失効者5名分を利益に振替える：100個/名×5名×5千円＝2,500千円

ハ 条件変更があった場合の会計処理

ストック・オプションに係る条件変更には以下3つのケースが考えられます。

i ストック・オプションの公正な評価単価を変動させる条件変更

　条件変更日におけるストック・オプションの公正な評価単価が，付与日における公正な評価単価を上回る場合は，条件変更前から行われてきた費用計上を継続して行うことに加えて，条件変更日におけるストック・オプションの公正な評価の増加額につき以後追加的に費用計上を行わなければなりません。

　ただし，条件変更日における当初の評価単価が付与日における公正な評価単価より下回る場合には，特に追加的な会計処理は行わず，条件変更前からの会計処理を継続して行うこととしています。

ii ストック・オプション数を変動させる条件変更

　ここでいう条件変更は，前述した退職者数の見積もりの誤差による変更

とは異なり，企業が意図的に将来にわたる効果を期待して行う変更であると解釈されています。具体的にはストック・オプションの権利確定条件として勤務条件や業績条件を付している場合に，付与後に想定した条件を達成することが厳しくなった等で付与時の条件を見直す必要があり，この場合条件変更前から行われてきた費用計上は継続して行うことに加え，条件変更によるストック・オプション数の変動に見合う公正な評価額の変動額を，合理的な方法に基づき残存期間にわたって費用計上しなければなりません。

iii 費用の合理的な計上期間を変動させる条件変更

ストック・オプションの権利確定日を変更する等，対象期間を延長したり短縮したりする変更があり，費用の合理的な計上期間を変動させる場合には，当該条件変更前の残存期間に計上すると見込んでいた金額を，合理的な方法に基づき，以降新たな残存期間にわたって費用計上しなければなりません。

② ストック・オプションの公正な評価単価

a 基本的な考え方

公正な評価単価とは，第一義的には市場において形成されている取引価格であり，本来ストック・オプションの公正な評価単価の算定についても，市場価格が観察できる限りはこれによるべきであり，観察できない場合には気配相場あるいは指標等を利用することもできます。しかし，ストック・オプションに関しては通常は市場価格が観察できないことが多いため，株式オプションの合理的な価格の見積もりに広く受け入れられている価格算定技法を利用して，公正な評価単価を見積もることとしました（ASB基準8号6項）。

b 株式オプション価格算定技法とは

ストック・オプションの市場取引において，一定の能力を有する独立第三者間で自発的に形成されると考えられる合理的な価格を見積もるためのモデルで,

市場関係者の間で広く受け入れられるものをいいます。今日実務で広く利用されている株式オプションの価格算定技法は，株価が時間とともに確率的にどのように変化していくかを想定し，その株式オプションを保有し続けることにより，将来得ることができるであろうキャッシュ・フローの期待値の現在価値を求めることにより，株式オプションの価値を算定するものです。

　株価の変動が生じる仮定には「離散時間型モデル」と「連続時間型モデル」の2つがあり，前者は将来の株価の変動が一定間隔の時点において一定の確率に基づいて生じると仮定することでオプション価格を算定する方法であり，代表例には「二項モデル」があります。後者は将来の株価の変動が一定の確率的な分布に基づいて常時連続的に生じると仮定することでオプション価格を算定する方法で，代表例には「ブラック・ショールズ式」があります。

c　公正な評価単価の前提と算定時期

　付与されたストック・オプションと，これに応じて提供されたサービスとが対価関係にあることと，企業の行動が経済合理性に基づくことを前提とすると，契約成立時点において両者は等価で交換されていると考えられます。

　したがってストック・オプションと相互に対価関係にあるサービスとの間で，いずれがより高い信頼性をもって測定可能かを考えると，特に従業員等から提供される追加的な労務サービスは客観的に測定できないため，その価値は付与されたストック・オプションの価値で算定することが妥当であると考えられます。

　また，ストック・オプションの公正な評価単価は常に変動しているため，その算定の基準日が問題となりますが，等価交換を前提としている限り契約成立の日，すなわちストック・オプションの付与日が基準日と考えて，付与日以後の公正な評価単価の変動は，付与されたストック・オプションと等価関係にあるサービスの価値とは直接的には関係を有しないものとして，評価単価は付与日現在で算定し，その後は見直さないこととしました。

d 未公開企業における取扱い

未公開企業においては、株式市場における自社の株式の価値が存在しないため、株価を信頼性をもって見積もることが困難であり、また一般投資家がいないことを考慮すると、前述のストック・オプションの「公正な評価単価」に代えて「単位当たりの本源的価値」の見積もりによることができることとしました（ASB基準8号11項）。

以下本源的価値について述べることにします。

③ ストック・オプションの価値（未公開会社の場合の評価方法の考え方）

一般的にストック・オプションの価値は「本源的価値」と「時間的価値」から構成されると考えられています。

a 本源的価値

本源的価値とは、算定時点においてストック・オプションが権利行使されると仮定した場合に権利行使者が得る利益であり、当該時点におけるストック・オプションの原資産である自社株式の市場価格と行使価格との差額をいいます。

> 本源的価値＝自社株式の市場価格－ストック・オプションの行使価格

例えば1株あたり80の行使価格のストック・オプションの原資産である株式の市場価格（時価）が100で、その時点で権利行使すれば80の払い込みにより1株を取得して市場で売却することで得られる20の利益が本源的価値となります。

逆に市場の株価が低迷していて1株あたり80の行使価格に対して70の市場価格である場合は、市場から安く取得できるので、このストック・オプションを行使しないために、その時点での本源的価値は0になります。

b 時間的価値

前述の例をとると、1株当たりの株価が80で低迷している場合、その時点での本源的価値」は0となりますが、ストック・オプションの価値が無いわけで

はなく，このストック・オプションの行使期間がまだ十分にある場合は，今後市場価格が高騰して80を超える可能性もあると考えるのであれば，権利は放棄せずに保有し続けて，時間の経過とともに株価の上昇を期待します。このように残りの行使期間に利益を得る機会を期待して，その時点の本源的価値を越える部分を時間的価値と読んでいます。

c **本源的価値の問題点**

従業員や取締役に対する業績向上のインセンティブ効果を期待するストック・オプションでは，付与時点の株式評価額よりも行使価格の方が上回ることが普通と考えられますから，ストック・オプションの評価を本源的価値によった場合には，ストック・オプションを付与しても事実上費用が計上されないこととなってしまいます。そこで本源的価値によって見積もる場合には，ストック・オプションの権利行使日に至るまで，その本源的価値を見直し，最終的に，権利行使日において実現した価値に基づいて費用計上する方法が検討されました。

しかし，前述したように，ストック・オプションの価値とサービスの提供が契約時点（付与日）において等価交換で算定されることが合理的であるとの見方に立つ以上，権利行使日における本源的価値に基づいて費用計上する考えは，契約時点の価値の代理数値とみなすことになり，原点を覆すだけでなく，付与日以後の予期せざる株価変動の影響まで含めた代理数値とみなせるかが，疑問視されました。

したがって，損益計算書上，本源的価値はあくまでも付与日におけるストック・オプションの価値であり，その後の見直しは求めないこととする一方，そのようなストック・オプションには注記で開示を求めることとしました。

d **本源的価値によった場合の注記**

ストック・オプションの単位あたりの本源的価値による算定を行う場合には，当該ストック・オプションの各期末における本源的価値の合計額及び各報告期間中に権利行使されたストック・オプションの権利行使日における本源的価値

の合計額を注記しなければなりません。

(3) 税務上の取扱い

① 基本的な考え方

発行会社において，会計上は従業員等に付与したストック・オプションの公正な評価額のうち，対象勤務期間に基づき当期に発生したと認められる額を当期の費用として計上しなければなりません。

一方，従業員等にとっては，ストック・オプションの付与時点では報酬や給与・賞与のように実際に現金が支給されるわけではなく，会社の株式を取得する権利を与えられただけで，権利行使するか否かも不確実な状態です。

それなのに会社が費用計上することに対応して，税法上報酬等を受け取ったとして所得税が課せられることは，個人の担税力から考えても適当ではないと考えられました。

そこで，個人に関する所得税法においては，実際にストック・オプションが権利行使される時点まで待って，権利行使により取得した株式の行使時の株価と行使価格との差額を経済的利益として課税します。ただし，租税特別措置法第29条の2の適用を受けている場合（税制適格ストック・オプション）については，権利行使時の課税は受けないこととされています。これについては，④で後述します。

他方発行会社における税法上の取扱いでは，平成18年の法人税法改正前までは，会計上の費用計上とは異なり，時期を問わず損金参入自体が認められていませんでした。

② 法人税法改正

平成18年の法人税法改正によって，ストック・オプションに関する規定の整備が行われ，会社法やストック・オプション等に関する会計基準に対応する形

で，一定の条件の下に付与されたストック・オプションについては損金算入が認められることになりました。しかし，法人税法上は「新株予約権を対価とする費用の帰属時期の特例」として整備されていて，費用の帰属時期については会計とは齟齬が生じています（法54）。

具体的には，内国法人が個人から受ける役務提供の対価として新株予約権を発行した場合には，新株予約権の付与時の公正な価値相当額を，役務提供の対価である費用として，付与を受けた個人に給与等課税事由が生じた時に損金算入することができるとされました。したがって，税制適格ストック・オプションの付与を受けた個人が，その適格行使をして給与等課税事由が生じなかった場合には，ストック・オプションの費用計上額は永久に損金算入できないこととなっています。

③ ストック・オプションにおける所得税と法人税の考え方

ストック・オプションの発行会社側の法人税法の取扱いと，受け取る従業員側の所得税法の取扱いを，以下の図にまとめてみました。

〈ストック・オプションの分類による所得税と法人税の取扱い〉

ストック・オプションの分類	時　期	所得税の課税	法人税の損金算入
① 税制適格ストック・オプションのケース	付　与　時	無し	不可
	費用計上時	無し	不可
	権利行使時	無し	不可
	株式譲渡時	譲渡所得	不可
② 非税制適格ストック・オプションのケース	付　与　時	無し	不可
	費用計上時	無し	不可
	権利行使時	給与所得等	損金算入可
	株式譲渡時	譲渡所得	－

196 第4章 公表された項目についての詳説

<ストック・オプションの分類による課税時期と課税価格>

① 税制適格ストック・オプションのケース

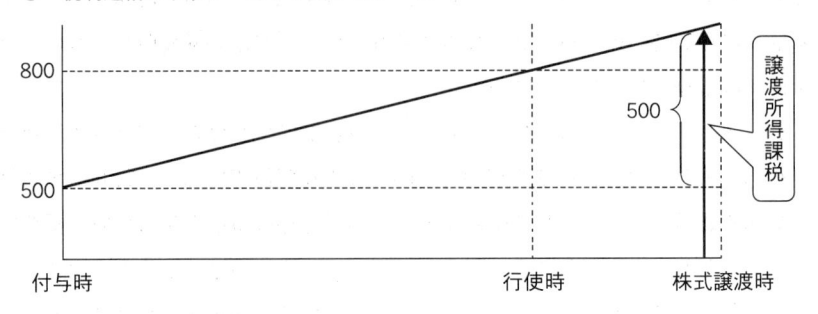

(グラフ：付与時500、行使時800、株式譲渡時の差額500が譲渡所得課税)

② 非税制適格ストック・オプションのケース

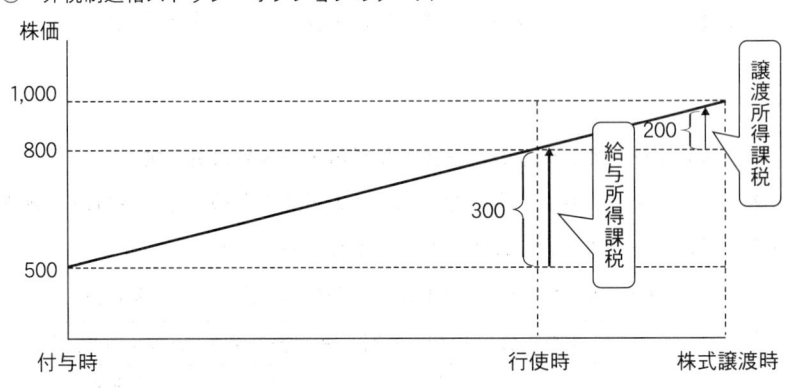

(グラフ：株価。付与時500、行使時800、株式譲渡時1,000。行使時までの300が給与所得課税、200が譲渡所得課税)

④ 税制適格ストック・オプションの特例

　いわゆる税制適格ストック・オプションとは，平成10年旧商法改正によりストック・オプション制度の普及を促すために導入されたもので，無償で発行されたストック・オプション（イで後述）で，一定の条件（ロで後述）を満たして，付与された対象者（ハで後述）の所得税課税が，原則である権利行使時から，株式譲渡時まで繰り延べられるというものです。個人にとっては売却時に現金が入ってくるまでは課税されないことになり，担税力が考慮された優遇措置であるといえます。

＜税制適格の要件＞

イ　対象となるストック・オプション

　　税制適格の対象となるストック・オプションは，会社法238条3項の決議（新株予約権の有利発行）によるものと，旧商法280条の21第1項の決議によるもので，無償（金銭の払込みを要しない）で発行されたものに限られる（措令19の3①）とされています。

ロ　一定の条件

　i　権利行使期間が2年から10年であること

　ii　年間の権利行使価額が1,200万円以下であること

　iii　1株あたりの権利行使価額が，付与契約時の株式の時価以上であること

　iv　新株予約権の譲渡が禁止されていること

　v　権利行使による株式の発行は，会社法238条第1項の規定に違反しないこと

　vi　権利行使により取得した株式が，証券会社等に管理等信託がされていること

ハ　対象者の範囲

　　適格対象のストック・オプション発行法人とその子会社の取締役，執行役又は使用人とその相続人（個人に限られ大口株主は除かれる）に限られます。

(4) ストック・オプションの開示

① ASB基準8号16項では以下の開示が必要であると定められています。

a 本会計基準の適用による財務諸表への影響額

> ① サービスを取得した場合……当該会計期間において計上した費用の額とのその科目名称
> ② 財貨を取得した場合……その取引による当初の資産計上額(又は費用計上額)と科目名称
> ③ 権利不行使による失効が生じた場合……利益として計上した額

b 会計期間において存在したストック・オプションの内容,規模及びその変動状況

> ① 付与対象者の区分(役員,従業員などの別)及び付与人数
> ② ストック・オプションの数
> ③ ストック・オプションの付与日
> ④ 権利確定条件(付されていない場合にはその旨)
> ⑤ 対象勤務期間(定めがない場合にはその旨)
> ⑥ 権利行使期間
> ⑦ 権利行使価格
> ⑧ 付与日における公正な評価単価
> ⑨ 権利行使時の株価の平均値

c ストック・オプションの公正な評価単価の見積方法

> ① 使用した算定技法
> ② 使用した主な基礎数値及びその見積方法

d ストック・オプションの権利確定数の見積方法
e 未公開企業において，ストック・オプションの単位当たりの本源的価値による算定を行う場合

> ① 当該ストック・オプションの各期末における本源的価値の合計額
> ② 各会計期間中に権利行使されたストック・オプションの権利行使日における本源的価値の合計額

f ストック・オプションの条件変更の状況
ストック・オプションの内容として注記した事項に変更が生じた場合は、その変更内容

g 自社株式オプション又は自社の株式に対価性がない場合
その旨及びそのように判断した根拠

② 具体的な開示方法
a 有価証券報告書における開示

> (1)「第4　提出会社の状況」
>   ① 新株予約権等の状況
>   ② ストック・オプション制度の内容
> (2)「第5　経理の状況」ストック・オプション等に関する注記

200　第4章　公表された項目についての詳説

<開示例>

㈱武富士　第41期（平成19年4月1日～平成20年3月31日）有価証券報告書
「第4　提出会社の状況」より抜粋

(2)【新株予約権等の状況】

会社法に基づき発行した新株予約権は，次のとおりであります。

使用人に対する新株予約権の発行（平成19年11月8日取締役会決議）

	事業年度末現在 （平成20年3月31日）	提出日の前月末現在 （平成20年5月31日）
新株予約権の数(個)（注）1	52,110	50,940
新株予約権のうち自己新株予約権の数(個)	―	―
新株予約権の目的となる株式の種類	普通株式	同左
新株予約権の目的となる株式の数（株）（注）2	521,100	509,400
新株予約権の行使時の払込金額(円)（注）3	2,825	同左
新株予約権の行使期間	自平成21年11月9日 至平成23年11月8日	同左
新株予約権の行使により株式を発行する場合の株式の発行価格及び資本組入額(円)	発行価格　3,342 資本組入額　1,671	同左
新株予約権の行使の条件	（注）4	同左
新株予約権の譲渡に関する事項	当社取締役会の承認を要する	同左
代用払込みに関する事項	―	―
組織再編成行為に伴う新株予約権の交付に関する事項	（注）5	同左

（注）1　新株予約権1個につき目的となる株式数は10株であります。
　　　2　新株予約権発行後，当社が当社普通株式につき株式分割又は株式併合を行う場合は，次の算式により目的となる株式の数を調整し，調整の結果生じる

1株未満の端数は切り捨てます。
　ただし，かかる調整は新株予約権のうち当該時点で行使されていない新株予約権の目的となる株式の数についてのみ行われます。

$$調整後株式数＝調整前株式数×分割又は併合の比率$$

3　新株予約権発行後，当社が当社普通株式につき株式分割又は株式併合を行う場合は，次の算式により払込金額を調整し，調整の結果生じる1円未満の端数は切り上げます。

$$調整後払込金額＝調整前払込金額×\frac{1}{分割又は併合の比率}$$

　また，時価を下回る価額で株式の発行又は自己株式の処分を行う場合（新株予約権の行使により新株を発行する場合を除きます）は，次の算式により払込金額を調整し，調整の結果生じる1円未満の端数は切り上げます。

$$調整後払込金額＝調整前払込金額×\frac{既発行株式数＋\frac{新規発行株式数×1株当たり払込金額}{新規発行前の株価}}{既発行株式数＋新規発行株式数}$$

　上記算式において「既発行株式数」とは，当社の発行済株式総数から当社が保有する自己株式数を控除した数とし，自己株式の処分を行う場合には，「新規発行株式数」を「処分する自己株式数」と読み替えます。

4　新株予約権の行使の条件は下記のとおりであります。
　①　新株予約権の割当を受けた者（以下「新株予約権者」といいます）は，新株予約権の行使時まで継続して当社の取締役，監査役，使用人又はこれに準ずる地位にあることを要します。
　②　新株予約権者が上記①の地位を失った場合でも，定年退職その他取締役会が正当な理由があると認めた場合には，新株予約権の行使期間の範囲内で，行使期間の開始の日又は地位喪失の日のいずれか遅い時点から6か月が経過する日までに限り，新株予約権を行使することができます。
　③　新株予約権者が死亡した場合，その相続人は，新株予約権者が死亡時において上記①の要件を満たしていた場合は，行使期間の開始の日又は死亡の日のいずれか遅い時点から6か月が経過する日までに限り，また新株予約権者が上記②に基づき新株予約権を行使することができた場合はその期間に限り，新株予約権を行使することができます。
　④　新株予約権の質入れその他一切の処分は認めません。
　⑤　その他の新株予約権の行使に関する条件については，当社と新株予約権者との間で締結した「新株予約権割当契約」に定めております。
5　組織再編成行為に伴う新株予約権の交付に関する事項は下記のとおりであります。
　　当社が消滅会社となる合併，当社が分割会社となる吸収分割もしくは新設

分割，当社が完全子会社となる株式交換もしくは株式移転（以上総称して以下「組織再編成行為」といいます）を行う場合，組織再編成行為の効力発生日の直前において残存する新株予約権の新株予約権者に対し，会社法第236条第1項第8号イからホまでに定める株式会社（以下「再編成対象会社」といいます）の新株予約権を交付する旨を組織再編成行為時に定める契約書又は計画書等に定めた場合には，それぞれの契約書又は計画書等に定めた条件に基づき，再編成対象会社の新株予約権を交付します。

⑻ 【ストックオプション制度の内容】

当社は，ストックオプション制度を採用しております。当該制度は，会社法に基づき新株予約権を発行する方法によるものであります。

当該制度の内容は，以下のとおりであります。

（平成19年11月8日取締役会決議）

会社法第236条，第238条及び第240条の規定に基づき，当社使用人に対して新株予約権を発行することを平成19年11月8日の取締役会において決議したものであります。

決議年月日	平成19年11月8日
付与対象者の区分及び人数	当社使用人 2,507名
新株予約権の目的となる株式の種類	「⑵ 新株予約権等の状況」に記載しております。
株式の数	同上
新株予約権の行使時の払込金額	同上
新株予約権の行使期間	同上
新株予約権の行使の条件	同上
新株予約権の譲渡に関する事項	同上
代用払込みに関する事項	－
組織再編成行為に伴う新株予約権の交付に関する事項	「⑵ 新株予約権等の状況」に記載しております。

b 会社法における開示

> (1) 事業報告
>   ① 会社役員に関する事項
>   ② 新株予約権等に関する事項
> (2) 個別注記表：株主資本等変動計算書に関する注記
> (3) 連結注記表：連結株主資本等変動計算書に関する注記

＜開示例＞

エイベックス・ホールディング㈱第21期（平成19年4月1日～平成20年3月31日）「事業報告3，会社の新株予約権等に関する事項」より抜粋

> (1) 当事業年度末日における新株予約権の状況
>   ① 第1回新株予約権（平成18年4月28日発行）
>   ・新株予約権の数　7,600個
>   ・新株予約権の目的となる株式の種類及び数
>   普通株式　760,000株（新株予約権1個あたり100株）
>   ・新株予約権の発行価額　無償とする
>   ・新株予約権の行使価額　1個あたり340,000円（1株あたり3,400円）
>   ・新株予約権を行使することができる期間
>   平成20年7月1日から平成27年6月25日まで
>   ・新株予約権の行使条件
>   i 新株予約権の割当を受けた者（以下「新株予約権者」という）は，権利行使時においても，当社又は子会社との契約関係があることを要す。ただし，任期満了による退任，定年退職その他正当な事由がある場合はこの限りではない。
>   ii 新株予約権者が死亡した場合，その相続人による新株予約権の行使は認めない。

iii 新株予約権の質入その他一切の処分は認めない。

・その他取得条件

i 当社が消滅会社となる合併契約書が承認されたとき，当社が完全子会社となる株式交換契約書承認の議案又は株式移転の議案につき株主総会で承認されたときは，当社は新株予約権を無償で取得することができる。

ii 新株予約権者が，権利行使する前に，「新株予約権の行使条件」に該当しない状態になり，権利を喪失した場合には，当社はその新株予約権を無償で取得することができる。

・上記新株予約権のうち当社役員の保有状況

	名　称	個　数	保有者数
取　締　役 （社外取締役を除く）	第1回新株予約権	1,165個	8名
社　外　取　締　役	第1回新株予約権	120個	4名

② 第2回新株予約権（平成18年6月6日発行）

・新株予約権の数　2,295個

・新株予約権の目的となる株式の種類及び数

　　普通株式　229,500株（新株予約権1個あたり100株）

・新株予約権の発行価額　無償とする

・新株予約権の行使価額　1個あたり340,500円（1株あたり3,405円）

・新株予約権を行使することができる期間

　　平成20年7月1日から平成27年6月25日まで

・新株予約権の行使条件

i 新株予約権の割当を受けた者（以下「新株予約権者」という）は，権利行使時においても，当社又は子会社との契約関係があることを要す。ただし，任期満了による退任，定年退職その他正当な事由があ

る場合はこの限りではない。
ii　新株予約権者が死亡した場合，その相続人による新株予約権の行使は認めない。
iii　新株予約権の質入その他一切の処分は認めない。
・その他取得条件
i　当社が消滅会社となる合併契約書が承認されたとき，当社が完全子会社となる株式交換契約書承認の議案又は株式移転の議案につき株主総会で承認されたときは，当社は新株予約権を無償で取得することができる。
ii　新株予約権者が，権利行使する前に，「新株予約権の行使条件」に該当しない状態になり，権利を喪失した場合には，当社はその新株予約権を無償で取得することができる。
・上記新株予約権のうち当社役員の保有状況
　該当事項はありません。

【参考文献】

- 「ストック・オプション等に関する会計基準」企業会計基準第8号　平成17年12月27日
- 「ストック・オプションの会計処理」西田俊之　中央経済社　旬刊経理情報No.1127　2006年9月
- 「ストック・オプションの会計基準と税務」豊田俊一・片山智二・川崎聖敬　中央経済社　旬刊経理情報No.1110　2006年3月
- 「ストック・オプション費用にかかる法人税務の改正点」村田美雪　中央経済社　旬刊経理情報No.1110　2006年3月
- 「インセンティブを高めるストック・オプションの設計・導入準備と留意点」村中靖・齊藤恒博　中央経済社　旬刊経理情報No.1116　2006年5月
- 「ストック・オプションの会計実務」新日本監査法人　調査研究部編　中央経済社　2007年
- 「ストック・オプションの設計・会計・税務」監査法人トーマツ編　中央経済社　2007年

6　工事契約

(1)　基準の概要

①　工事契約の会計基準の基本ポイント

最初に，全体像を理解するために，企業会計基準委員会が，公表した『工事契約に関する会計基準のポイントを記述します。

	内　　容	留　意　点
適　用　範　囲	工事契約と受注製作のソフトウェア	土木，建築だけでなく，造船や一定の機械装置の製造等を含む
工事契約に係る認識基準	工事の進行途上においてその進捗部分について，成果の確実性が認められるか？ ①　工事進行基準←認められる ②　工事完成基準←認められない	原則的に工事進行基準が採用されることになる。
工事進行基準の具体的な適用基準	成果の確実性が認められるために次の点が信頼をもって見積もることができなければならない。 ①　工事収益総額 ②　工事原価総額 ③　決算日における工事進捗度	
工事進行基準の会計処理	上記③の工事進捗度に基づいて，①の工事収益総額と②の工事原価総額から当期における工事収益と工事原価を計算します。	原価比例法は代表的に例示。
工事損失引当金	工事原価総額＞工事収益総額となる可能性が高く，その金額を合理	工事進行基準であっても工事完成基準であっても該当工事は引

		的に見積もることができる場合に工事損失引当金を計上	当金を計上する。
注 記 事 項		① 工事契約に係る認識基準 ② 決算日における工事進捗度を見積もるために用いた方法 ③ 当期の工事損失引当金繰入額 ④ 同一の工事契約に関する棚卸資産と工事損失引当金がともに計上されることになる場合	
適 用 時 期		① 会計基準は，平成21年4月1日以後開始する事業年度から適用する。 ② 本会計基準を適用する最初の事業年度に着手する工事契約から適用する	① 早期適用として，本会計基準公表日以後，平成21年3月31日以前に開始する事業年度から適用することができる。 ② 適用最初の事業年度に存在する工事契約すべてに適用できる

② 基準が公表される経緯

a 国際会計基準との現状の日本の基準との比較

両者を比較する場合に問題となるのは，工事収益の認識基準です。

国際会計基準（IFRS11号） 原則：工事進行基準	現状の基準（企業会計原則等）
固定契約の場合 　次の条件がそろえば，収益の認識が可能となる。 ① 工事契約に関連した経済的便益が企業に流入する可能性が高く，かつ工事契約収益の合計額が信頼性をもって測定できる ② 契約の完了に要する工事契約原価と貸借対照表現在の契約進捗度の両方が信頼性をもって測定できる ③ 実際に発生した工事契約原価を従前の見積もりと比較できるように契約に帰属する工事契約原価を識別し，その	短期の工事契約：工事完成基準 長期工事契約：工事進行基準と工事完成基準の選択適用できる

金額を信頼性もって測定できる。 原価加算契約の場合 　固定価格契約よりも確実性があるが，工事契約に関連した経済的便益が企業に流入する可能性が高く，かつ個別に支払われるか否かにかかわらず，契約に帰属させることができる工事契約原価を明確に識別でき，その金額を信頼性をもって測定できることが条件となる。	

結果として，工事の契約の完成が決算日をまたいでいる長期の請負工事の場合に，「IFRS11号の基準で作成された財務諸表」と「我が国の従前の基準で作成された基準による財務諸表」では単純に比較することはできません。

b　現状の基準の問題点

現状の基準（企業会計原則等）	新基準（企業会計基準15号）
短期の工事契約：工事完成基準	工事の進捗部分について，成果の確実性が認められるか？
長期工事契約：工事進行基準と工事完成基準の選択適用できる	①　工事進行基準←認められる ②　工事完成基準←認められない

我が国では，従前の基準により，長期請負契約工事については企業の選択により異なった収益等に認識基準が適用されています。

例えば，上場企業の事例としては，大手建設会社の近年の長期請負契約工事の収益計上基準も多くは，工事進行基準を採用していますが，工事完成基準もあります。さらに，これらの会社は，工事進行基準が適用されている条件である工期が1年超から2年超の範囲があり，さらにもう1つの条件の工事収益金額も金額の定めのない工事から，50億円超の請負金額の範囲となっています。また，実務の現場では工期が1年以下の工事も工事進行基準を採用するケースもあり，実務上統一されていません。このような我が国の工事契約の会計基準によった財務諸表は，比較可能性を損ない投資家の判断を誤ると批判されていました。

【設 例】

次のような設例を検討してみましょう。

- 3月決算の会社
- 販売費及び一般管理費　4億円
- 甲工事　×0年4月に着工，×1年度9月に完成予定　16億円の売上（売上原価10億円），×年3月末工事進捗年度50%
- 乙工事　×0年8月に着工，×1年度9月に完成予定　4億円の売上（売上原価2億円），×年3月末工事進捗年度50%

		A社	B社	C社
会計基準		完成工事基準	工事進行基準 （1年超10億円以上）	工事進行基準 （1年超）
×1年3月期	売　　上	0億円	8億円	10億円
	売上原価	0億円	5億円	6億円
	販管費	4億円	4億円	4億円
	営業利益	－4億円	－1億円	0億円
×2年3月期	売　　上	20億円	12億円	10億円
	売上原価	12億円	7億円	6億円
	販管費	4億円	4億円	4億円
	営業利益	＋4億円	＋3億円	0億円

　上記の設例のように異なる収益の認識基準の適用，同業の財務諸表の数値だけを単純に比較することもできない結果となります。

　このような指摘を踏まえて，企業会計基準委員会は，平成19年12月27日に企業会計基準15号「工事契約に関する会計基準」（以下『本会計基準』）及び企業会計適用指針18号「工事契約に関する会計基準の適用指針」（以下，『本適用指針』）を公表することになりました。

(2) 基準の詳説

① 適用範囲

a 該当する範囲

「工事契約」だけでなく、受注製作のソフトウェア

b 留意するべき点

イ 「工事契約」とは

　仕事の完成に対して対価が支払われる請負契約のうち、土木、建築、造船や一定の機械装置の製造等、基本的な仕様や作業内容を顧客の指図に基づいて行うものをいいます。すなわち、工事は、典型的には土木・建築工事等、建設業において行われている取引を指すものとして用いられることが多いですが、「本会計基準」でいう工事契約はこれよりも広く、造船や、基本的な仕様や作業内容について顧客の指図に基づいて行う機械装置の製造に係る契約も含みます（基準30）。

ロ 「工事契約」に含まれないもの

　　ⅰ 請負契約であってもサービスの提供を目的とする契約

　　ⅱ 工事に係る労働サービスの提供そのものを目的とするような契約

　　ⅲ 機械装置の製造であっても標準品を製造するような場合

ハ 受注製作ソフトウェアが適用となった理由

　受注製作ソフトウェアは（研究開発費等に係る会計基準）四1において、請負工事の会計処理に請負工事の会計処理に準じて処理するとされており工事契約に準じて適用されます。

② 工事契約に係る認識の単位の識別（本会計基準6（①）7, 42, 8）

a 工事契約に係る認識の単位とは

　工事契約を考える単位を決めることで、工事収益及び工事原価を認識することができることになります。すなわち、本会計基準に記載される「工事契約」

の収益・原価を計上するための基礎となる単位を指しており，工事契約において当事者間で合意された実質的な取引の単位に基づきます。

b 工事契約の認識の単位の具体例…契約書が取引単位となるか？

契約書に基づいた工事契約が当事者間で合意された実質的な取引の単位で作成されることが一般的であります。しかしながら，発注者等の都合から，契約書が当事者間で合意された実質的な取引の単位を適切に反映していない場合もあります。この場合には，複数の契約書上の取引を結合し，又は契約書上の取引の一部をもって工事契約に係る認識の単位とする必要があります。

③ 工事契約に係る認識の基準の適用

a 工事契約基準の適用と成果の確実性

イ 工事契約基準の適用

工事契約に関して，工事の進行途上においても，その進捗部分について成果の確実性が認められる場合には工事進行基準を適用し，この要件を満たさない場合には工事完成基準を適用します。

ロ 成果の確実性とは，

成果の確実性が認められるためには，次の各要素について，信頼性をもって見積ることができなければなりません。

ⅰ 工事収益総額（10項及び11項参照）

ⅱ 工事原価総額（12項参照）

ⅲ 決算日における工事進捗度（13項参照）

b 工事進行基準が適用要件の留意点

イ 工事収益総額の条件とは

見積りの前提条件として，

- 工事の完成見込みが確実であること。

  このためには，施工者に当該工事を完成させるに足りる十分な能力があり，かつ，完成を妨げる環境要因が存在しないことが必要となります。

- 工事契約において当該工事についての対価の定めがあること。

 「対価の定め」とは，当事者間で実質的に合意された対価の額に関する定め，対価の決済条件及び決済方法に関する定めをいいます。この定めは，固定額で定められている場合だけでなく，その一部又は全部が将来の不確実な事象に関連付けて定められている場合もあります。すなわち，「対価の定め」は合意ある契約書による場合もあれば，取引の都合上，契約書が着工時点では未作成の場合もあります。未作成の場合には，合意ある対価が決定している事を説明できる資料（工事指示書，見積書，発注者等の協議資料）に基づき，当事者間で合意あること説明します。
 この場合には，契約書等のない工事の受注と着工の業務上の手続を定めた統制環境を構築してある事で，より確実な取引であることを説明することも重要です。

ロ 工事原価総額
 i 見積りの条件とは
  - 工事原価の事前の見積りと実績を対比することにより，適時・適切に工事原価総額の見積りの見直しが行われることが必要となります。
   具体的には
  - 工事原価総額は，工事契約に着手した後も様々な状況の変化により変動に応じて，見積りが工事の各段階における工事原価の見積りの詳細な積上げとして構成されている等，実際の原価発生と対比して適切に見積りの見直しができる状態となっており，工事原価の事前の見積りと実績を対比することによって，適時・適切に工事原価総額の見積りの見直しが行わなければなりません。
  - この条件を満たすためには，当該工事契約に関する実行予算や工事原価等に関する継続的な管理体制の整備が不可欠となります。
 ii 見積りの条件に適しない場合
   工事契約に金額的な重要性がない等の理由により，個別にこうした管理

が行われていない工事契約については、9項に定める工事進行基準の適用要件を満たさなくなり、工事完成基準を採用することになります。

ハ　工事進捗度とは

見積りの条件とは

　決算日における工事進捗度を見積る方法として原価比例法を採用する場合には、前項の要件が満たされれば、通常、決算日における工事進捗度も信頼性をもって見積ることができます。

④　**工事完成基準の適用となる場合について**

　工事進捗部分について、成果の確実性が認められない場合の例示は、次のようになります。

a　工事収益総額の見積りとして、当事者間で実質的に合意された対価の定めがない場合。

b　工事原価総額の見積りとして、工事原価管理のための実行予算が未作成や工事原価に関する管理体制が不備

c　工事進捗度を把握するための管理体制の不備

　このように工事完成基準が認められる具体的な事例として、内部管理体制の不備等を原因とした企業の統制環境に問題があるケースが多く、こういった不備な状況があることを対外的に表すことになります。

⑤　**工事契約として重要性のない工事等（諸口工事・雑工事等）**

　工期がごく短く、金額的な重要性がなく、工事契約としての性格にも乏しい場合には、成果の確実性が明らかあっても、簡便な処理としての工事完成基準を適用することになります。

⑥ 成果の確実性が事後的に変化する場合について

a 成果の確実性の事後的な変化について

工事収益総額，工事原価総額又は決算日における工事進捗度のいずれか１つでも信頼性をもって見積ることができないときには，当該工事契約の成果の確実性は認められず，工事進行基準を適用することはできせん。しかし，その後，工事契約の基本的な内容が決定されるなど，工事進行基準適用上の障害が取り除かれた時点から，工事進行基準を適用されることを「成果の確実性の事後的な獲得」と呼びます。

一方，当初に成果の確実性が認められ，会計基準９項により工事進行基準を適用していた工事契約についても，事後的な事情の変化により成果の確実性が失われ場合を「成果の確実性の喪失」であります。

b 具体的な成果の確実性の事後的な獲得と喪失

イ 工事完成基準の適用工事が完成に近づき，成果の確実性が増した場合

　工事進行基準に変更することは認められません。すなわち，単に工事の進捗に伴って完成が近づいたために成果の確実性が相対的に増しただけであり，収益認識の恣意的な操作のおそれがあり，適切ではないと考えられます。

ロ 成果の確実性の見積条件である「工事金額」や「工事契約の内容」等の決定が遅れていた場合

　工事完成基準から工事進行基準に変更することになります。

ハ 工事進行基準を適用していたが事後的に成果の確実性が失われた場合

　採用していた工事進行基準から，工事完成基準に変更します。工事収益及び工事原価を計上した時点で成果の確実性が認められていたとすれば，そのような工事収益及び工事原価の認識に問題はなく，したがって，事後的な修正は行いません。これまで工事進行基準により工事収益を計上したことに伴って貸借対照表に計上された未収入額については，別途，貸倒引当金の設定対象となりますが（会計基準17項及び59項），成果の確実性が失われていることもあり，貸倒引当金の見積額を見直すべき場合もあることに留意する

⑦ 工事進行基準の会計処理（本会計基準14, 15, 56, 本適用指針24, 本会計基準17, 59）

a 会計処理の方法

工事収益総額，工事原価総額及び決算日における工事進捗度を合理的に見積り，これに応じて当期の工事収益及び工事原価を損益計算書に計上します。

　　当期の工事収益総額
　　　＝工事収益総額×工事進捗度－前期までの工事収益総額

未だ損益計算書に計上されていない部分は「未成工事支出金」等の適切な科目をもって貸借対照表に計上します。また，工事の進行途上において計上される未収入額については，金銭債権として取り扱うこととなり，貸倒引当金の設定の対象となります。また，外貨建て換算がなされた場合の金銭債権では，取引先からの工事代金の入金時に為替差損益も計上するために工事未収入金は年度毎に管理する必要性があります。

b 工事進捗度を計算する方法

　i　原価比例法

決算日における工事進捗度の合理的な見積方法としては，工事契約の内容のいかんにかかわらず，広く適用可能な原価比例法が用いられてきたために例示として記載されました。

　　　工事進捗度＝決算までの発生工事原価÷工事原価総額

また，発生した工事原価が工事原価総額との関係で，決算日における工事進捗度を合理的に反映しない場合には，これを合理的に反映するように調整が必要となります。

　ii　原価比例法以外の方法の例

● 直接作業時間比率

工事の進捗が工事原価総額よりも直接作業時間とより関係が深い場合。

工事内容が人件費の原価比率が高い場合には直接時間において，簡便的に計算した方がより合理的な場合もあります。

　　　　　工事進捗度＝決算までの直接作業時間÷見積総直接作業時間
- 施工面積比率

　　工事原価の発生よりも施工面積の方がより適切に工事の進捗度を反映していると考えられる場合となります。

　　　　　工事進捗度＝決算までの施工面積÷施工総面積

⑧　工事進行基準における見積りの変更と工事契約の変更の取扱い（会計基準16,58,7,20,適用指針5）

a　見積りの変更

　工事進行基準が適用される場合に，工事収益総額，工事原価総額又は決算日における工事進捗度の見積りが変更されたときには，その見積りの変更が行われた期に影響額を損益として処理します。

b　工事契約の変更の取扱い

イ　契約の変更とは

　当事者間の新たな合意等によって，工事の追加や削減，工事の内容（仕様（機能を含む），設計，デザイン，工事方法（使用する技術等を含む），場所，工期等）の変更もしくは対価の定めの変更が行われることがある。

ロ　契約の変更による認識単位

　変更に伴う工事契約の認識単位が「同一であるか？」または「別個のものであるか？」で取扱いが異なります。同一とみなした場合には，前述の見積りの変更として扱われます。

ｉ　別の認識単位となる場合

　既存の契約部分とは別の認識の単位とすべき工事の追加，内容の変更等については，既存の契約部分とは独立して会計処理を行います。例えば，工事の追加がなされた場合で，追加部分に関する対価の確定的な請求権が，

当初の契約の対象とされた工事に関する対価と独立して獲得されるときには，追加部分は当初の契約に係る部分とは別の認識の単位を構成します。

ii 同一の認識単位となる場合

一方，工事の追加，内容の変更等が当初の工事契約とは別の認識の単位として扱われないもの（工事契約の変更）は，見積りの変更（会計基準第16項）として会計処理をします。ただし，工事契約の変更があっても，「対価」等が未確定の場合には「対価」の変更が合意された時に成果の確実性が確定と見なされて，見積りの変更として扱うことができます。

⑨ **工事進行基準ならびに工事完成基準において，工事契約から損失が見込まれる場合**

a **会計処理**（会計基準61, 20, 64, 63）

工事契約から損失が見込まれる次の場合には，工事損失が見込まれた期の損失として処理し，工事損失引当金を計上します。これは，工事進行基準だけでなく，工事完成基準も該当します。

イ 工事原価総額等（工事原価総額のほか，販売直接経費がある場合にはその見積額を含めた額）＞工事収益総額を超過する可能性が高く，

ロ 工事損失のその金額を合理的に見積ることができる場合には，その超過すると見込まれる額（以下「工事損失」という）

工事損失引当金は，工事の進捗や完成・引渡しにより，工事損失が確定した場合又は工事損失の今後の発生見込額が減少した場合，その期に，それに対応する額を取り崩します。従来の工事損失引当金では，工事原価総額に直接費のみとした限界利益でマイナスとなった場合に工事損失引当金を計上する考え方もありましたが，本会計基準により工事原価に工事間接費に加えて直接販売費を加えた工事損失の場合の引当金計上することに統一されました。

b　表示（会計基準21，65〜68）

（工事損失引当金繰入額）売上原価

（工事損失引当金）貸借対照表に流動負債として計上します。

　同一の工事契約に関する棚卸資産と工事損失引当金がともに計上される場合には，貸借対照表の表示上，相殺して表示ができます。

―【設例1】　工事進行基準の会計処理――――――――――――――
　－見積りを変更した場合の会計処理（指針）
　1．前提条件
　　①　工事契約の施工者は，橋梁の建設についての契約を締結した。契約で取り決められた当初の工事収益総額は10,000百万円であり，施工者の工事原価総額の当初見積額は9,000百万円である。
　　②　橋梁の建設には3年を要する予定である。
　　　㈦　X1年度末，施工者の工事原価総額の見積額は9,100百万円に増加。
　　　㈠　X2年度において，顧客は契約内容を変更することとし，施工者は当該変更により工事原価は300百万円増加すると見積った。また，工事収益総額を10,500百万円とする契約条件の変更が取り決められた。
　　　㈢　施工者は，決算日における工事進捗度を原価比例法により決定している。各年度で見積られた工事収益総額，工事原価総額及び決算日における工事進捗度は次のとおりである。

（単位：百万円）

	X1年度	X2年度	X3年度
契約締結時点で工事収益総額	10,000	10,000	10,000
変　　更　　額	—	500	500
工　事　収　益　総　額	10,000	10,500	10,500
過年度に発生した工事原価累計	—	2,275	6,768

当期に発生した工事原価	2,275	4,493	2,632
完成までに要する工事原価	6,825	2,632	—
工 事 原 価 総 額	9,100	9,400	9,400
工 事 利 益	900	1,100	1,100
工 事 進 捗 度 決算日における工事進捗度	25％＊1	72％＊2	100％

＊1　X1年度末　25％（＝2,275百万円/9,100百万円×100％）
＊2　X2年度末　72％（＝6,768百万円/9,400百万円×100％）

2．会計処理

(1) X1年度の会計処理

① 工事原価の計上（単位：百万円）

（借）工 事 原 価　2,275　（貸）諸　勘　定　2,275

② 工事収益の計上（単位：百万円）

（借）工事未収入金　2,500　（貸）工 事 収 益　2,500＊1

＊1　10,000百万円×25％＝2,500百万円

(2) X2年度の会計処理

① 工事原価の計上（単位：百万円）

（借）工 事 原 価　4,493　（貸）諸　勘　定　4,493

② 工事収益の計上（単位：百万円）

（借）工事未収入金　5,060　（貸）工 事 収 益　5,060＊2

＊2　10,500百万円×72％−2,500百万円＝5,060百万円

(3) X3年度の会計処理

① 工事原価の計上（単位：百万円）

（借）工 事 原 価　2,632　（貸）諸　勘　定　2,632

② 工事収益の計上（単位：百万円）

（借）工事未収入金　2,940　（貸）工 事 収 益　2,940＊3

＊3　10,500百万円−(2,500百万円+5,060百万円)＝2,940百万円

【設例2】 工事損失引当金の会計処理

1. 前提条件

① 工事契約の施工者は，橋梁の建設についての契約を締結した。契約で取り決められた当初の工事収益総額は10,000百万円である。施工者の工事原価総額の当初見積額は9,500百万円である。

② 橋梁の建設には3年を要する予定である。

③ X1年度末及びX2年度末において，施工者の工事原価総額の見積額はそれぞれ9,600百万円及び10,500百万円に増加したが，工事契約金額の見直しは行われなかった。

④ 施工者は，決算日における工事進捗度を原価比例法により算定している。各年度での見積られた工事収益総額，工事原価総額及び決算日における工事進捗度は次のとおりである。

(単位：百万円)

	X1年度	X2年度	X3年度
工事収益総額	10,000	10,000	10,000
過年度に発生した工事原価累計	−	2,400	7,560
当期に発生した工事原価	2,400	5,160	2,940
完成までに要する工事原価	7,200	2,940	−
工事原価総額	9,600	10,500	10,500
工事利益（損失△）	400	△500	△500
決算日における工事進捗度	25％＊1	72％＊2	100％

＊1　X1年度の進捗度　25％（＝2,400百万円/9,600百万円×100％）
＊2　X2年度の進捗度　72％（＝7,560百万円/10,500百万円×100％）

2. 会計処理

(1) X1年度の会計処理（単位：百万円）

① 工事原価の計

（借）工　事　原　価　2,400　　（貸）諸　　勘　　定　2,400

② 工事収益の計上

(借) 工 事 未 収 入 金　2,500　　(貸) 工　事　収　益　2,500*1

　　*1　10,000百万円×25％＝2,500百万円

(2) X2年度の会計処理

① 工事原価の計上

(借) 工　事　原　価　5,160　　(貸) 諸　　勘　　定　5,160

② 工事収益の計上

(借) 工 事 未 収 入 金　4,700　　(貸) 工　事　収　益　4,700*2

　　*2　10,000百万円×72％－2,500百万円＝4,700百万円

③ 工事損失引当金の計上

(借) 工　事　原　価　　140　　(貸) 工事損失引当金　　140*3

　　*3　(ア)見積工事損失△500百万円（＝10,000百万円－10,500百万円）
　　　　－(イ)X1年度計上利益100百万円（＝2,500百万円－2,400百万円）
　　　　－(ウ)X2年度計上損失△460百万円（＝4,700百万円－5,160百万円）
　　　　　工事損失引当金繰入額△140百万円（＝(ア)－(イ)－(ウ)）

(3) X3年度の会計処理

① 工事原価の計上

(借) 工　事　原　価　2,940　　(貸) 諸　　勘　　定　2,940

② 工事収益の計上

(借) 工 事 未 収 入 金　2,800　　(貸) 工　事　収　益　2,800*4

　　*4　10,000百万円－(2,500百万円＋4,700百万円)＝2,800百万円

③ 工事損失引当金の取崩し

(借) 工事損失引当金　　140　　(貸) 工　事　原　価　　140

⑩　四半期の取扱い（簡便的な取扱い）

a　原　　則

　前事業年度末又は直前の四半期会計期間末に見積った工事原価総額を，当該

四半期会計期間末における工事原価総額の見積額とすることができます。

b 例　　外

イ　工事原価総額が著しく変動している場合

　　前事業年度末又は直前の四半期会計期間末に見積った工事原価総額から著しく変動していると考えられる工事契約等は工事原価総額を年度決算と同じく計算します。工事原価総額の著しい変動をもたらす要因としては，例えば，重要な工事契約の変更や資材価格の高騰などが考えられます。

ロ　工事の完成が間近となる場合

　　工事原価総額を容易に見積ることが可能な場合には，簡便的な取扱いによることは適当ではないために，四半期会計期間末においても，事業年度末と同様の取扱いが求められることに留意しなければなりません。

⑪　注　記　事　項

a　記載すべき内容は次のとおりになります。

イ　工事契約の注記の内容

ロ　工事契約に係る認識基準

ハ　決算日における工事進捗度を見積るために用いた方法

ニ　当期の工事損失引当金繰入額

ホ　同一の工事契約に関する棚卸資産と工事損失引当金がともに計上されることとなる場合には，次のⅰ又はⅱのいずれかの額（該当する工事契約が複数存在する場合にはその合計額）

　ⅰ　棚卸資産と工事損失引当金を相殺せずに両建てで表示した場合
　　　その旨及び当該棚卸資産の額のうち工事損失引当金に対応する額

　ⅱ　棚卸資産と工事損失引当金を相殺して表示した場合
　　　その旨及び相殺表示した棚卸資産の額

b 【本適用指針による具体的記載】
　イ　工事契約に係る認識基準及び決算日における工事進捗度を見積るために用いた方法
　　ⅰ　過年度に着手した工事契約について会計基準第25項の定めを適用しない場合（重要な会計方針）

> 完成工事高及び完成工事原価の認識基準
> 　当期末までの進捗部分について成果の確実性が認められる工事契約については工事進行基準を適用し，その他の工事契約については工事完成基準を適用している。工事進行基準を適用する工事の当期末における進捗度の見積りは，原価比例法によっている。
> 　なお，平成21年3月31日以前に着手した工事契約のうち，長期大型の工事（工期Xか月超，請負金額X億円以上）に係る収益の計上については工事進行基準を適用し，その他の工事については工事完成基準を適用している。

　　ⅱ　過年度に着手した工事契約について会計基準第25項の定めを適用する場合

> （重要な会計方針）　完成工事高及び完成工事原価の認識基準
> 　当期末までの進捗部分について成果の確実性が認められる工事契約については工事進行基準を適用し，その他の工事契約については，工事完成基準を適用している。なお，工事進行基準を適用する工事の当期末における進捗度の見積りは，原価比例法によっている。

　ロ　当期の工事損失引当金繰入額

> （損益計算書関係　売上原価の注記）
> 　売上原価に含まれる工事損失引当金繰入額は，ＸＸ百万円である。

ハ　工事損失引当金に対応する棚卸資産の金額
　　i　工事損失引当金が計上されている工事契約について，未成工事支出金等の棚卸資産を計上している場合

> （貸借対照表関係　未成工事支出金及び工事損失引当金の注記）
> 　損失の発生が見込まれる工事契約に係る未成工事支出金と工事損失引当金は，相殺せずに両建てで表示している。損失の発生が見込まれる工事契約に係る未成工事支出金のうち，工事損失引当金に対応する額はＸＸ百万円である。

> （貸借対照表関係　製品，仕掛品及び工事損失引当金の注記）
> 　損失の発生が見込まれる工事契約に係る棚卸資産と工事損失引当金は，相殺せずに両建てで表示している。損失の発生が見込まれる工事契約に係る棚卸資産のうち，工事損失引当金に対応する額はＸＸ百万円（うち，製品ＸＸ百万円，仕掛品ＸＸ百万円）である。

　　ii　工事損失引当金が計上されている工事契約について，棚卸資産と工事損失引当金を相殺して純額で表示した場合

> （貸借対照表関係　未成工事支出金及び工事損失引当金の注記）
> 　損失の発生が見込まれる工事契約に係る未成工事支出金は，これに対応する工事損失引当金ＸＸ百万円を相殺して表示している。

> （貸借対照表関係　製品，仕掛品及び工事損失引当金の注記）
> 　損失の発生が見込まれる工事契約に係る棚卸資産は，これに対応する工事損失引当金ＸＸ百万円（うち，製品に係る工事損失引当金ＸＸ百万円，仕掛品に係る工事損失引当金ＸＸ百万円）を相殺して表示している。

ニ　会計基準第25項の定めを適用した場合の適用初年度の注記

> （損益計算書関係　特別利益の注記）
> 　過年度工事利益は，企業会計基準第15号「工事契約に関する会計基準」第25項に基づき，平成21年4月1日時点で存在するすべての工事契約について同会計基準を適用したことによる過年度の工事の進捗に見合う利益である。なお，過年度の工事の進捗に見合う工事収益の額及び工事原価の額は，それぞれ××百万円及び××百万円である。

⑫　**適用時期等（本会計基準23，24，26，25，27）**

a　適 用 時 期

イ　原　　　則

平成21年4月1日以後開始する事業年度から適用

ロ　早 期 適 用

本会計基準公表日以後，平成21年3月31日以前に開始する事業年度から適用

b　**適用工事契約の範囲**

イ　原　　　則

本会計基準を適用する最初の事業年度以後に着手する工事契約から適用となります。

ロ　例　　　外

本会計基準を適用する最初の事業年度の期首に存在する（適用事業年度より前に締結された）工事契約工事契約のすべてについて，一律に本会計基準を適用することができます。

　会計処理としては，工事完成基準によっていた工事契約について，工事進行基準によることとなるときは，過年度の工事の進捗に見合う損益（該当する工事契約が複数存在する場合には，その合計額）は，特別利益又は特別損

失として計上します。また，その旨及び過年度の工事の進捗に見合う工事収益の額と工事原価の額を注記しなければなりません。結果として，登記業績主義に基づき，この一括適用を採用する場合に，原則の取り扱いなら今期以降計上する売上を適用事業年度に特別損益となるために，企業としては一括適用には消極的であると考えられます。

(3) 税務上及びその他の取扱い

① 税務上の取扱い

a 工事進行基準と工事完成基準

・ 会計で工事進行基準を採用する場合

　i 会計と税務が一致する場合

以下の場合には，申告調整は行わずにすみます。

　☆ 税務が工事進行基準を強制適用する場合

　　工期2年以上で請負金50億円以上長期大規模工事（法64，法令129）

　☆ 税務が工事進行基準を任意適用できる場合

- 赤字工事でないこと
- 確定決算において，工事進行基準を経理していること
- 次に該当しないこと
  ・ 工事進行基準の方法で経理しなかったこと
  ・ 工事全体で赤字が見込まれること
  ・ 工事全体で利益が出るが，その額が過去に計上した利益を下回ったこと

　ii 会計と税務が一致しない場合

　　次に該当する場合には申告調整の加算が生じることになり，税効果の一時差異が発生します。

- 工事全体で赤字が見込まれること

- 工事全体で利益が出るが，その額が過去に計上した利益を下回ったこと

b **工事完成基準を採用する場合**

イ 会計と税務が一致する場合

　工事契約は請負による収益の計上であり，原則として，工事完成引渡基準（法基通2－1－5）となり，原則的には一致します。

ロ 会計と税務が一致しない場合

　税務が強制的に工事進行基準を適用。
- 工期2年以上で請負金50億円以上長期大規模工事（法64，法令129）

② **工事損失引当金**

　税務上の引当金としては認められていないために，申告加算調整を行い，税効果の一時差異が発生することになります。

【参考文献】
- 「工事契約に関する会計基準」週刊経営財務　2876
  実務上の留意点（第1回）
- 「工事契約に関する会計基準　実務上の留意点（第2回）」週刊経営財務　2877
- 「工事契約の会計処理に関する検討の方向性」高津知之　企業会計基準委員会，財務会計基準機構　季刊会計基準第16号　2007年3月
- 「工事契約会計基準の適用上のポイント」前田俊之　中央経済社　旬刊経理情報No.1177　2008年3月
- 「工事契約に関する会計基準及び同適用指針の解説」豊田俊一　企業会計基準委員会　財務会計基準機構　季刊会計基準第20号　2008年3月

7 資産除去債務

(1) 基準の概要

① 会計処理の概要

資産除去債務に関する会計基準(以下「資産除去債務会計基準」という)は,資産除去債務が発生した場合に負債として計上することを求めています。「資産除去債務」とは,有形固定資産の取得,建設,開発又は通常の使用によって発生する債務で,その有形固定資産の除去に関して法令又は契約で要求される法律上の義務等をいいます。

資産除去債務に対応する除去費用は,資産除去債務を負債として計上した時にその負債計上額と同額を関連する有形固定資産の帳簿価額に加え,このように資産計上された除去費用は,減価償却費としてその有形固定資産の残存耐用年数にわたり償却していきます。

負債計上及び資産計上する額は,資産除去債務の発生時における現在価値によります。そして,その現在価値と割引前の将来キャッシュ・フローとの差額を時の経過により調整額として費用処理します。

② 会計基準導入の経緯

米国財務会計基準審議会(FASB)は,1994年6月に原子力発電所解体コストの会計処理を審議事項に加え検討を開始し,公開草案等の検討を経て,2001年6月に「資産除去債務に関する会計処理」(SFAS143)を公表しました。

国際会計基準審議会(IASB)は,米国における基準書(SFAS143)のよう

な個別の基準書を作成していませんが，国際財務報告基準においても，国際会計基準第37号「引当金，偶発負債及び偶発資産」（IAS37）及び同第16号「有形固定資産」（IAS16）の適用によって，同様の処理が求められます。

このような国際的な会計処理の設定と平仄を合わせるため，日本の企業会計基準委員会（ASBJ）は，2008年3月末に企業会計基準第18号「資産除去債務に関する会計基準」及び企業会計基準適用指針第21号「資産除去債務に関する会計基準の適用指針」を公表しました。

③ 適用範囲

資産除去債務とは，有形固定資産の取得，建設，開発又は通常の使用によって生じ，その有形固定資産の除去に関して法令又は契約で要求される法律上の義務及びそれに準ずるものをいいます。有形固定資産の範囲には，財務諸表等規則（以下，「財規」という）において有形固定資産に属するものとされているもの（リース資産や建設仮勘定を含む）の外，財規において「投資その他の資産」に分類されている投資不動産などについても，資産除去債務が存在している場合には適用対象になります（資産除去債務会計基準23項）。

有形固定資産の取得，建設，開発又は通常の使用により生じる資産除去債務が適用対象となります。この生じる原因のうち「通常の使用」とは，有形固定資産を意図した目的のために正常に稼働させることをいい，有形固定資産を除去する義務が，不適切な操業等の異常な原因によって発生した場合には，資産除去債務として使用期間にわたって費用配分すべきものの対象から外れます（同26項）。

有形固定資産の「除去」とは，有形固定資産を用役提供から除外することをいいます（同3項(2)）。

<「除去」の具体的な態様>

「除去」に含まれる	「除去」に含まれない
売却，廃棄，リサイクルその他の方法による処分等	一時的な除外 転用 用途変更 遊休状態になる

　資産除去債務の定義の最後は「法令又は契約で要求される法律上の義務及びそれに準ずるもの」となっていますが，これには，有形固定資産の除去そのものは義務ではなくとも，有形固定資産を除去する際にその有形固定資産に使用されている有害物質等を法律等の要求による特別の方法で除去するという義務も含まれます（同3項(1)）。

　なお，資産除去債務の発生時に，その金額を合理的に見積もることができない場合には，資産除去債務の計上をせず，その金額が合理的に見積もることができるようになった時点において，負債として計上します（同5項）。

④　資産除去債務の算定

　資産除去債務はそれが発生したときに，有形固定資産の除去に要する割引前の将来キャッシュ・フローを見積り，割引後の金額（割引現在価値）で算定します。将来キャッシュ・フローには，有形固定資産の除去に係る作業のために直接要する支出のほか，処分に至るまでの支出（例えば，保管や管理のための支出）も含めます。割引率は，貨幣の時間価値を反映した無リスクの税引前の利率とします。

　割引前の将来キャッシュ・フローは，合理的で説明可能な仮定及び予測に基づく自己の支出見積りによります。その見積り金額は，生起する可能性の最も高い単一の金額又は生起し得る複数の将来キャッシュ・フローをそれぞれの確率で加重平均した金額とします。

<「生起し得る複数の将来キャッシュ・フローをそれぞれの確率で加重平均した金額」の計算過程の例示（適用指針【設例2】の一部）>

予測キャッシュ・フロー	発 生 確 率	期 待 値
700	30％	210
1,100	50％	550
1,200	20％	240
計		1,000

⑤ 資産除去債務に対応する除去費用の資産計上と費用配分

　資産除去債務を負債として計上したときに，その負債の計上額と同額を関連する有形固定資産の帳簿価額に加えます。資産計上された資産除去債務に対応する除去費用は，減価償却を通じて，その有形固定資産の残存耐用年数にわたり，各期に配分します。

　この除去費用は，法律上の権利ではなく，財産価値もないこと，また，独立して収益獲得に貢献するものではないことから，資産除去債務会計基準では別の資産として計上する方法は採用せず，有形固定資産の稼働にとって不可欠なものであるため有形固定資産の取得に関する付随費用と同様のものという考え方が採用されています（資産除去債務会計基準42項）。

　資産除去債務に対応する金額を有形固定資産の取得原価に含めて計上する場合，実務上の負担を勘案すると，関連する有形固定資産と区分して別の資産として管理することは妨げられません。ただし，この場合でも，財務諸表上は有形固定資産として表示することが必要です（同43項）。

　時の経過による資産除去債務の調整額は，その発生時の費用として処理します。その調整額は，期首の負債の帳簿価額に当初負債計上時の割引率を乗じて算定します（同9項）。この調整額は，退職給付会計における利息費用と同様の性格を有するものといえます（同48項）。

⑥ 適　　用

資産除去債務会計基準は平成22年4月1日以降開始する事業年度から適用するものとされています（早期適用も可）（資産除去債務会計基準17項）。

(2) 基準の詳説

① 会計処理

a　一般的な会計処理

資産除去債務を負債として計上したときに，その負債の計上額（現在価値）と同額を関連する有形固定資産の帳簿価額に加え，これを減価償却を通じて各期に費用配分し，その現在価値と割引前将来キャッシュ・フローとの差額を時の経過による調整額として費用処理します。

例えば，耐用年数10年の設備を取得原価10,000にて取得し，その設備は10年間の使用後に法律上除去する義務があり，その除去する際の支出額は1,000と見積られている場合において，割引率が3％だとすると，その取得した時に資産除去債務を744計上し，年々これを減価償却を通じて期間配分することになります。また，支出見込額1,000と資産除去債務計上額との差額256については，時の経過による現在価値の増加額が，時の経過による資産除去債務の調整額として各期に費用計上されることになります。

当該設備について残存価額0で定額法により減価償却を行っているときの会計処理を示すと次のようになります（取得日＝2X01年4月1日，決算日は3月31日）。

（2X01年4月1日，設備の取得と関連する資産除去債務の計上）

　　（借）有形固定資産　　10,744　　（貸）現　金　預　金　　10,000
　　　　　　　　　　　　　　　　　　　　　資 産 除 去 債 務　　　744

（2X02年3月31日，時の経過による資産除去債務の増加）

　　（借）費用（利息費用）　　　22　　（貸）資 産 除 去 債 務　　　22

(2X02年3月31日，設備と資産計上した除去費用の減価償却)
(借)費用(減価償却費)　　1,074　　(貸)減価償却累計額　　1,074
(2X11年3月31日，設備の使用終了に伴う除去。除去に係る支出が当初の見積りを50上回った)
(借)減価償却累計額　　10,744　　(貸)有形固定資産　　10,744
　　　資産除去債務　　1,000　　　　　現　金　預　金　　1,050
　　　費用(履行差額)　　　50

b　建物等賃貸借契約に関連して敷金を支出している場合

　賃借建物等について有形固定資産(内部造作等)の除去などの原状回復の義務がある場合，資産除去債務に該当しますが，資産除去債務に係る実務負担を考慮し，その賃貸契約に関連する敷金が資産計上されているときは，資産除去債務の負債計上及び対応する除去費用の計上に代えて，その敷金の回収が最終的に見込めないと認められる金額を合理的に見積もり，そのうち当期の負担に属する金額を費用計上する方法によることができます(資産除去債務適用指針9項)。

　例えば，支出した敷金1,000のうち500について原状回復費用に充てられるため返還が見込めないと認められた場合において，同種の賃借建物等への平均的な入居期間が5年と算定できたときの会計処理は，次のようになります。

　　　(借)費用(敷金の償却)　　100　　(貸)敷　　　　金　　100

　なお，敷金について上記のような処理を行う場合には，適用初年度の期首において，その敷金の回収が最終的に見込めないと認められる金額のうち前期以前の負担に属する金額を，当期の損失(原則として特別損失)として計上します(同15項)。

c　資産除去債務の対象が複数の有形固定資産から構成される場合

　資産除去債務の対象が複数の有形固定資産から構成され，そのうち一部の資産については全体の除去以前により短い周期で除去され，再び取得される場合があります。この場合には，この短い周期で除去される資産について除去の義

務がなければ資産除去債務に該当しませんが，主たる資産について資産除去債務があり，主たる資産の除去に伴い当該構成資産が同時に除去されるものとみて，複数の有形固定資産の資産除去債務を一括して見積もり，対応する除去費用を主たる資産の帳簿価額に加えます（同6項）。

例えば，設備Aの取得原価8,000，設備Bの取得原価2,000，設備Aの耐用年数10年，設備Bの耐用年数2年である場合において，設備Aはその使用後除去する法的義務があり，設備Bは設備Aの除去に際し同時に除去されるとします。ただし，設備Bは2年周期で除去され，その除去についての法的義務はありません。設備Aが除去されるときの支出は800，設備Bが除去されるときの支出は200であるとします。

このような場合においては，設備Aには関連する除去債務があり，また，設備Aの除去に伴い設備Bが同時に除去されるため，設備A，Bの当初取得時に資産除去債務を一括して見積り，対応する除去費用は設備Aの帳簿価額を増加させる方法で資産計上します。

このとき，主たる資産を除去するまでの間に行われる，より短い周期で実施される資産の除去及び再取得に係る支出は資産除去債務の対象とせず，主たる資産の除去と同時に行われる資産の除去に係る支出を対象とすることに留意する必要があります（同24項）。

上記の例では設備Aが除去される前の設備Bに係る除去に係る支出200と取得価額2,000は，資産除去債務の対象とせず，設備Aと同時に除去されるときの除去費用200を対象とします。

なお，個々の資産が除去に係る法的義務等を有するときは，その複数の有形固定資産に対し一括して資産除去債務を見積もるのではなく，個々の有形固定資産について見積り，対応する除去費用を個々の有形固定資産の帳簿価額に加える必要があります（同25項）。

d 資産除去債務が使用の都度発生する場合

資産除去債務が有形固定資産の稼働等に従って，使用の都度発生する場合に

は，資産除去債務に対応する除去費用を各期においてそれぞれ資産計上し，関連する有形固定資産の残存耐用年数にわたり，各期に費用配分します。この場合には，上記の処理のほか，除去費用をいったん資産計上し，その計上時期と同一の期間に，資産計上額と同一の金額を費用処理することもできます（資産除去債務会計基準8項）。

　例えば，このような処理が必要になる場合は，取得した設備がその通常の使用における稼働時間に応じて立地している土地を汚染するといった場合が想定されます。

e　特別の法令により除去に係る費用を適切に計上する方法がある場合

　特別の法令等により，有形固定資産の除去に係るサービス（除去サービス）の費消をその有形固定資産の使用に応じて各期間で適切に費用計上する方法がある場合には，その費用計上の方法を用いることができます。

　ただし，この場合でも，資産除去債務会計基準の定めに基づき，その有形固定資産の資産除去債務を負債計上し，これに対応する除去費用を関連する有形固定資産の帳簿価額に加える方法で資産として計上しなければなりません。また，その費用の計上方法については，注記する必要があります（資産除去債務適用指針8項）。

f　減損会計との関係

イ　資産除去債務会計基準適用後の減損会計基準の適用に当たっては，資産除去債務が負債に計上されている場合には，除去費用部分の影響を二重に認識しないようにするため，将来キャッシュ・フローの見積りに除去費用部分を含めないこととなります（資産除去債務会計基準44項）。

ロ　有形固定資産の不適切な操業等の異常な原因によって，有形固定資産を除去する義務が発生した場合には，資産除去債務として使用期間にわたって費用配分すべきものではなく，引当金の計上や減損会計基準の適用対象とすべきものと考えられます（同26項）。

ハ　有形固定資産の使用を終了する前後において，その資産の除去の方針の公

表や，有姿除却の実施により，除去費用の発生の可能性が高くなった場合には，資産除去債務の対象に該当しませんが，このような場合には減損会計基準の対象となるほか，引当金計上の対象となる余地もあると考えられます(同27項)。

ニ　資産除去債務が法令の改正等により新たに発生した場合は，会計処理の対象となる新たな事実の発生であり，将来キャッシュ・フローの見積りの変更と同様に処理しますが，影響が特に重要であれば，重要な法律改正又は規制強化による法律的環境の著しい悪化（減損適用指針14項(3)）として，減損の兆候に該当します（同52項）。

ホ　これまで合理的に見積もることができなかった資産除去債務の金額を合理的に見積もることができるようになった場合についても，将来キャッシュ・フローの見積りの変更と同様に処理しますが，資産に係る将来キャッシュ・フローに関する不利な予想が明確になったものであることから，減損の兆候として扱うべきものと考えられます（同52項）。

ヘ　適用初年度における期首残高の調整方法としては，キャッチアップ・アプローチ（資産除去債務に係る負債及び有形固定資産の残高の調整を行いその調整の効果を一時の損益とする方法）を採用しているため，対象資産の帳簿価額が回収可能額を超過する可能性は低くなるものと考えられることから，他に減損の兆候がない限り，適用初年度において減損損失の認識の要否を検討する必要はありません（同62項）。

②　資産除去債務の範囲

資産除去債務とは，有形固定資産の取得，建設，開発又は通常の使用によって生じ，その有形固定資産の除去に関して法令又は契約で要求される法律上の義務及びそれに準ずるものをいいます。その範囲としては，次のように例示することができます（何項と付したものは資産除去債務会計基準の項。資産除去債務適用指針の設例にあるものはその設例番号）。

資産除去債務に含まれる	資産除去債務に含まれない
・ 原子力発電施設の解体に伴う債務（22項） ・ 定期借地権契約で賃借した土地の上に建設した建物等を除去する義務（適用指針【設例7－1】） ・ 鉱山等の原状回復義務（適用指針【設例2】） ・ 賃借建物の原状回復義務（適用指針27項） ・ 有害物質等を特別の方法で除去する義務（アスベスト等の除去義務）(29項) ・ 除去が法律上の義務に準ずるもの（債務の履行を免れることがほぼ不可能な義務，例えば当事者間で清算が要請される義務，過去の判例や行政当局の通達等のうち法律上の義務とほぼ同等の不可避的な支出が義務付けられるもの）(28項)	・ 有形固定資産の除去に関わるものでないもの，例えば有形固定資産の使用中に実施する環境修復や修繕（24項） ・ 有形固定資産の除去が企業の自発的な計画のみによって行われる場合の除去に係る支出（28項） ・ 転用や用途変更に係る支出（30項） ・ 不適切な操業等の異常な原因によって発生した除去する義務（26項） ・ 有形固定資産の使用を終了する前後において当該資産の除却の方針の公表や，有姿除却の実施により発生する除却費用の債務（27項）

③ 資産除去債務の見積り

　資産除去債務の履行時期を予想することや，将来の最終的な除去費用を見積ることが困難であるため，合理的な資産除去債務を算定できない場合がありますが，このような場合には債務の金額を合理的に見積もることができない場合（資産除去債務会計基準5項）に該当し，同16項⑤に従ってその旨及びその理由を注記することになります（同35項）。

　割引前の将来キャッシュ・フローに重要な見積りの変更が生じた場合のその見積りの変更による調整額は，資産除去債務の帳簿価額及び関連する有形固定資産の帳簿価額に加減して処理します。資産除去債務が法令の改正等により新たに発生した場合も，見積りの変更と同様に取り扱います（同10項）。

　また，資産除去債務の発生時にその債務の金額を合理的に見積もることがで

きなかった場合で，その債務額を合理的に見積もることができるようになった時点において負債計上するときも，見積りの変更と同様に取り扱います（同5項）。

割引前の将来キャッシュ・フローに重要な見積りの変更が生じ，そのキャッシュ・フローが増加する場合，その時点の割引率を適用します。これに対し，そのキャッシュ・フローが減少する場合には，負債計上時の割引率を適用します。なお，過去に割引前の将来キャッシュ・フローの見積りに増加があった場合で，減少部分に適用すべき割引率を特定できないときは，加重平均した割引率を適用します（同11項）。

企業は，次の情報を基礎として，自己の支出見積りとしての有形固定資産の除去に要する割引前の将来キャッシュ・フローを見積もります。その見積もられた金額に，インフレ率や見積値から乖離するリスクを勘案し，また，合理的で説明可能な仮定及び予測に基づき技術革新などによる影響額を見積もることができる場合にはこれを反映させます（資産除去債務適用指針3項）。

a 対象となる有形固定資産の除去に必要な平均的な処理作業に対する価格の見積り

b 対象となる有形固定資産を取得した際に，取引価額から控除されたその資産に係る除去費用の算定の基礎となった数値

c 過去において類似の資産について発生した除去費用の実績

d その有形固定資産への投資の意思決定を行う際に見積もられた除去費用

e 有形固定資産の除去に係る用役（除去サービス）を行う業者など第三者からの情報

将来キャッシュ・フローの見積りには，法人税等の影響額を含めません（同4項）。

割引率については，負債計上時の割引率に固定する方法を採用し，変更を行いません。この方法は，時の経過によって一定の利息相当額を配分するもので

あり，関連する有形固定資産について減価償却という費用配分が行われることとも整合的であると考えられます（資産除去債務会計基準49項）。

④ 開　　示

貸借対照表上，資産除去債務は，貸借対照表日後1年以内にその履行が見込まれる場合を除き，固定負債の区分に資産除去債務等の適切な科目名で表示します。貸借対照表日後1年以内に資産除去債務の履行が見込まれる場合には，流動負債の区分に表示します（資産除去債務会計基準12項）。

損益計算書上，資産除去債務に対応する除去費用に係る費用配分は，関連する有形固定資産の減価償却費と同じ区分に含めて計上します（同13項）。

資産除去債務の会計処理に関連して，重要性が乏しい場合を除き，次の事項を注記します（同16項）。

a　資産除去債務の内容についての簡潔な説明
b　支出発生までの見込期間，適用した割引率等の前提条件
c　資産除去債務の総額の期中における増減内容
d　資産除去債務の見積りの変更をしたときは，その変更の概要及び影響額
e　資産除去債務は発生しているが，その債務を合理的に見積もることができないため，貸借対照表に資産除去債務を計上していない場合には，当該資産除去債務の概要，合理的に見積もることができない旨及びその理由

キャッシュ・フロー計算書上，資産除去債務を実際に履行した場合のその支出額は，「投資活動によるキャッシュ・フロー」の項目として取り扱います。また，重要な資産除去債務を計上したときは，キャッシュ・フロー計算書に「重要な非資金取引」として注記が必要になります（資産除去債務適用指針12項，13項）。

四半期財務諸表上，四半期財務諸表に関する会計基準19項(21)及び25項(20)で定める「財政状態，経営成績及びキャッシュ・フローの状況を適切に判断するた

めに重要なその他の事項」として，資産除去債務が前年度末と比較して著しく変動している場合には，その簡潔な説明及び変動額の内訳を記載することが考えられます。なお，会計基準の適用開始による資産除去債務の変動については，その影響が重要であれば，「重要な会計処理の原則及び手続についての変更」（四半期会計基準19項(2)及び25項(1)）として注記を行うこととなります（同30項）。

資産除去債務会計基準の適用については，会計基準の変更に伴う会計方針の変更として取り扱うこととされています（資産除去債務会計基準20項）。

適用初年度における期首残高の算定は次のように行い，両者の差額は適用初年度において原則として特別損失に計上します（同18項）。

a 適用初年度の期首における既存資産に関連する資産除去債務は，適用初年度の期首時点における割引前将来キャッシュ・フローの見積り及び割引率により計算を行います。

b 適用初年度の期首における既存資産の帳簿価額に含まれる除去費用は，資産除去債務の発生時点における割引前将来キャッシュ・フローの見積り及び割引率が，適用初年度の期首時点と同一であったとみなして計算した額から，その後の減価償却額に相当する金額を控除した金額とします。

適用初年度の期首における既存資産に関連する資産除去債務について引当金を計上している場合においても，資産除去債務及び関連する有形固定資産の期首残高は前項に従って算定しますが，前期末における引当金の残高を資産除去債務の一部として引き継ぎます（同19項）。

(3) 税務上の取扱い

上述の説明の中で示した資産除去債務に係る会計処理は次の5つです。

① 2X01年4月1日，設備の取得と関連する資産除去債務の計上
　　（借）有形固定資産　　10,744　　（貸）現金預金　　10,000
　　　　　　　　　　　　　　　　　　　　　資産除去債務　　744
② 2X02年3月31日，時の経過による資産除去債務の増加
　　（借）費用(利息費用)　　22　　（貸）資産除去債務　　22
③ 2X02年3月31日，設備と資産計上した除去費用の減価償却
　　（借）費用(減価償却費)　1,074　（貸）減価償却累計額　1,074
④ 2X11年3月31日，設備の使用終了に伴う除去。除去に係る支出が当初の見積りを50上回った。
　　（借）減価償却累計額　10,744　（貸）有形固定資産　10,744
　　　　　資産除去債務　　1,000　　　　　現金預金　　　1,050
　　　　　費用(履行差額)　　50
⑤ 支出した敷金1,000のうち500について原状回復費用に充てられるため返還が見込めないと認められた場合において，同種の賃借建物等への平均的な入居期間が5年と算定できたときの会計処理
　　（借）費用(敷金の償却)　100　（貸）敷金　　　　　100

　これらの会計処理のうち，税務上の問題は費用計上した額がその事業年度において損金算入できるか否かということになります。税務上損金の額に算入できる債務は，債務の確定したものに限られますので（法22③，法基通2－2－1），資産除去債務として負債計上した時点では損金の額に算入されないと考えられます。

　また，除去をした時は，資産除去債務の支払という会計処理をしたとしても，債務が確定したため，その除去費用は損金の額に算入されると考えられます。資産に加えられた除去費用は，会計基準では付随費用と同様の考え方をしていますが（資産除去債務会計基準42項），税務上取得価額を構成する付随費用は例えば購入の場合には「購入に要した費用」となっているため（法令54①一），除去費用は税務上の付随費用に該当せず取得価額を構成しないと考えられます。

したがって，上記の会計処理をした場合の税務上の処理は，それぞれ次のようになると考えられます。

① 資産除去債務について税務上否認する処理
　　（借）資産除去債務　　　　744　　（貸）有形固定資産　　　　744
② 時の経過による資産除去債務の増加を否認する処理
　　（借）資産除去債務　　　　 22　　（貸）費用（利息費用）　　 22
③ 資産計上した除去費用に係る減価償却費を否認する処理
　　（借）減価償却累計額　　　 74　　（貸）費用（減価償却費）　 74
④ 除去費用を是認する処理
　　（借）有形固定資産　　　　744　　（貸）減価償却累計額　　　744
　　　　　除　去　費　用　　1,000　　　　　資産除去債務　　　1,000
⑤ 賃貸借中で原状回復費用が確定していないためその費用を否認する処理
　　（借）敷　　　　　　金　　100　　（貸）費用（敷金の償却）　100

　ただし，特別の法令等で除去費用を適切に計上する方法が規定されている場合には，会計上，減価償却費として費用計上する方法によらず，その法令等で示している方法で費用計上できるとされています（資産除去債務適用指針8）。この場合には，税務上も税制改正等によらず一定の費用については損金として是認されるとの見方もあります（週刊税務通信No.3043，p.69）。

(4) 中小企業における適用

　日本税理士会連合会，日本公認会計士協会，日本商工会議所，企業会計基準委員会が公表している「中小企業の会計に関する指針（平成20年5月1日最終改正）には，資産除去債務についての取扱いは記載されていません。したがって，中小企業においては資産除去債務を計上することは求められていません。
　今後の同指針の改正により資産除去債務についての記載がなされることも考えられます。参考までに，減損会計の取扱いを見てみると，「資産の使用状況

に大幅に変更があった場合に」限り減損の可能性について検討することとしています。これに倣えば，資産除去債務についても限定された範囲内において検討する余地があるとも考えられます。すなわち，除去に関して法律上の義務等が存在している有形固定資産を取得し，その法律上の義務等の額の財務に及ぼす影響が多大である場合などに，資産除去債務の計上を検討する余地もあると考えられます。また，保有する有形固定資産に関し将来支出することになる除去費用の考え方については，中小企業も参考になると考えられます。

(5) 設　例

―【設例1】―

　㈱霞ヶ関工業は，2X01年4月1日に設備Aを取得し事業の用に供しました。この設備は取得原価10,000（現金支払），耐用年数10年で，その10年間の使用後に法律上除去する義務があり，その除去する際の支出額は1,000と見積られています。

　2X11年3月31日，設備Aは除去されましたが，その除去費用は1,050でした。

　資産除去費用は取得時にのみ発生するものとし，当該企業はその設備について残存価額0，定額法により減価償却を行っています。割引率は3％，当該企業の決算日は3月31日であるものとします（資産除去債務適用指針【設例1】及び【設例7-1】を参考に作成）。

以上の設定の下で除去費用及び資産除去債務の額を計算すると，次のようになります。

244　第4章　公表された項目についての詳説

年／月／日	有形固定資産（除去費用）			資産除去債務			
	資産計上額	減価償却費	残　　高	計上額	時の経過による調整額	履行による減少額	残　高
2X01/4/1	744*1		744	744			744
2X02/3/31		(74.4)*2	669.6		22*3		766
2X03/3/31		(74.4)	595.2		23		789
2X04/3/31		(74.4)	520.8		24		813
2X05/3/31		(74.4)	446.4		24		837
2X06/3/31		(74.4)	372.0		25		862
2X07/3/31		(74.4)	297.6		26		888
2X08/3/31		(74.4)	223.2		27		915
2X09/3/31		(74.4)	148.8		28		942
2X10/3/31		(74.4)	74.4		28		971
2X11/3/31		(74.4)	—		29	(1,000)	—
合　　計	744	(744)		744	256	(1,000)	

*1　将来キャッシュ・フロー見積額$1,000/(1.03)^{10}=744$
*2　資産計上額744/耐用年数10年＝74.4
*3　資産除去債務残高744×割引率3％＝22

　上記の期間の途中において除去費用の見積りを見直し，増額分がある場合には，その時点での割引率を使用してその増額分を現在価値に割り引いた金額を資産除去債務に負債計上し同額を資産計上します。そして，それ以降は当初発生分の計算に併せて増額分の計算をしていくことになります。仮に，2X06年3月31日に増額分が300あり，その時点の割引率が2.5％であった場合に行う仕訳は次のようになります。

　（2X06年3月31日，増額分の資産除去債務の負債計上及び同額の資産計上）
　　（借）有形固定資産　　　　265*4　（貸）資産除去債務　　　　265
　　　*4　将来キャッシュ・フロー追加見積額$300/(1.025)^{5}=265$

(2X07年3月31日,時の経過による資産除去債務の増加)

（借）費用(利息費用)　　　32*5　（貸）資産除去債務　　　32

* 5　① 当初発生分＝837×3％＝25.11
　　　② 追加発生分＝265×2.5％＝6.625
　　　③ ①+②＝31.735⇒32

(2X02年3月期の財務諸表における注記例)

> 当社は,2X01年4月1日に取得し事業の用に供した設備Aについて,法律○○に従い,資産除去債務を計上しています。資産除去債務の見積りにあたり,使用見込期間は10年間,割引率は3.0％を使用しています。
>
> 当事業年度において資産除去債務に計上した金額は744であります。当事業年度末における資産除去債務残高は,上記金額744と時の経過による資産除去債務の調整額22の合計766であります。

【設例2】

大手町工業㈱は,2X01年4月1日に設備Aと設備Bを取得し(現金支払),一体として使用を開始しました。設備Aの取得原価は8,000,設備Bの取得原価2,000,設備Aの耐用年数は10年,設備Bの耐用年数は2年です。

設備Aはその使用後除去する法的義務があり,設備Bは設備Aの除去に際し同時に除去されます。ただし,設備Bは2年周期で除去され,その除去についての法的義務はありません。設備Aが除去されるときの支出は800,設備Bが除去されるときの支出は200です。

2X11年3月31日,設備A及び設備Bが除去されました。当該設備の除去に係る支出は1,000でありました。当該企業はこれらの設備について残存価額0で定額法により減価償却を行っています。割引率は3％,当該企業の決算日は3月31日であるものとします(資産除去債務適用指針【設例3】を参考に作成)。

第4章 公表された項目についての詳説

（2X01年4月1日，設備の取得と関連する資産除去債務の計上）

（借）有形固定資産(設備A)　8,744*　（貸）現　金　預　金　10,000
　　　有形固定資産(設備B)　2,000　　　　資　産　除　去　債　務　744

　＊　設備Aの取得原価8,000＋設備AとBの除去費用資産計上額744＝8,744
　　　744＝将来キャッシュ・フロー見積額 $(800+200)/(1.03)^{10}$

（2X03年3月31日，設備Bの更新，設備Aを除去するまでの間に行われる，より短い周期での設備Bの除去及び再取得に係る支出は資産除去債務の対象にならない）

（借）減価償却累計額　　2,000　（貸）有形固定資産
　　　　　　　　　　　　　　　　　　　（旧 設 備 B）　2,000
　　　固定資産除却損　　　200　　　　現　金　預　金　2,200
　　　有 形 固 定 資 産
　　　（新 設 備 B）　　2,000

（2X11年3月31日，設備Aの除去に伴い設備Bも除去される）

（借）減価償却累計額
　　　（設 備 A）　　8,744　（貸）有形固定資産
　　　　　　　　　　　　　　　　　（設 備 A）　8,744
　　　減価償却累計額
　　　（設 備 B）　　2,000　　　　有形固定資産
　　　　　　　　　　　　　　　　　（設 備 B）　2,000
　　　資 産 除 去 債 務　1,000　　現　金　預　金　1,000

【参考文献】

・吉田健太郎，解説　企業会計基準第18号「資産除去債務に関する会計基準」及び企業会計基準適用指針第21号「資産除去債務に関する会計基準の適用指針」，会計・監査ジャーナル平成20年6月号，日本公認会計士協会
・「公開草案『資産除去債務に関する会計基準(案)』の概要」小堀一英　企業会計 April／2008／Vol.60／No.4　中央経済社
・週刊税務通信No.3043　税務研究会
・「環境債務の実務　資産除去債務への対処法」藤井良広編著　中央経済社　2008年10月

8 投資不動産

(1) 基準の概要

① 「賃貸等不動産の時価等の開示に関する会計基準」の公表について

平成20年11月28日，企業会計基準委員会より「賃貸等不動産の時価等の開示に関する会計基準」(企業会計基準第20号) 及び「賃貸等不動産の時価等の開示に関する会計基準の適用指針」(企業会計基準適用指針第23号) が公表されました。

これにより，平成22年3月31日以後終了する事業年度の年度末に係る財務諸表から賃貸等不動産の時価等に関する事項の注記が求められることとなりました。

② 「賃貸等不動産の時価等の開示に関する会計基準」の公表に至るまでの経緯

a 投資不動産の取扱いに関するコンバージェンスの経緯

現在，我が国において固定資産に分類される不動産については，一般に原価評価 (取得原価から減価償却累計額を控除した金額で計上) が採用されています。一方，国際財務報告基準の国際会計基準 (IAS) 第40号「投資不動産」(以下，IAS第40号とする) においては，棚卸資産や企業が自ら使用するものを除く，賃貸収入又はキャピタル・ゲイン目的で保有する投資不動産については，時価評価 (時価で計上し，減価償却をしていない取得原価との差額を損益に計上) と原価評価を選択して適用することとされており，原価評価を採用した場

合には時価情報等，一定の注記を行うことが求められています。

　このように我が国の会計基準と国際財務報告基準の間には，不動産の開示に関して差異が存在していました。このような差異について，平成14年8月に公表された「固定資産の減損に係る会計基準の設定に関する意見書」では，投資不動産は一部の金融商品などと比べて時価を客観的に把握することが困難であること，賃貸収益を目的として保有されるような不動産であっても，直ちに売買・換金することに事業上の制約がある場合等，事実上，事業投資と考えられるものについては，時価の変動を企業活動の成果とは捉えられないため，他の有形固定資産と同様に取得原価に基づく評価を実施することが適当であるとされました。また，時価の注記に関しては，その要否や投資不動産の範囲も含め，理論及び実務の両面でなお検討を要する問題が残されていることから，今後の検討課題とされていました。

　このような状況の中，企業会計基準委員会では企業会計の国際的なコンバージェンスの取り組みの一環として，平成17年3月から国際会計基準審議会との共同プロジェクトを開始し，投資不動産に関する議論を進めてきました。また，欧州連合における第三国会計基準の同等性評価に関連して提案された欧州証券規制当局委員会による「技術的助言」（平成17年7月）の中でも投資不動産の取扱いは，我が国の会計基準と国際財務報告基準の間の補正項目の1つとして取り上げられていました。その後，企業会計基準委員会では，東京合意（平成19年8月）を踏まえ，短期に差異解消を図るために検討を重ねてきました。

　一方で，平成20年3月に「金融商品に関する会計基準」（企業会計基準第10号。以下「金融商品会計基準」という）が改正され，時価情報は投資者に対して有用な財務情報を提供することになることや，企業における金融商品のリスク管理等を一層徹底するインセンティブを高めること，さらに，国際的な会計基準では，金融商品に係る時価やリスクに関して広く開示が求められていることから，時価等に関する事項の開示の充実を図られました。この結果，改正された金融商品会計基準では，貸付金など事業投資としての性格が見受けられるもの

であっても，時価を注記することとなったのです。

b 「賃貸等不動産の時価等の開示に関する会計基準」の公表

　企業会計基準委員会は，このように金融商品の時価等の注記対象が拡大されたことを踏まえ，一定の不動産については，事実上，事業投資の性格があると考えられるものの，その時価等の開示を行うことは投資情報として一定の有益性があると判断し，また，国際財務報告基準が原価評価の場合は時価を注記することとしていることとのコンバージェンスを図る観点から時価の注記の必要性があるとの判断を下しました。そして，平成20年11月28日，不動産が賃貸等不動産に該当する場合には時価情報等，一定の事項を注記する旨を定めた「賃貸等不動産の時価等の開示に関する会計基準」（企業会計基準第20号，以下「賃貸等不動産会計基準」という）及び「賃貸等不動産の時価等の開示に関する会計基準の適用指針」（企業会計基準適用指針第23号，以下「賃貸等不動産適用指針」という）を公表しました。

(2) 基準の詳説

① 賃貸等不動産会計基準・賃貸等不動産適用指針の概要について

　賃貸等不動産会計基準及び賃貸等不動産適用指針は，賃貸等不動産の時価等の開示内容を定めることを目的に設定されたものです。賃貸等不動産に関する開示は，これまで我が国の会計基準において定められていなかった新しい開示項目です。以下，賃貸等不動産に関する開示について定めた賃貸等不動産会計基準・賃貸等不動産適用指針の内容について詳述します。

a 新基準の適用範囲

　賃貸等不動産会計基準は賃貸等不動産を保有する企業に適用されます。なお，連結財務諸表において賃貸等不動産の時価等の開示を行っている場合には，個別財務諸表での開示は要しないものとされています。

b 賃貸等不動産会計基準における賃貸等不動産の範囲
イ 賃貸等不動産の範囲について

　賃貸等不動産会計基準においては，賃貸等不動産とは棚卸資産に分類されている不動産以外のものであって，賃貸収益又はキャピタル・ゲインの獲得を目的として保有されている不動産（ファイナンス・リース取引の貸手における不動産を除く）とされています。したがって，物品の製造や販売，サービスの提供，経営管理に使用されている場合は賃貸等不動産には含まれません。

　賃貸等不動産には，具体的には下記のような不動産が含まれると考えられます。

<賃貸等不動産の範囲>

	区　分	解　説
1	貸借対照表において投資不動産（投資の目的で所有する土地，建物その他の不動産）として区分されている不動産	貸借対照表上，投資不動産に分類される不動産については，市場平均を超える成果を期待して保有されているものではなく，その時価そのものが企業にとっての価値を示しており，また，それが国際財務報告基準における投資不動産に該当することは異論がないと考えられるため，当該投資不動産は賃貸等不動産の範囲に含まれます。
2	将来の使用が見込まれていない遊休不動産	企業活動にほとんど使用されていない状態にある遊休不動産のうち，将来の使用が見込まれていない遊休不動産は，売却が予定されている不動産と同様に，処分によるキャッシュ・フローしか期待されていないため，時価が企業にとっての価値を示すものと考えられます。このため，国際財務報告基準と同様に，当該不動産を賃貸等不動産の範囲に含めることとしています。
3	上記以外で賃貸されている不動産	将来において賃貸等不動産として使用される予定で開発中の不動産や継続して賃貸等不動産として使用される予定で再開発中の不動産も含まれます。また，賃貸を目的として保有されているにもかかわらず，一時的に借手が存在していない不動産についても，賃貸等不動産として取り扱います。

ロ　自社使用部分と賃貸等使用部分で構成される不動産について

　　不動産の中には、物品の製造や販売、サービスの提供、経営管理に使用されている部分と賃貸等不動産として使用される部分で構成されるものがあります。賃貸等不動産の範囲を定めるに当たっては、賃貸されているという形式的な区分を重視するため、賃貸等不動産として使用される部分を含む不動産について、賃貸等不動産として使用される部分は原則として賃貸等不動産に含めます。なお、当該部分を区分するに当たっては、管理会計上の区分方法その他合理的な方法（専有面積など）を用いることとなります。

　　ここで、賃貸等不動産として使用される部分の割合が低いと考えられる場合は、全体が賃貸等不動産として使用されている不動産とは必ずしも同様のものではないと考えられるため、賃貸等不動産に含めないことができるとされています。

　　また、上記のように物品の製造や販売、サービスの提供、経営管理に使用されている部分と賃貸等不動産として使用される部分で構成される不動産について、賃貸等不動産として使用される部分は賃貸等不動産に含めることとされていますが、当該部分の時価又は損益を実務上把握することが困難である場合には、継続適用を条件として賃貸等不動産として使用される部分を含む不動産を区分せず、当該不動産全体を注記の対象とすることができるとされています。

ハ　リース取引に該当する不動産について

　　ファイナンス・リース取引に該当する不動産については、貸手において賃貸等不動産には該当しませんが、借手において前述の賃貸等不動産の要件に該当する場合には、賃貸等不動産として取り扱うこととなります。

　　また、オペレーティング・リース取引に該当する不動産については貸手において賃貸等不動産に含まれることになります。このような取扱いは、概ね国際会計基準と同様の取扱いになっています。

c 賃貸等不動産に関する注記事項

賃貸等不動産を保有している場合は，次の事項を注記することとされます。ただし，賃貸等不動産の総額に重要性が乏しい場合は注記を省略することができます。また，管理状況等に応じて，注記事項を用途別，地域別等に区分して開示することができます。

イ 賃貸等不動産の概要

賃貸等不動産の概要には主な賃貸等不動産の内容，種類，場所が含まれます。ただし，個別の賃貸等不動産について記載することまでは要しないと考えられます。

ロ 賃貸等不動産の貸借対照表計上額及び期中における主な変動

貸借対照表計上額を注記するに当たっては，原則として，取得原価から減価償却累計額及び減損損失累計額を控除した金額をもって行うこととされています。

なお，貸借対照表計上額に関する期中の変動に重要性がある場合には，その事由及び金額を記載する必要があります。賃貸等不動産の期中における変動には，取得，処分等による変動に加え，賃貸等不動産から棚卸資産への振替及び棚卸資産から賃貸等不動産への振替による変動も含まれる点に留意が必要です。

ハ 賃貸等不動産の当期末における時価及びその算定方法

賃貸等不動産の時価の注記に必要な時価情報の把握については実務上困難が伴うことも考えられること，また，本新基準により求められるのが会計処理ではなく，時価の注記であることから，原則的な方法だけでなく，一定の簡便な方法や時価把握が極めて困難な場合における取扱いを別途定めています。

なお，賃貸等不動産の当期末における時価は，当期末における取得原価から減価償却累計額及び減損損失累計額を控除した金額と比較できるように記載する必要があります。

i 原則的方法

　賃貸等不動産の当期末における時価とは，通常，観察可能な市場価格に基づく価額をいい，市場価格が観察できない場合には合理的に算定された価額をいいます。これは，国際会計基準の公正価値の考え方と同じであると考えられます。

　賃貸等不動産に関する合理的に算定された価額は，「不動産鑑定評価基準」（国土交通省）による方法又は類似の方法に基づいて算定するものとされますが，自社における合理的な見積り又は不動産鑑定士による鑑定評価額とすることができます。

　なお，契約により取り決められた一定の売却予定価額がある場合は，合理的に算定された価額として当該売却予定価額を用います。

ii 簡便的方法

　第三者からの取得時（連結財務諸表上，連結子会社の保有する賃貸等不動産については当該連結子会社の支配獲得時を含む。以下同じ）又は原則的な時価算定を行った時点から，一定の評価額や適切に市場価格を反映していると考えられる指標に重要な変動が生じていない場合には，当該評価額や指標を用いて調整した金額をもって当期末における時価とみなすことができます。

　さらに，その変動が軽微であるときには，取得時又は前期末において時価として用いた価額をもって時価とみなすことができます。なお，開示対象となる賃貸等不動産のうち重要性が乏しいものについては，一定の評価額や適切に市場価格を反映していると考えられる指標を時価とみなすことができます。一定の評価額や適切に市場価格を反映していると考えられる指標には，容易に入手できる評価額や指標を合理的に調整したものも含まれますが，容易に入手できると考えられる評価額にはいわゆる実勢価格や査定価格などの評価額が含まれ，また，容易に入手できると考えられる土地の価格指標には，公示価格，都道府県基準地価格，路線価による相続税

評価額,固定資産税評価額が含まれます。

　iii　時価把握が困難な場合

　　賃貸等不動産の時価を把握することが極めて困難な場合には,時価を注記せず,重要性が乏しいものを除き,その事由,当該賃貸等不動産の概要及び貸借対照表計上額を他の賃貸等不動産とは別に記載するものとされています。

ニ　賃貸等不動産に関する損益

　　財務諸表において賃貸等不動産の損益の注記を行う場合,損益計算書における金額に基づくことになります。この際,損益計算書において,賃貸等不動産に関して直接把握している損益のほか,管理会計上の数値に基づいて適切に調整した額その他の合理的な方法に基づく金額によって開示することができます。

　　なお,重要性が乏しい場合を除き,賃貸等不動産に関する賃貸収益とこれに係る費用（賃貸費用）による損益,売却損益,減損損失及びその他の損益等を適切に区分して記載する必要があります。

ホ　注記の省略について

　　賃貸等不動産を保有している場合において,賃貸等不動産の総額に重要性が乏しい場合は注記を省略することができるとされています。当該賃貸等不動産の総額に重要性が乏しいかどうかは,賃貸等不動産の貸借対照表日における時価を基礎とした金額と,当該時価を基礎とした総資産の金額との比較をもって判断することとなります。当該判断を行う際には,賃貸等不動産の貸借対照表日における時価のみならず,総資産に関しても,賃貸等不動産の貸借対照表計上額と時価との差額（含み損益相当額）を勘案する必要があります。

　　この場合における時価を基礎とした金額の把握に当たっては,一定の評価額や適切に市場価格を反映していると考えられる指標を用いることができます。また,建物等の償却性資産については,適正な帳簿価額を用いることが

できます。

　なお，賃貸等不動産の総額の重要性が明らかに乏しいと判断される場合は，貸借対照表日における時価を基礎とした金額による重要性の判断を行わず，注記を省略することができます。

ヘ　賃貸等不動産会計基準の適用開始予定時期について

　企業の受入準備を考慮して，平成22年3月31日以後終了する事業年度の年度末に係る財務諸表から適用されることになります。四半期財務諸表に関しては，原則，翌事業年度から適用されることになります。ただし，当該事業年度以前の事業年度の期首から適用することを妨げないとされています。

　なお，賃貸等不動産会計基準の適用により新たに注記することとなる事項は，会計基準の変更に伴う会計方針の変更には当たらないものとされます。

②　IAS第40号と賃貸等不動産会計基準・賃貸等不動産適用指針の主な相違点

　賃貸等不動産会計基準・賃貸等不動産適用指針は，我が国の会計基準と国際財務報告基準とのコンバージェンスの観点から公表されたものです。しかし，賃貸等不動産会計基準・賃貸等不動産適用指針は我が国固有の会計環境等も勘案して設定されたものであることから，IAS第40号とは一部の内容について，相違が見られます。主な相違点は次のようなものがあげられます。

a　原価評価の採用について

　国際会計基準においては，投資不動産については，時価評価と原価評価の選択適用が認められ，原価評価を採用した場合には，時価等を注記することが求められます。

　一方，我が国の賃貸等不動産会計基準・賃貸等不動産適用指針においては，時価評価の採用は認められず，原価評価を実施した上で時価等の注記をすることが求められます。このように，時価評価が認められるか否かという点で，IAS第40号と賃貸等不動産会計基準・賃貸等不動産適用指針には大きな違いがあ

ります。

b 対象となる不動産の範囲の判断基準について

　時価等の開示対象となる不動産の範囲の判断基準についても，IAS第40号と賃貸等不動産会計基準の間で相違が見られます。

　国際財務報告基準では，投資不動産に関する定義及び例示に従い個々の企業で判断基準を設定して首尾一貫した判断を行い，区分が困難な場合においては当該判断基準の注記を求めています。

　IAS第40号の対象となる不動産として，第三者に利用させることによってキャッシュ・フローの獲得を図る不動産については，当該企業がその利用者に対して提供する付随的なサービスが取引全体の中で重要な場合，物品の製造や販売，サービスの提供，経営管理目的で保有されている不動産と同様に取り扱うものとしています。この際，付随的なサービスの重要性が低い場合としてオフィスビルの借手に提供する保全や営繕のサービスを例示し，その重要性が高い場合としてホテルを所有し運営する際の客に対するサービスを例示していますが，それらを区分する基準は定量的指針も含め詳細には定められていません。

　一方，新基準では，利用者に対する付随的なサービスの重要性を判断基準とすることは実務上容易ではないと考えられること，また，会計処理ではなく時価等の注記を行う開示対象範囲の問題であることから，形式的な区分を重視し，貸借対照表において投資不動産として区分されている不動産や将来の使用が見込まれていない遊休不動産に加え，賃貸されている不動産についても一律に開示対象とすることとしています。

　また，第三者に利用させることによってキャッシュ・フローの獲得を図る不動産と考えられても，例えば，自ら運営しているホテルやゴルフ場等，賃貸されている不動産に該当しないものは開示対象外としています。ただし，不動産がホテルやゴルフ場等として使用されていても，その所有者が第三者に賃貸し第三者が運営業務を行っている場合には，当該所有者にとっては賃貸されている不動産であり開示対象としています。

その結果，賃貸等不動産会計基準における開示対象範囲は，国際財務報告基準を適用した場合と同等又はそれ以上のものになると考えられます。

(3) 設　例

賃貸等不動産会計基準・賃貸等不動産適用指針の適用に伴い開示されることになる賃貸等不動産の時価等に関する事項の開示事例を示します。なお，以下の開示事例はあくまでも賃貸等不動産会計基準・賃貸等不動産適用指針の理解に資するために参考として示すものであるため，記載内容は各企業の実情等に応じて異なることにご留意ください。

（開示例）　賃貸等不動産を管理状況に応じ区分して注記する場合の開示

当社及び一部の子会社は，全国主要都市に賃貸オフィスビルや賃貸商業施設，賃貸マンションを所有しております。これら賃貸等不動産の連結貸借対照表計上額，当期増減額及び時価は次のとおりであります。

（単位：百万円）

用　途	連結貸借対照表計上額			当期末の時価
	前期末残高	当期増減額	当期末残高	
オフィスビル（うち，建設予定の土地）	○○○ (○○○)	○○○ (○○○)	○○○ (○○○)	○○○ (○○○)
商　業　施　設	○○○	○○○	○○○	○○○
マ ン シ ョ ン	○○○	○○○	○○○	○○○
合　　　　計	○○○	○○○	○○○	○○○

（注1）　該当する賃貸等不動産の概要については，「第3　設備の状況」をご覧ください。
（注2）　連結貸借対照表計上額は，取得原価から減価償却累計額及び減損損失累計額を控除した金額であります。
（注3）　当期増減額のうち，主な増加額は次のとおりであります。
　　　　オフィスビル－Xビルの取得（○百万円）及びYビルのリニューアル（○

百万円)
(注4) 当期増減額のうち，主な減少額は次のとおりであります。
オフィスビルー販売用不動産への振替（○百万円）及びZビル売却（○百万円）
(注5) 当期末の時価は，主な物件については社外の不動産鑑定士による不動産鑑定書に基づく金額，その他の物件その他の「不動産鑑定評価基準」に基づいて自社で査定した金額であります。ただし，第三者からの取得時や直近の評価時点から，一定の評価額や適切に市場価格を反映していると考えられる指標に重要な変動が生じていない場合には，当該評価額や指標を用いて調整した金額によっております。また，当期に新規取得したものについては，時価の変動が軽微であると考えられるため，連結貸借対照表計上額をもって時価としております。

また，賃貸等不動産に関する平成×年×月期における損益は次のとおりであります。

(単位：百万円)

用途	連結損益計算書における金額			
	営業収益	営業原価	営業利益	その他損益
オフィスビル	○○○	○○○	○○○	○○○
商業施設	○○○	○○○	○○○	○○○
マンション	○○○	○○○	○○○	○○○
合計	○○○	○○○	○○○	○○○

(注1) 営業収益及び営業原価は，賃貸収益とこれに対応する費用（減価償却費，修繕費，保険料，租税公課等）であり，それぞれ「営業収益」及び「営業原価」に計上されております。
(注2) その他損益は，売却益であり「特別利益」に計上されております。

【参考文献】
・「国際会計の実務【下巻】International GAAP 2007／8」アーンスト・アンド・ヤング・新日本監査法人　レクシスネクシス・ジャパン
・「国際財務報告基準のガイドブック＜第3版＞日本基準との比較と作成実務」あずさ監査法人・KPMG　中央経済社
・「国際財務報告基準の実務＜第3版＞」デロイトトウシュトーマツ　中央経済社
・「EUによる同等性評価の最新動向」小津稚加子　企業会計2008年4月号

8 投資不動産

- 「IFRSとのコンバージェンスをめぐる日本の展望」坂本道美　企業会計2008年4月号
- 「EUによる同等性評価とASBJの対応」西川郁生（企業会計基準委員会委員長）企業会計2008年11月号
- 「EUにおける同等性評価項目に係るASBJの基準開発状況」新井武広（企業会計基準委員会常勤委員）企業会計2008年11月号
- 「賃貸等不動産の時価開示」島田和洋（企業会計基準委員会研究員）企業会計2008年11月号
- 「賃貸等不動産の時価等の開示に関する会計基準(案)及びその適用指針(案)について」島田和洋（企業会計基準委員会研究員）週刊経営財務　平成20年8月4日号

9 金融商品

(1) 基準の概要

① 改正の経緯

近年,金融取引を巡る環境が変化する中で,金融商品の時価情報に対するニーズが拡大していること等を踏まえ,企業会計基準委員会(ASBJ)は,改正企業会計基準第10号「金融商品に関する会計基準」及び企業会計基準適用指針第19号「金融商品の時価等の開示に関する適用指針」を平成20年3月10日に公表しました。これにより,すべての金融商品が原則として時価等の開示対象となりました。

② 改正の内容

改正後の金融商品に関する会計基準における時価等の注記項目は以下の通りとされました。

a 金融商品の状況に関する事項
 イ 金融商品に対する取組方針
 ロ 金融商品の内容及びそのリスク
 ハ 金融商品に係るリスク管理体制
 ニ 金融商品の時価等に関する事項についての補足説明
b 金融商品の時価等に関する事項

③ 適用時期

平成22年3月31日以後終了する事業年度の年度末に係る財務諸表から適用することとされています。ただし、当該事業年度以前の事業年度の期首から適用することもできるとされています。

(2) 基準の詳説

① 時価等の開示対象となる金融商品

開示対象	・金融商品会計基準等が適用されるすべての金融商品
開示対象外	・保険契約や退職給付債務 ・新株予約権など純資産の部に計上されるもの

なお、重要性の乏しいものは注記の省略を省略することができるとされています。また、連結財務諸表において注記している場合には、個別財務諸表において記載することを要しないとされています。

② 注記事項の内容及び開示例

以下、開示例の箇所については企業会計基準適用指針第19号「金融商品の時価等の開示に関する適用指針」の開示例：製造業(2)における該当箇所を記載しております。

a 金融商品の状況に関する事項

イ 金融商品に対する取組方針

(主な記載内容)

金融資産：資金運用方針 金融負債：資金調達方針及びその手段（内容），償還期間の状況等
金融資産と金融負債との間や金融商品と非金融商品との間に重要な関連がある場合には，その概要
金融商品の取扱いが主たる業務である場合には，当該業務の概要

> **(開示例)**
> 　当社グループは，主に××の製造販売事業を行うための設備投資計画に照らして，必要な資金（主に銀行借入や社債発行）を調達しております。一時的な余資は安全性の高い金融資産で運用し，また，短期的な運転資金を銀行借入により調達しております。デリバティブは，後述するリスクを回避するために利用しており，投機的な取引は行わない方針であります。

ロ　金融商品の内容及びそのリスク

（主な記載内容）

（金融商品の内容）取り扱っている主な金融商品の種類及び説明（例えば，有価証券であれば，株式及び債券等，デリバティブ取引であれば先物取引，オプション取引，先渡取引及びスワップ取引等）
（金融商品に係るリスク） ・取引相手先の契約不履行に係るリスク（信用リスク） ・市場価格の変動に係るリスク（市場リスク） ・支払期日に支払いを実行できなくなるリスク（資金調達に係る流動性リスク）

　なお，デリバティブ取引については，取引の内容，取引に係るリスクのほか，取引の利用目的（ヘッジ会計を行っている場合には，ヘッジ手段とヘッジ対象，ヘッジ方針及びヘッジの有効性の評価方法等についての説明を含む）を記載することとされています。

> **(開示例)**
> 　営業債権である受取手形及び売掛金は，顧客の信用リスクに晒されております。また，グローバルに事業を展開していることから生じている外貨建ての営業債権は，為替の変動リスクに晒されていますが，原則として外貨建ての営業債務をネットしたポジションについて先物為替予約を利用してヘッジしております。
> 　有価証券及び投資有価証券は，主に満期保有目的の債券及び取引先企業との業務又は資本提携等に関連する株式であり，市場価格の変動リスクに晒されております。
> 　また，取引先企業等に対し長期貸付を行っております。
> 　営業債務である支払手形及び買掛金は，ほとんど１年以内の支払期日であります。また，その一部には，原料等の輸入に伴う外貨建てのものがあり，為替の変

9 金融商品　263

> 動リスクに晒されていますが，恒常的に同じ外貨建ての売掛金残高の範囲内にあります。
> 　借入金，社債及びファイナンス・リース取引に係るリース債務は，主に設備投資に必要な資金の調達を目的としたものであり，償還日は決算日後，最長で4年半後であります。このうち一部は，変動金利であるため金利の変動リスクに晒されていますが，デリバティブ取引（金利スワップ取引）を利用してヘッジしております。
> 　デリバティブ取引は，外貨建ての営業債権債務に係る為替の変動リスクに対するヘッジ取引を目的とした先物為替予約取引，借入金及び社債に係る支払金利の変動リスクに対するヘッジ取引を目的とした金利スワップ取引であります。なお，ヘッジ会計に関するヘッジ手段とヘッジ対象，ヘッジ方針，ヘッジの有効性の評価方法等については，前述の「会計処理基準に関する事項」に記載されている「重要なヘッジ会計の方法」をご覧下さい。

ハ　金融商品に係るリスク管理体制

（主な記載内容）

> 　リスク管理方針，リスク管理規程及び管理部署の状況，リスクの減殺方法又は測定手続等
> 　特に総資産及び総負債の大部分を占める金融資産及び金融負債の双方が事業目的に照らして重要であり，主要な市場リスクに係るリスク変数（金利や為替，株価等）の変動に対する当該金融資産及び金融負債の感応度が重要な企業は，注記される科目について，次の①又は②の事項を記載することとされています。
> 　①　リスク管理上，市場リスクに関する定量的分析を利用している金融商品：当該分析に基づく定量的情報およびこれに関連する情報（利用状況，算定方法や主な前提条件，これらが前年度と異なる場合にはその旨及び理由等）
> 　②　リスク管理上，市場リスクに関する定量的分析を利用していない金融商品：(a)リスク管理上，市場リスクに関する定量的分析を利用していない旨，(b)リスク変数の変動を合理的な範囲で想定した場合における貸借対照表日の時価の増減額及びこれに関連する情報（算定方法や主な前提条件，これらが前年度と異なる場合にはその旨及び理由等）。当該情報が当該企業の市場リスクの実態を適切に示していないと考えられる場合（例えば，貸借対照表日現在の金融資産又は金融負債に関連する主要な市場リスクが，期中の当該リスクを反映していない場合）には，その旨及びそのように考える理由等）。

(開示例)
① 信用リスク（取引先の契約不履行等に係るリスク）の管理
　当社は，債権管理規程に従い，営業債権及び長期貸付金について，各事業部門における営業管理部が主要な取引先の状況を定期的にモニタリングし，取引相手ごとに期日及び残高を管理するとともに，財務状況等の悪化等による回収懸念の早期把握や軽減を図っております。連結子会社についても，当社の債権管理規程に準じて，同様の管理を行っております。
　満期保有目的の債券は，資金運用管理規程に従い，格付の高い債券のみを対象としているため，信用リスクは僅少であります。
　デリバティブ取引の利用にあたっては，カウンターパーティーリスクを軽減するために，格付の高い金融機関とのみ取引を行っております。
　当期の連結決算日現在における最大信用リスク額は，信用リスクにさらされる金融資産の貸借対照表価額により表わされています。

② 市場リスク（為替や金利等の変動リスク）の管理
　当社及び一部の連結子会社は，外貨建ての営業債権債務について，通貨別月別に把握された為替の変動リスクに対して，原則として先物為替予約を利用してヘッジしております。なお，為替相場の状況により，半年を限度として，輸出に係る予定取引により確実に発生すると見込まれる外貨建営業債権に対する先物為替予約を行っております。また，当社及び一部の連結子会社は，借入金及び社債に係る支払金利の変動リスクを抑制するために，金利スワップ取引を利用しております。
　有価証券及び投資有価証券については，定期的に時価や発行体（取引先企業）の財務状況等を把握し，また，満期保有目的の債券以外のものについては，取引先企業との関係を勘案して保有状況を継続的に見直しております。
　デリバティブ取引につきましては，取引権限や限度額等を定めたデリバティブ取引管理規程に基づき，半年ごとに経営会議で基本方針を承認し，これに従い財務部が取引を行い，経理部において記帳及び契約先と残高照合等を行っております。月次の取引実績は，財務部所管の役員及び経営会議に報告しております。連結子会社についても，当社のデリバティブ取引管理規程に準じて，管理を行っております。

③ 資金調達に係る流動性リスク（支払期日に支払いを実行できなくなるリスク）の管理
　当社は，各部署からの報告に基づき財務部が適時に資金繰り計画を作成・更新するとともに，手許流動性を連結売上高の×か月分相当に維持することなどにより，流動性リスクを管理しております。

ニ 金融商品の時価等に関する事項についての補足説明

（主な記載内容）

　金融商品の時価等に関する重要な前提条件などを記載することとされています。

> （開示例）
> 　金融商品の時価には，市場価格に基づく価額のほか，市場価格がない場合には合理的に算定された価額が含まれております。当該価額の算定においては変動要因を織り込んでいるため，異なる前提条件等を採用することにより，当該価額が変動することもあります。
> 　また，「2.金融商品の時価等に関する事項」におけるデリバティブ取引に関する契約額等については，その金額自体がデリバティブ取引に係る市場リスクを示すものではありません。

b　金融商品の時価等に関する事項

（主な記載事項）

全　般	金融商品に関する貸借対照表の科目ごとに，貸借対照表計上額，貸借対照表日における時価及びその差額並びに当該時価の算定方法を記載します。 （留意事項） ● 有価証券及びデリバティブ取引については，当該有価証券又はデリバティブ取引により生じる正味の債権又は債務等の内容を示す名称を付した科目をもって貸借対照表上に掲記していない場合でも注記します。 ● 貸借対照表上の掲記に関わらず有価証券については，流動資産における項目と固定資産における項目とを合算して注記することができ，デリバティブ取引については，資産項目と負債項目とを合算して注記することができるとされています。 ● 個別財務諸表における子会社株式及び関連会社株式は，子会社株式と関連会社株式にそれぞれ区分して注記します。 ● 金融商品の時価については，金融商品会計基準等に定める時価に基づいて算定するものとし，委託手数料等取引に付随して発生する費用は含めないものとされています。 ● 当座貸越契約及び貸出コミットメントの注記額が資産の総額に対して重要な割合を占め，かつ，契約で示された固定利率で実行され

	る際の時価に重要性がある場合には，その時価及び当該時価の算定方法を注記することが適当とされています。同様に，債務保証契約についても，その注記額が資産の総額に対して重要な割合を占め，かつ，その時価に重要性がある場合には，その時価及び当該時価の算定方法を注記することが適当とされています。 ● ファイナンス・リース取引により認識されたリース債権又はリース債務は，金融資産又は金融負債であり，時価開示の対象とされています。なお，個々のリース資産に重要性が乏しいと認められる場合において通常の賃貸借取引に係る方法に準じて会計処理を行っている場合には，リース債権又はリース投資資産とリース債務は計上されないため，時価開示の対象外とされています。
有価証券	有価証券は，上記の記載事項に加え，保有目的ごとの区分に応じ，次の事項を記載します。 ● 売買目的有価証券は，当期の損益に含まれた評価差額を記載します。 ● 満期保有目的の債券は，当該債券を，債券の種類ごとに貸借対照表日における時価が貸借対照表計上額を超えるもの及び当該時価が当該貸借対照表計上額を超えないものに区分し，当該区分ごとの当該貸借対照表計上額，当該時価及びその差額を注記します。また，当期中に売却したものがある場合には，債券の種類ごとの売却原価，売却額，売却損益及び売却の理由を記載します。 ● その他有価証券は，貸借対照表日における貸借対照表計上額が取得原価又は償却原価を超えるものと超えないものとに区分し，当該区分ごとの取得原価又は償却原価，当該貸借対照表計上額及びその差額を記載します。なお，当該注記に当たって，債券については種類ごとに区分して記載することができます。また，当期中に売却したものがある場合には，売却額，売却益の合計額及び売却損の合計額を注記します。なお，当該注記に当たっては，有価証券の種類（株式及び債券等）ごとに区分して記載します。 ● 当期中に売買目的有価証券，満期保有目的の債券，子会社株式及び関連会社株式並びにその他有価証券の保有目的を変更した場合には，その旨，変更の理由（満期保有目的の債券の保有目的を変更した場合に限る）及び当該変更が財務諸表に与えている影響の内容を記載します。 ● 当期中に有価証券の減損処理を行った場合には，減損処理を行った旨及び減損処理額を記載します。

デリバティブ取引	デリバティブ取引は，上記の記載事項に加え，取引の対象物の種類（通貨，金利，株式，債券及び商品等）ごとに，次の事項を記載します。 ● ヘッジ会計が適用されていないもの 　■ 貸借対照表日における契約額又は契約において定められた元本相当額 　■ 貸借対照表日における時価及び当該時価の算定方法 　■ 貸借対照表日における評価損益 　なお，当該注記に当たっては，①デリバティブ取引の種類（先物取引，オプション取引，先渡取引及びスワップ取引等）による区分，②市場取引とそれ以外の取引の区分，買付約定に係るものと売付約定に係るものの区分，③貸借対照表日から取引の決済日又は契約の終了時までの期間による区分等の区分によりデリバティブ取引の状況が明瞭に示されるように記載します。 ● ヘッジ会計が適用されているもの 　■ 貸借対照表日における契約額又は契約において定められた元本相当額 　■ 貸借対照表日における時価及び当該時価の算定方法 　なお，当該注記に当たっては，ヘッジ会計の方法，デリバティブ取引の種類，ヘッジ対象の内容等の区分により，ヘッジ会計の状況が明瞭に示されるように記載します。 ● 貸借対照表日における時価及び当該時価の算定方法の注記に当たり，金利スワップの特例処理及び為替予約等の振当処理（ただし，予定取引をヘッジ対象としている場合を除く）については，ヘッジ対象と一体として，当該ヘッジ対象の時価に含めて注記することができるとされています。
その他	● 金銭債権及び満期がある有価証券（ただし，売買目的有価証券を除く。）については，償還予定額の合計額を一定の期間に区分した額を記載します。なお，有価証券及び投資有価証券については，その他有価証券及び満期保有目的の債券の別に，それぞれ有価証券の種類ごとに記載します。 ● 社債，長期借入金，リース債務及びその他の有利子負債については，返済予定額の合計額を一定の期間に区分した金額を記載します。 ● 金銭債務については，貸借対照表日における時価の開示に加えて，次の金額のいずれかを開示することができるとされています。 　■ 約定金利に金利水準の変動のみを反映した利子率（貨幣の時間価値だけを反映した無リスクの利子率の変動のみを加味し，企業自身の信用リスクの変化は反映しない利子率）で割り引いた金銭

		債務の金額

- 無リスクの利子率（企業自身の信用リスクの変化は反映しない利子率）で割り引いた金銭債務の金額。ただし，この場合には，当該金額の算定方法及び時価との差額についての適切な補足説明を行うこととされています。
- 時価を把握することが極めて困難と認められるため，時価を注記していない金融商品については，当該金融商品の概要，貸借対照表計上額及びその理由を記載します。
- 四半期財務諸表に関する注記において，前年度末と比較して著しく変動している金融資産又は金融負債に関する次の事項が含まれています。
    - 時価のある満期保有目的の債券については，四半期会計期間末における時価及び四半期貸借対照表計上額とその差額，時価のあるその他有価証券については，有価証券の種類（株式及び債券等）ごとに四半期会計期間末における四半期貸借対照表計上額及び取得原価又は償却原価とその差額
    - デリバティブ取引（ヘッジ会計が適用されているものは除くことができる）については，取引の対象物の種類（主な通貨，金利，株式，債券及び商品等）ごとの契約額又は契約において定められた元本相当額，時価及び評価損益

(開示例)

平成×年×月×日における連結貸借対照表計上額，時価及びこれらの差額については，次のとおりであります。なお，時価を把握することが極めて困難と認められるものは，次表には含めておりません（（注2）を参照ください。）。

(単位：百万円)

	連結貸借対照表計上額	時　価	差　額
(1) 現金及び預金	＊＊＊	＊＊＊	－
(2) 受取手形及び売掛金	＊＊＊	＊＊＊	＊＊＊
(3) 有価証券及び投資有価証券			
① 満期保有目的の債券	＊＊＊	＊＊＊	＊＊＊
② その他有価証券	＊＊＊	＊＊＊	－
(4) 長期貸付金	＊＊＊		
貸倒引当金*1	△＊＊＊		
	＊＊＊	＊＊＊	＊＊＊
資産計	＊＊＊	＊＊＊	＊＊＊
(1) 支払手形及び買掛金	＊＊＊	＊＊＊	＊＊＊
(2) 短期借入金	＊＊＊	＊＊＊	＊＊＊
(3) 社債	＊＊＊	＊＊＊	＊＊＊
(4) 長期借入金	＊＊＊	＊＊＊	＊＊＊
(5) リース債務	＊＊＊	＊＊＊	＊＊＊
負債計	＊＊＊	＊＊＊	＊＊＊
デリバティブ取引*2			
① ヘッジ会計が適用されていないもの	(＊＊＊)	(＊＊＊)	－
② ヘッジ会計が適用されているもの	＊＊＊	＊＊＊	＊＊＊
デリバティブ取引計	＊＊＊	＊＊＊	＊＊＊

＊1　長期貸付金に個別に計上している貸倒引当金を控除しております。
＊2　デリバティブ取引によって生じた正味の債権・債務は純額で表示しており，合計で正味の債務となる項目については，（　）で示しております。

(注1) 金融商品の時価の算定方法並びに有価証券及びデリバティブ取引に関する事項
資　産
(1) 現金及び預金
　預金はすべて短期であるため，時価は帳簿価額と近似していることから，当該帳簿価額によっております。
(2) 受取手形及び売掛金
　これらの時価は，一定の期間ごとに区分した債権ごとに債権額を満期までの期間及び信用リスクを加味した利率により割り引いた現在価値によっております。
(3) 有価証券及び投資有価証券
　これらの時価について，株式は取引所の価格によっており，債券は取引所の価格又は取引金融機関から提示された価格によっております。また，保有目的ごとの有価証券に関する注記事項は以下のとおりであります。
① 満期保有目的の債券における種類ごとの連結貸借対照表計上額，時価及びこれらの差額は，次のとおりであります。なお，当連結会計年度中に売却した満期保有目的の債券はありません。

（単位：百万円）

	種　類	連結貸借対照表計上額	時　価	差　額
時価が連結貸借対照表計上額を超えるもの	(1) 国債・地方債等	＊＊＊	＊＊＊	＊＊＊
	(2) 社　債	＊＊＊	＊＊＊	＊＊＊
	(3) その他	＊＊＊	＊＊＊	＊＊＊
	小　計	＊＊＊	＊＊＊	＊＊＊
時価が連結貸借対照表計上額を超えないもの	(1) 国債・地方債等	＊＊＊	＊＊＊	△＊＊＊
	(2) 社　債	＊＊＊	＊＊＊	△＊＊＊
	(3) その他	＊＊＊	＊＊＊	△＊＊＊
	小　計	＊＊＊	＊＊＊	△＊＊＊
合　計		＊＊＊	＊＊＊	＊＊＊

② その他有価証券の当連結会計年度中の売却額は×××百万円であり，売却益の合計額は×××百万円，売却損の合計額は×××百万円であります。また，その他有価証券において，種類ごとの取得原価又は償却原価，連結貸借対照表計上額及びこれらの差額については，次のとおりであります。

(単位：百万円)

	種　　類	取得原価又は償却原価	連結貸借対照表計上額	差額
連結貸借対照表計上額が取得原価又は償却原価を超えるもの	(1) 株　　式	＊＊＊	＊＊＊	＊＊＊
	(2) 債　　券			
	① 国債・地方債等	＊＊＊	＊＊＊	＊＊＊
	② 社　　債	＊＊＊	＊＊＊	＊＊＊
	③ そ の 他	＊＊＊	＊＊＊	＊＊＊
	(3) そ の 他	＊＊＊	＊＊＊	＊＊＊
	小　　　　計	＊＊＊	＊＊＊	＊＊＊
連結貸借対照表計上額が取得原価又は償却原価を超えないもの	(1) 株　　式	＊＊＊	＊＊＊	△＊＊＊
	(2) 債　　券			
	① 国債・地方債等	＊＊＊	＊＊＊	△＊＊＊
	② 社　　債	＊＊＊	＊＊＊	△＊＊＊
	③ そ の 他	＊＊＊	＊＊＊	△＊＊＊
	(3) そ の 他	＊＊＊	＊＊＊	△＊＊＊
	小　　　　計	＊＊＊	＊＊＊	△＊＊＊
合	計	＊＊＊	＊＊＊	＊＊＊

③　連結会計年度中において保有目的が変更となった株式

　　従来，関連会社株式として保有していた㈱××の株式を，一部売却し，持分法適用の範囲から除外したことにより，当連結会計年度中にその他有価証券に変更しております。この影響は，注記事項の（連結損益計算書関係）の中の持分変動利益に記載のとおりであります。

(4)　長期貸付金

　　当社では，長期貸付金の時価の算定は，一定の期間ごとに分類し，与信管理上の信用リスク区分ごとに，その将来キャッシュ・フローを国債の利回り等適切な指標に信用スプレッドを上乗せした利率で割り引いた現在価値により算定しております。また，貸倒懸念債権については，同様の割引率による見積キャッシュ・フローの割引現在価値，又は，担保及び保証による回収見込額等により，時価を算定しております。なお，一部の連結子会社では，回収可能性を反映した元利金の受取見込額を残存期間に対応する安全性の高い利率で割り引いた現在価値により算定しております。

負　債
(1)　支払手形及び買掛金，並びに(2)短期借入金

　　これらの時価は，一定の期間ごとに区分した債務ごとに，その将来キャッシュ・フローを，返済期日までの期間及び信用リスクを加味した利率で割り引いた現在価値により算定しております。

(3)　社　　　債

　　当社の発行する社債の時価は，市場価格のあるものは市場価格に基づき，市場価格のないものは，元利金の合計額を当該社債の残存期間及び信用リスクを加味した利率で割り引いた現在価値により算定しております。

(4)　長期借入金及び(5)リース債務

　　これらの時価については，元利金の合計額を，新規に同様の借入又は，リース取引を行った場合に想定される利率で割り引いた現在価値により算定しております。

デリバティブ取引

① ヘッジ会計が適用されていないもの

　　ヘッジ会計が適用されていないデリバティブ取引について，取引の対象物の種類ごとの連結決算日における契約額又は契約において定められた元本相当額，時価及び評価損益並びに当該時価の算定方法は，次のとおりであります。

(a)　通貨関連（時価の算定方法は，先物為替相場によっております。）

（単位：百万円）

区　分	デリバティブ取引の種類等	契約額等	うち1年超	時　価	評価損益
市場取引以外の取引	為替予約取引 　売　　建 　　米ドル 　　ユーロ	＊＊＊ ＊＊＊	＊＊＊ ＊＊＊	＊＊＊ ＊＊＊	△＊＊＊ ＊＊＊
合　　　　　計		＊＊＊	＊＊＊	＊＊＊	＊＊＊

(b)　金利関連（時価の算定方法は，取引先金融機関から提示された価格等によっております。）

（単位：百万円）

区　分	デリバティブ取引の種類等	契約額等	うち1年超	時　価	評価損益
市場取引以外の取引	金利スワップ取引 　受取変動・ 　支払固定	＊＊＊	＊＊＊	＊＊＊	＊＊＊
合　　　　　計		＊＊＊	＊＊＊	＊＊＊	＊＊＊

② ヘッジ会計が適用されているもの

　ヘッジ会計が適用されているデリバティブ取引について，ヘッジ会計の方法ごとの連結決算日における契約額又は契約において定められた元本相当額等は，次のとおりであります。

（単位：百万円）

ヘッジ会計の方法	デリバティブ取引の種類等	主なヘッジ対象	契約額等	うち1年超	時価	当該時価の算定方法
原則的処理方法	金利スワップ取引　支払固定・受取変動	長期借入金・社債	＊＊＊	＊＊＊	＊＊＊	取引先金融機関から提示された価格等によっている。
金利スワップの特例処理	金利スワップ取引支払　固定支払・受取変動	長期借入金	＊＊＊	＊＊＊	＊＊＊	
為替予約等の振当処理	為替予約取引　売建　　米ドル　　ユーロ	売掛金	＊＊＊ ＊＊＊	＊＊＊ ＊＊＊	＊＊＊ ＊＊＊	先物為替相場によっている。
合計			＊＊＊	＊＊＊	＊＊＊	

（注2）　時価を把握することが極めて困難と認められる金融商品

（単位：百万円）

区分	連結貸借対照表計上額
非上場株式	＊＊＊

　これらについては，市場価格がなく，かつ，将来キャッシュ・フローを見積るには過大なコストを要すると見込まれます。したがって，時価を把握することが極めて困難と認められるものであるため，「資産(3)②その他有価証券」には含めておりません。

(注3) 金銭債権及び満期がある有価証券の連結決算日後の償還予定額

(単位:百万円)

	1年以内	1年超 5年以内	5年超 10年以内	10年超
現金及び預金	＊＊＊	－	－	－
受取手形及び売掛金	＊＊＊	＊＊＊	－	－
有価証券及び投資有価証券				
満期保有目的の債券	＊＊＊	＊＊＊	＊＊＊	＊＊＊
その他有価証券のうち満期があるもの	＊＊＊	＊＊＊	＊＊＊	－
長期貸付金	＊＊＊	＊＊＊	＊＊＊	－
合　　　　計	＊＊＊	＊＊＊	＊＊＊	＊＊＊

(注4) 社債,長期借入金,リース債務及びその他の有利子負債の連結決算日後の返済予定額
　　　連結附属明細表「社債明細表」及び「借入金等明細表」を参照ください。

10 退職給付に係る会計基準の一部改正（その3）

(1) 基準の概要

　退職給付債務の計算における割引率の取扱い等の相違の論点はCESRが提案していた補正措置項目に含まれており，プロジェクト計画表において，「EUによる同等性評価に関連するプロジェクト項目（短期）」に位置づけられていました。

　日本基準の現行実務では，退職給付会計基準注解（注6）のなお書きの定めを利用して過去5年間の債券の利回りの平均値を割引率として使用することが広く行われています。

　これに対して，IAS第19号ではこのような利回りの補正は認められず，割引率の設定方法に関して，貸借対照表日における優良社債の市場利回りを参照して割引率を決定することが要求されています。日本基準においてなお書きの方法で割引率を決定した場合，同一状況下においてもIASと日本基準で割引率が相違することとなります。そのため，利回り補正については，国際的な会計基準と日本基準の相違点として指摘されていました。

　ASBJは平成20年7月に企業会計基準第19号「『退職給付に係る会計基準』の一部改正（その3）」（以下，「改正基準（その3）」という）を公表しました。今回の改正を受けて，退職給付債務の計算に使用する割引率については，一定期間の債券の利回りの変動を考慮して決定することができるという定めが削除され，日本基準においても「期末における」利回りを基礎として割引率を決定することになりました。これにより，利回り補正ルールに関する国際的な会計

基準と日本基準の差異は解消されています。

(2) 基準の詳説

① 改正基準（その3）による変更点

退職給付債務の計算における割引率の取扱いについては、「退職給付に係る会計基準注解」（注6）の定めが以下の図表のように改正されています（下線部が改正点を示しています）。この改正により、退職給付会計基準注解（注6）にあったなお書きが削除され、割引率は「期末における」利回りを基礎とすることが明示されています（改正基準（その3）2項参照）。

改　正　前	改　正　後
退職給付に係る会計基準注解 （注6）　安全性の高い長期の債券について 　割引率の基礎とする安全性の高い長期の債券の利回りとは、期末における長期の国債、政府機関債及び優良社債の利回りをいう。(削除)	退職給付に係る会計基準注解 （注6）　安全性の高い長期の債券について 　割引率の基礎とする安全性の高い長期の債券の利回りとは、長期の国債、政府機関債及び優良社債の利回りをいう。なお、割引率は、一定期間の債券の利回りの変動を考慮して決定することができる。

② ASBJによる改正の考え方

ASBJでは、国際的な会計基準とのコンバージェンスを推進する観点も踏まえ、一定期間の利回りの変動を考慮して決定される割引率が期末における市場利回りを基礎として決定される割引率よりも信頼性があると合理的に説明することは通常困難であると考えられることから、原則的な考え方をより重視して、退職給付会計基準注解（注6）の改正をしました。

③ 改正基準（その3）の適用時期等
a 適用時期

本会計基準は，平成21年4月1日以後開始する事業年度の年度末に係る財務諸表から適用することとされています。ただし，平成21年3月31日以前に開始する事業年度の年度末に係る財務諸表から適用することができます（改正基準（その3）第3項）。

b 適用初年度の会計処理及び注記
イ 適用初年度における差額の会計処理

改正基準（その3）の適用初年度の年度末においては，本会計基準の適用に伴い発生する退職給付債務の差額は，当該事業年度に発生した数理計算上の差異に含めて，企業の採用する数理計算上の差異の処理年数及び処理方法に従って処理することとされています（改正基準（その3）4項）。

ロ 適用初年度における注記事項（会計方針の変更）

改正基準（その3）の適用に伴い発生する退職給付債務の差額は，重要性が乏しい場合を除き，会計方針の変更が財務諸表に与えている影響として注記することが要求されています。この場合，当該差額に関わる適用初年度の費用処理額及び未処理残高をそれぞれ注記することになります（改正基準（その3）4項なお書）。

ハ 適用初年度の会計処理及び注記に関する留意点

適用初年度の会計処理及び注記に当たっては，以下の点に留意する必要があります。

- 改正基準（その3）の適用により従来と異なる割引率を用いることとなる場合，それぞれの割引率を用いて計算した適用初年度の年度末における退職給付債務の差額が財務諸表に与えている影響額となります（改正基準（その3）17項）。
- 影響額については，会計基準変更時差異のように区分はせず，当該事業年度に発生した数理計算上の差異に含めて取り扱うこととされています

(改正基準（その３）17項）。

- 数理計算上の差異について当期の発生額を翌期から費用処理する方法を採用していることにより当期の損益計算書に影響を与えない場合であっても，未認識数理計算上の差異に影響を与えるときには，重要性が乏しい場合を除いて，当該影響額を注記しなければなりません（改正基準（その３）18項）。
- 割引率の決定方法を変更しても，結果として従来と同一の割引率を使用することとなる場合，会計方針の変更に該当するものの，それによる財務諸表への影響がないものとして取り扱います（改正基準（その３）19項）。

【参考文献】
・「『プロジェクト計画表』の更新と今後の課題」　秋葉賢一　税務研究会　週刊経営財務　No. 2889（平成20年10月）
・「IFRS財務諸表への組替実務（第２版）」　監査法人トーマツ　IFRSサービスセンター編　平成20年９月
・「2008－2010　新会計基準の実務」　阿部光成・岩尾健太郎・大中康宏・金子裕子・草野和彦・波多野直子・古内和明・又邊崇・湯川喜雄・和久友子　中央経済社　平成20年11月
・解説―企業会計基準第19号「『退職給付会計に係る会計基準』の一部改正（その３）」　中根正文　会計・監査ジャーナル　No.639　OCT. 2008（平成20年10月）

11 無形資産（仕掛研究開発）

(1) 基準の概要

　無形資産の論点のうち仕掛研究開発についてはプロジェクト計画表において，「EUによる同等性評価に関連するプロジェクト項目（短期）」に位置づけられていました。

　国際的な会計基準においては，企業結合で取得した仕掛研究開発に関して，企業結合日の公正価値に基づいて資産計上することが要求されています。これに対して，改正前の日本基準においては取得時に費用計上する取扱いがされていました。

　ASBJでは平成19年12月に，無形資産の会計処理のうち自社開発及び仕掛研究開発の取扱いについて，「研究開発費に関する論点の整理」を公表しています。このうち企業結合により被取得企業から受け入れた仕掛研究開発については，企業結合会計の見直しに係る事項として検討してきたうえ，これらの会計基準等の見直しに関する最終基準が平成20年12月に公表されています。

　今回の改正を受けて，日本基準においても企業結合により受け入れた研究開発の途中段階の成果が識別可能の要件を満たす場合については無形資産として計上することになりました。したがって，この改正により仕掛研究開発に関する国際的な会計基準と日本基準の差異は解消されています。

(2) 基準の詳説

① 平成20年改正企業結合会計基準等による改正点

今回の改正においては,「企業結合に関する会計基準」(以下,「企業結合会計基準」という),「企業結合会計基準及び事業分離等会計基準に関する適用指針」(以下,「企業結合分離適用指針」という)及び「『研究開発費等に係る会計基準』の一部改正」(以下,「研究開発費等会計基準の一部改正」という)の3つの会計基準等について,企業結合により受け入れた研究開発の途中段階の成果の会計処理等に関連する改正がされており,内容は以下のとおりです。

a 仕掛研究開発の取得時費用処理の廃止

現行の企業結合会計基準においては,取得対価の一部を研究開発費等に配分した場合には,当該金額を配分時に費用処理することが定められていました。しかし,今回の改正により当該定めは削除されています(企業結合会計基準30項)。

b 無形資産に計上された仕掛研究開発の償却

企業結合により受け入れた研究開発の途中段階の成果を無形資産として識別した場合には,当該資産は企業のその後の使用実態に基づき,有効期間にわたって償却処理されることとなりますが,その研究開発が完成するまでは,当該無形資産の有効期間は開始しない点に留意するとされています(企業結合分離適用指針367-3項)。

なお,この取扱いは平成19年12月公表の「研究開発費に関する論点の整理」85項の考え方と整合するものであると考えられます。具体的には,仕掛研究開発がその後の関連する社内研究開発の成果と相俟って初めて生産活動や販売目的に利用できるとしても,それぞれを独立の生産要素とみて,直接生産活動等に利用されるとみれば,仕掛研究開発は,生産活動等への利用開始時点からその経済的効果の及ぶ期間にわたって規則的に償却することになると考えられています。

c　研究開発費等会計基準の適用範囲の改正

　ａの改正に併せて,「研究開発費等に係る会計基準」(以下,「研究開発費等会計基準」という)の「六　適用範囲」についても見直しを行い,企業結合により被取得企業から受け入れた資産(受注制作,市場販売目的及び自社利用のソフトウェアを除く)については研究開発費等会計基準を適用しない旨の定めが追加されました(研究開発費等会計基準の一部改正2項)。

d　被取得企業から受け入れた識別可能な無形資産

　従来,被取得企業から受け入れた資産に識別可能な無形資産が含まれる場合には,取得原価を当該無形資産等に配分することができるとの容認規定が設けられていました。これに対して,今回の改正では,当該無形資産が企業結合における対価計算の基礎に含められていた場合のように,分離して識別可能なものであれば,原則として識別して資産計上することが求められています(企業結合会計基準28項及び29項参照,100項)。

e　分離して識別可能な無形資産に関する留意点

　分離して譲渡可能な無形資産であるか否かは,対象となる無形資産の実態に基づいて判断すべきですが,例えば,ソフトウェア,顧客リスト,特許で保護されていない技術,データベース,研究開発活動の途中段階の成果(最終段階にあるものに限らない)等についても分離して譲渡可能なものがある点に留意する必要があります(企業結合分離適用指針367項)。

②　ＡＳＢＪによる改正の考え方

　国際的な会計基準においては,研究開発費の取扱いとの整合性よりも,企業結合により受け入れた他の資産の取扱いとの整合性をより重視して,識別可能性の要件を満たす限り,その企業結合日における時価に基づいて資産として計上することが求められています。この取扱いによれば,価値のある成果を受け入れたという実態を財務諸表に反映することになると考えられるため,企業結合の取得対価の一部を研究開発費等に配分して費用処理する会計処理を廃止す

ることとしています（企業結合会計基準101項）。

　また，この改正と併せて，企業結合により被取得企業から受け入れた資産については，受注制作，市場販売目的及び自社利用のソフトウェアに係る会計処理を除き，研究開発費等会計基準の定めの例外的な取扱いとすることが適当であると考えられます。このため，ASBJは，研究開発費等会計基準の「六　適用範囲」についても改正しています（研究開発費等会計基準の一部改正6項）。

③　研究開発費会計基準の一部改正の適用時期等

a　適用時期

　上記①の改正は，平成22年4月1日以後実施される企業結合及び事業分離等から適用されます（研究開発費等会計基準の一部改正3項）。

　ただし，これらの改正は，平成20年改正の企業結合会計基準等と併せて，平成21年4月1日以後開始する事業年度において最初に実施される企業結合及び事業分離等から適用することができるとされています。

b　遡及的な処理について

　上記①の改正会計基準の適用前に実施された企業結合に係る従前の取扱いは，改正会計基準の適用後においても継続し，改正会計基準の適用日における会計処理の見直し及び遡及的な処理は行わないとされています（研究開発費等会計基準の一部改正3項）。

【参考文献】
・「『プロジェクト計画表』の更新と今後の課題」　秋葉賢一　税務研究会　週刊経営財務　No. 2889（平成20年10月）
・「IFRS財務諸表への組替実務（第2版）」　監査法人トーマツ　IFRSサービスセンター編　平成20年9月
・「2008－2010　新会計基準の実務」　阿部光成・岩尾健太郎・大中康宏・金子裕子・草野和彦・波多野直子・古内和明・又邊崇・湯川喜雄・和久友子　中央経済社　平成20年11月

12 企業結合

(1) 基準の概要

　企業結合に関する統一的な会計処理の基準については，平成15年10月の「企業結合に係る会計基準」（以下，「企業結合会計基準」という）（企業会計審議会），平成17年12月の「事業分離に係る会計基準」「企業結合会計基準及び事業分離等会計基準に関する適用指針」（企業会計基準委員会）に基づき，平成18年4月以降開始する事業年度から適用されてきました。

　今般の国際的な会計基準との整合性を図るためのプロジェクトでは，下記の事項が検討された結果，上記の会計基準・適用指針のほか，「連結財務諸表に関する会計基準」（以下，「連結会計基準」という）等の会計基準の変更も行われました。

(1) 持分プーリング法の取扱い
(2) 株式を対価とする場合の対価の測定日
(3) 負ののれんの会計処理
(4) 少数株主持分の測定
(5) 段階取得における会計処理
(6) 外貨建のれんの換算方法

　なお，以下の内容は，平成22年4月1日以後実施される企業結合等から適用することになっています。ただし，平成21年4月1日以後実施される企業結合等から適用すること（早期適用）ができるとされています。

① 持分プーリング法の取扱い

我が国の企業結合会計基準では，企業結合の経済的実態に応じてパーチェス法と持分プーリング法が使い分けられていましたが，国際的な会計基準との統合を図るべく，持分プーリング法は廃止され（共同支配企業の形成及び共通支配下の取引以外の企業結合につき）パーチェス法で処理するように統一されました。

なお，持分プーリング法の廃止に際しては，従来の「持分の結合」に該当するような企業結合が発生した場合に（共同支配企業の形成に該当する場合を除いて），実務上，いずれの結合当事企業が取得企業となるかを決定しなければならないため，取得企業の決定方法について改正がなされました。また，逆取得や共同支配企業の形成に係わる会計処理も調整が行われました。

② 株式を対価とする場合の対価の測定日

株式交換等により市場価格のある取得企業等の株式が取得の対価として交付される場合に，我が国の企業結合会計基準では，取得の対価となる財の時価は，原則として，その企業結合の主要条件が合意され公表された日前の合理的な期間の株価を基礎にして算定するものとされていました。これについても，国際的な会計基準に合わせ，取得日（企業結合日）における時価を基礎として算定するように変更されました。

③ 負ののれんの会計処理

負ののれんが発生した場合の取扱いとして，我が国の企業結合会計基準では，正ののれんと同様に20年以内の期間で規則的な償却を行うという方法が採用されてきました。これについても，国際的な会計基準に合わせ，その負ののれんが生じた事業年度の利益として処理するよう変更されました。

④　少数株主持分の測定

　少数株主持分は，連結貸借対照表の作成に当たり，子会社の資本に対する少数株主の持分割合によって測定されますが，子会社の資本算定の前提となる資産及び負債の評価方法として，我が国の連結会計基準では，部分時価評価法と全面時価評価法のいずれかによるとされていました。

　これについても，国際的な会計基準に合わせ，全面時価評価法により評価することに統一されました。

⑤　段階取得における会計処理

　特定企業の支配を複数の取引により取得した場合の被取得企業株式の取得原価について，我が国の会計基準では，過去から支配獲得時までの個々の取引合計額である株式の累積原価によるものとされてきました。

　これについても，国際的な会計基準に合わせ，連結会計上，子会社に対する投資の金額は支配獲得日における時価で算定のうえ，支配を獲得するに至った累積原価との差額は，当期の段階取得に係る損益として認識するように変更されました。

⑥　外貨建のれんの換算方法

　在外子会社の取得により生じた外貨建のれんを決算日に本邦通貨に換算する場合に，我が国の会計基準では，親会社の投資と子会社の資本の相殺消去の結果生じるものであるとして，発生時の為替相場で換算するとされていました。これについても，国際的な会計基準に合わせ，決算日の為替相場で換算するように変更されました。

　この変更により，のれんの残高と償却額，さらには為替換算調整勘定計上額に相違が生ずることになりました。

<改正事項の比較表>

項　目	従来の会計基準	改正の内容
持分プーリング法の取扱い	企業結合の経済的実態に応じてパーチェス法と持分プーリング法とを使い分ける	持分プーリング法は廃止のうえ，パーチェス法に統一
株式を対価とする場合の対価の測定日	原則として，その企業結合の主要条件が合意され公表された日前の合理的な期間の株価を基礎にして算定する	取得日（企業結合日）における時価を基礎として算定するように変更
負ののれんの会計処理	正ののれんと同様に，20年以内の期間で規則的な償却を行う	負ののれんが生じた事業年度の利益として処理する
少数株主持分の測定	部分時価評価法と全面時価評価法のいずれかによる	全面時価評価法の取扱いに統一
段階取得での会計処理	過去から支配獲得時までの個々の取引合計額としての，株式の累積原価による	取得日（企業結合日）の時価を基礎として算定するように変更
外貨建のれんの換算方法	発生時の為替相場で換算する	決算日の為替相場で換算するように変更

(2) 基準の詳説

① 持分プーリング法の取扱い

　企業結合の会計処理として，我が国の企業結合会計基準では，企業結合の経済的実態に対応した適切な会計処理方法を適用する必要があるとの考え方に立ち，持分プーリング法とパーチェス法とが使い分けられてきました。その企業結合の経済的実態が「取得」と判定された場合にはパーチェス法により，「持分の結合」と判定された場合には持分プーリング法により処理することとされていました。一方,国際的な会計基準では,すべての企業結合についてパーチェス法を適用するものとされ，持分プーリング法の適用は認められていません。

我が国の会計基準でも,「取得」に対してパーチェス法を適用するのは,ある企業が他の企業の支配を獲得することになるという経済的実態を重視したものといえます。

　企業結合の多くは実質的にはいずれかの結合当事企業による新規の投資と同じであり,交付する現金及び株式等の投資額を取得価額として他の結合当事企業から受け入れる資産及び負債を評価する点において,一般的な購入取引の会計処理と整合するわけです。

　一方,「持分の結合」に対して持分プーリング法を適用するのは,いずれの結合当事企業も他の結合当事企業に対する支配を獲得したとは合理的に判断できないという経済的実態を重視したものといえます。

　それは,結合後企業のリスクや便益を引き続き相互に共有すべく,それぞれの事業等のすべてを統合して1つの報告単位となることであり,会計処理に当たっては,対応する資産及び負債を帳簿価額で引き継ぐという方法を適用していました。いずれの結合当事企業の持分の継続も断たれておらず,企業結合によって投資のリスクが変質しても,その変質によって個々の投資のリターンは実現していないと考えられたためです。

　これに対し,国際的な会計基準では,「持分の結合」に該当するような企業結合が存在し得ることは理解されつつも,そのようなケースは少なく,また,経営者の裁量が働く可能性があり濫用の危険が高いということで,持分プーリング法が廃止された経緯があります。

　持分プーリング法は,「持分の結合」という我が国特有の経済的実態に適合した会計処理とも考えられますが,我が国の会計基準と国際的な会計基準の間の差異の象徴的な存在として取り上げられることが多く,我が国の会計基準への国際的な評価面でも大きな障害になっており,また,我が国企業の海外での資金調達や我が国の資本市場等にも影響を及ぼすと考えられました。

　このため,持分プーリング法は国際的な会計基準に合わせ廃止されることになりました。結果として,共同支配企業の形成及び共通支配下の取引以外の企

業結合はすべて「取得」に当たるとして，パーチェス法を適用することとされました。

また，持分プーリング法を廃止した場合に，従来の「持分の結合」に該当するような企業結合が発生した際にも，いずれかの結合当事企業を取得企業として決定しなければならず，実務上それらが困難な場合の対応として，以下の通り取扱いが整備されました。

また，同様に，持分プーリング法に準じた処理方法を適用するとされていた，逆取得での個別財務諸表上の取扱いや共同支配企業の形成に係る会計処理の取扱いについても調整が図られました。

a 取得企業の決定が困難な場合の取扱い

取得企業の決定は，「取得」と「持分の結合」とを識別する規準と整合した形で行うことになっていましたが，持分プーリング法の廃止に伴い，従来の識別規準では取得企業を決定することが困難な場合もありうるため，すでに持分プーリング法が廃止されている国際的な会計基準の考え方を踏まえ見直されました。

被取得企業の支配を獲得することとなる取得企業を決定するために，まず，連結会計基準の考え方を用います。連結会計基準に従って，他の結合当事企業を支配することが明確である場合には，原則として，その企業が取得企業となります。

そのうえで，逆取得の場合も含め，連結会計基準の考え方によっては，どの結合当事企業が取得企業となるかが明確ではない場合には，次のそれぞれの要素を考慮して取得企業を決定することになります。

イ 主な対価の種類として，現金あるいは他の資産を引き渡す又は負債を引き受けることとなる企業結合の場合には，一般に，当該現金あるいは他の資産を引き渡す又は負債を引き受ける企業が取得企業となります。

ロ 主な対価の種類が株式等である企業結合の場合には，一般に，当該株式を交付する企業が取得企業となります。ただし，必ずしも株式を交付した企業

が取得企業にならないとき（逆取得）もあるため，対価の種類が株式である場合の取得企業の決定に当たっては，次のような要素を総合的に勘案します（「取得」と「持分の結合」とを識別する規準と整合した形で行うことになっていた従来の考え方のように，判断基準に優先順位をつけることはしません）。

i 総体としての株主が占める相対的な議決権比率の大きさ

　ある結合当事企業の総体としての株主が，結合後企業の議決権比率のうち最も大きい割合を占める場合には，一般に，その結合当事企業が取得企業となります。

　結合後企業の議決権比率を勘案するに当たっては，議決権の内容や自社株式オプションなどの潜在的な議決権についても考慮します。

ii 最も大きな議決権比率を有する株主の存在

　結合当事企業の株主のうち，ある株主が，結合後企業の議決権を過半には至らないものの最も大きな割合をもっている場合であって，その株主以外には重要な議決権比率を有していないときには，一般にはその株主のいた結合当事企業が取得企業となります。

iii 取締役等を選解任できる株主の存在

　結合当事企業の株主のうち，ある株主が，結合後企業の取締役会その他これに準ずる機関（重要な経営事項の意思決定機関）の構成員の過半数を選任又は解任できる場合には，一般に，その株主のいた結合当事企業が取得企業となります。

iv 取締役会等の構成

　結合当事企業の役員あるいは従業員である者又はこれらであった者が，結合後企業の取締役会その他これに準ずる機関（重要な経営事項の意思決定機関）を事実上支配する場合には，一般に，その役員又は従業員のいた結合当事企業が取得企業となります。

V　株式の交換条件

　　ある結合当事企業が他の結合当事企業の企業結合前における株式の時価を超えるプレミアムを支払う場合には，一般に，そのプレミアムを支払った結合当事企業が取得企業となります。

ハ　結合当事企業のうち，いずれかの企業の相対的な規模（例えば，総資産額，売上高あるいは純利益）が著しく大きい場合には，一般に，その相対的な規模の大きい企業が取得企業となります。

ニ　結合当事企業が3社以上である場合の取得企業の決定に当たっては，ハに加えて，いずれの企業がその企業結合を最初に提案したかについても考慮します。

b　逆取得又は共同支配企業の形成に係る会計処理

　吸収合併による企業結合であって取得企業が存続会社と異なる場合（逆取得）に，存続会社の個別財務諸表では持分プーリング法に準じた処理を行う（ただし，連結財務諸表上の取扱いは一般と同様）ことになっていました。

　また，共同支配企業が形成された場合も同様に，持分プーリング法に準じた処理を行うことになっていました。

　改正により，持分プーリング法は適用しないことになったものの，上記のような場合に「持分の結合」の考え方は引き継いでおり，逆取得での個別財務諸表には消滅会社の資産及び負債を合併直前の適正な帳簿価額で引き継ぐとともに，パーチェス法に応じた所定の注記を行うことになりました。

　また，持分プーリング法が廃止されても，共同支配企業の形成の会計処理までも否定するものではなく，また，国際的な会計基準でも同様の取扱いとなっているため，資産及び負債は従来と同様に帳簿価額で引き継ぐことになります。

② 株式を対価とする場合の対価の測定日

　株式交換等による取得を行い，市場価格のある取得企業株式を対価として交付した場合に，いつの時点の株価をもって取得原価を算定すべきかという問題

に際し，我が国の企業結合会計基準では，原則として，その企業結合の主要条件が合意され公表された日前の合理的な期間の株価を基礎にして算定するものとされていました。そのうえで，企業結合の合意公表日後，企業結合日までに，株式の交換比率や現金支払額等が変更された場合には，当該変更公表日の価額により取得の対価を改めて算定することとされていました。

結合当事企業は，お互いの本来の事業価値等を適切に反映した結果として，交換比率等の条件の合意に至っているのが通常であり，また，そのような合意内容が公表された後の株価変動には被取得企業の本来の事業価値とは必ずしも関係しない種々の影響が混在している可能性もあると考えられることから，原則として，企業結合の主要条件が合意されて公表された日（合意公表日）前の合理的な期間の株価を基礎に算定することとしていたものと思われます。

一方，国際的な会計基準では，取得日（企業結合日）の時価により算定することになっています。

企業結合の主要条件に関する合意の公表は，取得企業が株式を発行するという義務を負うことがあげられますが，合意公表をしたとしても，その後，株主総会の承認やその他の手続が必要である（実務上も，株主総会での否決・修正や合意条件の見直し事例が出てきている）ことを踏まえると，取得企業は必ずしも合意公表日において，そのような義務に拘束されているとはいえないと考えられます。また，従来の我が国の企業結合会計基準では，株式以外の財産を引き渡した場合は企業結合日の時価で測定するものの，株式の交付の場合のみ合意公表日の株価で測定するのは整合的でないとも考えられていました。また，合意公表日と企業結合日との間に重要な変化があった場合には，合意公表日後においてその条件が見直される可能性も残されており，合意公表日では未だ取得原価は確定していないとも考えられるためです。

以上を踏まえ，市場価格のある取得企業等の株式を取得の対価として交付する場合の対価の測定については，国際的な会計基準に合わせ，原則として，取得日（企業結合日）の株価を基礎にして算定するように変更されました。

③ 負ののれんの会計処理

負ののれんについては，その発生原因に対応した会計処理を行うことが考えられるものの，想定される発生原因に合理性を見出すことは困難な場合が多いため，我が国の企業結合会計基準では，正ののれんと同様，原則として20年以内の取得の実態に基づいた適切な期間で規則的に償却することとされてきました。

この場合の発生原因に対応した会計処理を行う方法には，企業結合によって受け入れた非流動資産に負ののれんを比例的に配分（識別可能資産の取得原価を決定）し，残額が生じれば繰延利益若しくは発生時の利益として計上する方法，又は，全額を認識不能な債務やバーゲン・パーチェスとみなし，発生時に利益計上する方法等が含まれます。このうち，バーゲン・パーチェスとみなす方法は，売却側に当該事業を時価よりも低い価格で処分せざるを得ないという通常の状況下では起こりえない理由がある場合に発生する差額とする考え方です。

国際的な会計基準では，負ののれんは発生原因が特定できないものを含む算定上の差額として，すべて取得日の利益として処理することになっています。正ののれんは資産として計上されるべき要件を満たしているものの，負ののれんは負債として計上されるべき要件を満たしていないとの考え方によるものと思われます。

負ののれんについては，上記の理由から，国際的な会計基準に合わせ変更されました。ただし，負ののれんが生じると見込まれる場合に，取得企業は，すべての識別可能資産及び負債（取得後に発生が予測される費用又は損失で，その発生の可能性が対価の算定に反映・認識されている負債を含む）が把握されているか，またそれらに対する取得原価の配分が適切に行われているかどうかを見直すことが必要です。この見直しによっても，なお，取得価額が受入れた資産や引受けた負債に配分された純額を下回る場合には，その不足額を発生した事業年度の利益として処理（表示上は特別利益）することになります。

④ **少数株主持分の測定**

　少数株主持分は，連結貸借対照表の作成に当たって，子会社の資本のうち少数株主に帰属する部分として測定されますが，子会社の資本算定の前提となる子会社の資産及び負債の時価評価方法について，我が国の連結会計基準では，（企業結合ごとに）部分時価評価法と全面時価評価法との選択適用が認められていました。

　これについても，国際的な会計基準に合わせ，すべて全面時価評価法により評価しなければならないとされました。

　部分時価評価法とは，子会社の資産及び負債のうち，親会社の持分に相当する部分については株式の取得日ごとにその取得日の時価により評価し，少数株主持分に相当する部分については子会社の個別貸借対照表上の金額により評価する方法です。親会社持分を重視する考え方で，我が国の連結決算での実務慣行として長きにわたり行われてきた方法です。

　一方，全面時価評価法とは，子会社の資産及び負債のすべてを，支配獲得日における時価により評価する方法です。全面時価評価法の場合には評価差額も少数株主持分に反映されることになりますが，部分時価評価法の場合には子会社の資産及び負債の評価差額が少数株主持分に反映されないことになります。国際的な会計基準では，少数株主持分の時価を直接測定することを原則としていたことから，全面時価評価法に統一されました。なお，変更に当たっては，部分時価評価法を採用している企業は現在ではわずかであること，また，子会社株式を現金以外の対価（例えば，自己社株式）で取得することを想定した我が国の企業結合会計基準では全面時価評価法のみが認められていたこと等も，根拠とされました。

⑤ **段階取得における会計処理**

　ある企業への投資を複数の取引により段階的に行うことで当該企業に対する支配の獲得に至る（段階取得）場合の取得原価の測定方法について，我が国の

294　第4章　公表された項目についての詳説

会計基準では，過去から取得している株式の累積原価，すなわち，取得企業が支配を獲得するに至った個々の取引ごとの取得原価の合計額によるものとされていました。これは，取得原価主義の考え方に基づくものであり，また，購入取引からは原則として損益は生じないとする一般的な考え方と整合するものでした。

一方，国際的な会計基準での取扱いでは，段階的に取得し企業結合が行われた場合，取得企業は，以前から所有していた被取得企業の持分も加えた支配獲得日の時価によって再評価し，その時価と累積原価との差額は当期の損益として認識することになっています。これは，支配の獲得という事実が，過去に所有していた投資の実態あるいは本質を大きく変えたとみなし，いったん投資が清算され，改めてその時点の時価（当該企業を取得するために必要な額）による投資が行われたと考えることによるものとされています。

以上を踏まえ，段階取得による連結会計上の子会社投資金額は，国際的な会計基準に合わせ，支配獲得日における時価で算定のうえ，それまでの投資に係る累積原価との差額を当期の段階取得に係る損益として認識するように変更されました。

⑥　外貨建のれんの換算方法

在外子会社の取得により発生した外貨建のれんを決算日において本邦通貨に換算する場合，発生時の為替相場によるか，決算日の為替相場によるかによって，のれんの金額及び償却額，さらには，為替換算調整勘定の計上額に相違が生ずることになります。

これについて，我が国の会計基準では，外貨建のれんは発生時の為替相場で換算することとされていました。連結決算での，親会社の投資と子会社の資本との相殺消去に当たって，子会社に対する投資から発生するのれんは既に親会社の通貨である円貨額で固定されているため，のれんの残高及び償却額は，為替相場の変動による影響を受けるべきではないとの考え方によるものと思われ

ます。

　一方，国際的な会計基準では，在外子会社の取得により生じるのれんは在外子会社の資産として，在外子会社の機能通貨で表わされ，決算日の為替相場で換算することとされます。外貨建のれんを換算する際にいずれの為替相場を適用するべきかについては，そののれんが在外子会社の資産の一部と考えるか，親会社の資産の一部と考えるかによって異なってくるものと考えられます。国際的な会計基準では，外貨建のれんは在外子会社の資産であり，その主要な部分は，実質的に個別の認識要件を満たさない無形資産と考えられるため，在外子会社の他の資産，特に無形資産と同じ会計処理によるべきであるとされます。以上を踏まえ，外貨建のれんの換算にあたっては，国際的な会計基準にあわせ，決算日の為替相場により換算することに変更されました。純資産額を超える何らかの価値に対して支払われたのれんを被取得企業の有する超過収益力と考えるならば，外貨建のれんについても，被取得企業の有する他の資産と同様に，決算日の為替相場により換算することになったわけです。

(3) 税務上の取扱い

　組織再編に係る税務上の取扱いとして，法人がその有する資産を他に移転する場合には移転資産の時価取引として譲渡損益を計上するのが原則であり，組織再編により資産を移転する場合も例外ではないとされています。ただし，組織再編により資産を移転する前後で経済的に実質的な変更がない場合，すなわち移転資産に対する支配が再編後も継続していると認められる場合には，移転資産の譲渡損益の計上を繰り延べることが考えられます。具体的には，税務上の適格要件を満たした場合には，会計上の処理内容にかかわらず，移転資産に対する支配が継続するとして課税の繰延べが行われます。この場合には，結果的に帳簿価額での移転が可能となります。会計上，帳簿価額での移転を可能とする持分プーリング法が廃止されても，会計基準の変更が上記の税務上の取扱

いに直接影響を及ぼすことは（今後の状況の変化により可能性はゼロとしないものの）基本的にはないと思われます。これは，会計と税務とでは，支配の移転に関する判断基準や考え方が全く異なるからです。

また，非適格合併等により発生した税務上の負ののれんである「差額負債調整勘定」（「負債調整勘定」のうち「退職給付負債調整勘定」と「短期重要負債調整勘定」を除いたもの）は，会計処理の内容にかかわらず，5年で均等に益金に算入することになっています。会計基準の変更で会計上の負ののれんを取得時に一括利益計上することになっても，税務上の取扱いに直接影響を及ぼすことは（今後の状況の変化により可能性はゼロとしないものの）基本的にはないと思われます。これも，両者が異なる考え方によっているからです。

上記以外の基準の変更は，基本的には連結会計上の取扱い，あるいは為替の換算等に係わるものであり，会計基準の変更がすぐに税務上の取扱いに影響を与えることは想定しづらいものと思われます。

このようにして，国際的な基準との整合性を図ることによる会計基準の一段の変更は，会計と税務との乖離を一層広げることになります。

【参考文献】
・「企業結合会計に関する調査報告」小堀一英　企業会計基準委員会・季刊会計基準第19号
・「『企業結合会計の見直しに関する論点の整理』の解説」箕輪恵美子　旬刊経理情報，No.1173

第5章

公表予定の項目についての概説

1　退職給付

(1)　公表予定項目の概要

　第4章に記載した割引率の算定以外の退職給付の論点についてはプロジェクト計画表において「IASB／FASBのMOUに関連するプロジェクト項目（中長期）」に位置づけられています。

　IASBでは，数理計算上の差異等の遅延認識の是非やキャッシュ・バランス・プラン等の取扱いを議論した「IAS第19号『従業員給付』の改訂に係る予備的見解」（以下，「IASBのDP」という）を平成20年3月に公表しています。退職給付会計については，現状における差異の検討以外に，このような国際的動向を踏まえて検討していく必要があります。

　これに対して，ASBJでは平成21年1月に，「退職給付会計の見直しに関する論点の整理」（以下，「退職給付論点整理」という）を公表しています。退職給付論点整理は，平成23年を目処として退職給付会計に関する会計基準等を見直すに当たり，論点を幅広く示し，見直し方向の議論の整理をすることを目的としています。これに寄せられたコメントやIASB及びFASBにおける議論を踏まえて，その後に，具体的な議論が行われていくことになると考えられるとされています。

(2) 日本基準と国際的な会計基準の主要な相違点と今後の方向性

退職給付論点整理に示された論点を中心に,退職給付に関する日本基準と国際的な会計基準(主に,IAS第19号及びIASBのDP)との比較及び今後の議論の方向性や留意点をまとめると以下のようになります。

<退職給付に関する会計基準の比較と今後の方向性>

項　　目	日本基準	国際的な会計基準	今後の方向性・留意点
[論点1-1] 予測単位積増方式による測定方法等の見直し	予測単位積増方式により退職給付債務及び勤務費用が測定されている。	現行基準では予測単位積増方式を採用している。 なお,IASBのDPでは将来の昇給を含む予測単位積増方式に基づく測定は他の会計基準と整合しないとの問題点があげられている。	この論点については,抜本的な見直しにつながることや,平成23年頃までに本格的検討はなされないと考えられるため,国際的な議論と歩調を合わせて検討することが効率的と考えられる。
[論点1-2] 退職給付債務及び勤務費用の測定方法			
退職給付見込額の期間帰属の方法	退職給付見込額のうち期末までに発生していると認められる額の計算方法として,原則として期間定額基準を採用している。	原則として退職給付見込額を制度の給付算定式に基づいて各期に帰属させなければならないとされている。 給付算定式とは,制度の規約などで給付額を具体的に規定するものであり,例えば,最終給与や平均給与などの給与要素に勤続年数や支給倍率などの一定率を乗じるものがある。	今後の見直しの中で,この論点について取り上げることが考えられる。
予定昇給率	将来における給与水準の変動(ベースアップ)は,確実かつ合理的に推定できる場合以外は,予定昇給率の算定には含めない。	将来の昇給の見積りには一般物価水準やインフレーションを含めた関連する要素を考慮するとされており,ベースアップも含めて広く捉えられている。	予定昇給率について,見直しの要否を検討するとされている。
割引率の設定方法	割引率の設定方法について,安全性の高い長期の債券の	割引率の期間の設定について債券の市場利回りを参照	日本基準は割引率の設定に当たって給付ごとの支払い

	利回りを基礎として決定しなければならないとされ、一般的には制度ごとに単一の割引率が用いられていると考えられている。	する場合、給付の支払いの見積時期を反映させることとされており、給付ごとにこの時期を反映した期間に応じた割引率を使うことが想定されている。	の見積時期や給付金額を考慮していない点で相違している。これについては、見直しの要否を検討するとされている。
[論点1－3]小規模企業等における簡便法の容認	小規模企業等(原則として従業員数300人未満の企業)においては数理計算に基づいた退職給付債務ではなく、期末自己都合要支給額や年金財政計算上の責任準備金などを利用した簡便法によって計算された退職給付債務を用いて、退職給付引当金及び退職給付費用を計上することができる。	簡便法を定めたものはなく、小規模企業等であっても、原則として数理計算に基づいた退職給付債務を算定することが求められている。	相違点を取り上げる必要があるか、国際的な会計基準も参考に取扱いを引き続き検討することも考えられる。
[論点2－1]期待運用収益の取扱い	期首の年金資産相当額に期待運用収益率を乗じて期待運用収益相当額を計算することとされている。	現行IASでは、期待運用収益は、期首時点における関連する債務の期間全体にわたる収益に関する市場の予想に基礎を置く、とされている。なお、IASBのDPでは期待運用収益の廃止が提案されている。	期待運用収益率の考え方については、国際的な会計基準の考え方を確認しながら、引き続き検討する必要がある。また、IASBが期待運用収益を廃止する方向性となった場合、我が国での考え方の整理や確認をすることも考えられる。
[論点2－2]退職給付信託の取扱い	退職給付信託については年金資産に該当するかどうかの要件を別途、個別具体的に定めており、4つの要件すべてを満たした場合、年金資産とみなすとの取扱いがされている。	退職給付信託について要件を別途個別具体的に定めておらず、年金資産の定義・要件にしたがって判断することになる。	我が国で年金資産として認められる退職給付信託のすべてが年金資産として認められるかは明確でない。国際的な会計基準の考え方を確認しながら、退職給付信託の見直しの要否を引き続き検討することも考えられる
[論点3－1]年金資産と退職給付債務の総額表示	退職給付債務と年金資産の純額を負債(又は資産)として計上している。	現行IASでは退職給付債務と年金資産の純額を退職給付に係る負債として認識することとされている。	現行の純額表示に替えて、総額での認識を検討すべきとの考え方があるが、検討は延期される見込みであり、国際的な議論と歩調を合わせて検討することが効率的であると考えられる。

[論点3-2]制度の積立状況の貸借対照表での計上	退職給付債務に未認識過去勤務債務及び未認識数理計算上の差異を加減した額から年金資産の額を控除した額を退職給付引当金として計上することとしている。	現行IASでは、退職給付に係る負債又は資産）は、制度の積立状況に未認識数理計算上の差異及び未認識過去勤務債務等を加減したものとすることとされている。なお、IASBのDPでは制度の積立状況（退職給付債務－年金資産）を示す額を計上する提案がされている。	今後、この論点について取り上げることが考えられる。
[論点4-1]数理計算上の差異の会計処理	数理計算上の差異の遅延認識が認められている。	現行IASでも遅延認識が認められている。なお、IASBのDPでは、数理計算上の差異の遅延認識の廃止が提案されている遅延認識を廃止した場合の会計処理については3つの代替的な方法が示されている。	IASBが遅延認識を廃止する方向性となった場合、我が国での考え方の整理や確認をすることも考えられる。
[論点4-2]重要性基準と回廊アプローチ	基礎率変更の要否の判断に当たり「重要性の基準」を適用し、回廊（コリドー）アプローチは採用していない。	現行IASでは、重要性基準は定められておらず、回廊アプローチを採用している。	今後、この論点について取り上げることが考えられる。
[論点4-3]過去勤務債務の会計処理	数理計算上の差異と同様の方法で処理ことととされている。また、負の過去勤務債務と正の過去勤務債務とで処理の区別はされていない。	現行IASでは、給付の権利が確定するまでの平均期間にわたり、定額法で費用として認識する。ただし、給付の権利が確定している部分については、即時費用処理が求められる。IASBのDPでは、権利が未確定の過去勤務債務についても損益計算書上で即時認識することを提案されている。	過去勤務債務の即時認識が採用されない場合、日本基準では、権利が未確定であるかどうかを区別しない点や過去勤務債務を費用処理する期間の考え方の点で、現行IASと相違している。見直しの中でこの相違点を取り上げる必要があるか、引き続き検討することも考えられる。
[論点5]損益計算書における退職給付費用に係る表示	退職給付費用は単一の科目で表示することとされている。	退職給付費用は単一の構成要素として表示すべきかどうかについては明示しないとする定めをおいている。そのため、利息費用や期待運用収益を営業損益に含めず、財務損益として表示している事例が多くみられる。	退職給付費用の一部について、営業損益ではなく財務損益で表示すべきではないかとの意見もあり、引き続き検討することも考えられる。

[論点6] 退職給付（給付建制度）に係る開示	次の事項について注記しなければならないとされている。 (1) 企業の採用する退職給付制度 (2) 退職給付債務等の内容	我が国の会計基準では開示が要求されない情報（特に実際運用収益など）の幅広い開示が要求されている。	特に年金資産の状況に関する開示の拡充の論点について取り上げることが考えられる。
[論点7] 清算と縮小の会計処理と表示	給付建制度の清算と縮小の会計処理については、日本基準では定めがないものの、退職給付制度の終了において概ね同じ会計処理が求められている。 将来勤務に係る退職給付債務の減少についても過去勤務債務として取り扱っている。	将来勤務に係る退職給付債務の減少は給付建制度の縮小として取り扱う。	給付建制度の清算と縮小の会計処理について見直しを行う必要があるか、引き続き検討することも考えられる。
[論点8] キャッシュ・バランス・プランの会計処理と表示	給付建制度と同様の会計処理がされている。	現行IASでも原則として給付建制度として会計処理を行うこととされている。 なお、IASBのDPではキャッシュ・バランス・プランに係る退職給付債務を公正価値で測定する提案がされている。	公正価値測定については、国際的な議論と歩調を合わせて検討することが効率的と考えれる。 また、キャッシュ・バランス・プランを給付建制度として会計処理する場合、退職給付見込額の算定に将来の昇給等の影響を考慮するか否かについては、考え方を整理する必要があるか、引き続き検討することも考えられる。
[論点9] 複数事業主制度の会計処理と開示	共通支配下の企業年金制度については、子会社等個別財務諸表でも退職給付債務に基づく負債を計上している。	制度の運営企業以外の子会社において、結果的には複数事業主制度と概ね同様の会計処理が求められている。	この論点を取り上げる必要があるか、引き続き検討することも考えられる
[論点10] その他の退職後給付	退職給付に関する会計基準等以外にはその他の退職後給付を取り扱う会計基準は特にない。	その他の退職後給付について、(1)短期従業員給付、(2)退職後の給付（退職後の医療給付など）、(3)その他の長期従業員給付、(4)解雇給付に分けてそれぞれ定めている。	退職後の医療給付又は健康管理費用の負担や、一時的解雇に対する支給に関する制度など、我が国の企業ではあまり採用されていないと考えられるものも多いが、今後の退職給付に関する会計基準等の見直しの中で、整理そのものが必要である

			か，引き続き検討することも考えられる。
[論点整理以外の項目]			
資産上限規定（アセットシーリング）	資産上限規定の定めはない。	年金資産の回収可能性のテストを要請する資産上限規定（アセットシーリング）がある。	制度の法的な枠組みを考慮して，①資産返還に伴う経済的便益及び②将来の掛金減額による経済的便益についてアセットシーリングによる影響を検討する必要がある。
貸借対照表日前データ等の利用	「貸借対照表日前のデータ等の利用」を認めており，貸借対照表日の概ね1年前までの一定の日とすることができる。	退職給付債務と年金資産について，原則として貸借対照表日（ただし，重要な乖離がなければ貸借対照表日以前も可）における評価を要請している。	日本基準において，貸借対照表日の1年前のデータを利用している場合，修正が必要となる。
厚生年金基金の代行返上の取扱い	代行部分を国に返上した場合，以下の2段階の会計処理が求められる。 ① 認可時に返還額（最低責任準備金）まで退職給付債務の消滅を認識 ② 返還時に実際返還額との差額を損益に計上	IAS第19号では，特に明確な取扱いが定められていない。	日本基準での会計処理が認められない可能性がある。

(3) 個別論点の概要

- 回廊アプローチの導入及び重要性基準の見直し

a 回廊アプローチ

　国際的な会計基準で採用されている回廊アプローチとは，数理計算上の差異の累計額が一定の範囲内（未認識数理計算上の差異の借方と貸方それぞれについて退職給付債務又は年金資産の10％）に収まっている限り，これを損益として認識しない（償却しない）取扱いをいいます。なお，この一定の範囲内のことを回廊（コリドー）と呼びます。

　日本基準ではこのような取扱いは定められていないため，同一状況下におい

ても国際的な会計基準と日本基準で数理計算上の差異の償却の会計処理が相違することとなります。

b　計算基礎の決定における重要性基準の適用

日本基準では、退職給付会計基準注解（注10）に定められている、計算基礎の決定に当たって合理的な範囲で重要性による判断を認める取扱い（重要性基準）が定められています。実務上は、実務指針第18項において前期末に用いた割引率で算定した退職給付債務と期末の割引率で算定した退職給付債務を比較して10％以上変動すると推定される場合には、期末の割引率を用いて退職給付債務を再計算しなければならないとの定めに従って会計処理がされています。

回廊アプローチと重要性基準は、いずれも基礎率の変動が財務諸表に与える影響を緩和するものですが、重要性基準による場合には、一定の範囲を超える基礎率の変動から生じる数理計算上の差異の全額をその後の期間において費用処理することとなる点が回廊アプローチの場合と相違しています。

IAS第19号では割引率は毎期見直すことが要求されているため、日本基準の上記取扱い及び実務では、同一状況下においてもIASと日本基準で割引率が相違することとなります。

(4)　「IAS第19号『従業員給付』の改訂に係る予備的見解」の概要

①　現行IAS第19号の問題点

a　キャッシュ・バランス・プラン等の会計処理

現行のIAS第19号においてキャッシュ・バランス・プランは原則として給付建制度として会計処理することになるため、以下の問題点が指摘されています。

イ　退職給付見込額と債務額の関係

利息付与額が株価指数等の収益（リターン）に連動する制度について、株価指数の期待リターンが優良社債の利回りを上回る場合、退職給付債務が過

大評価されるおそれがあります。

すなわち，退職給付見込額の予測計算はリターンの最善の見積りを使用しているのに対し，当該退職給付見込額を安全性の高い債券の利回りを用いて現在価値に割り引くことにより退職給付債務が算定されます。この場合，退職給付債務が現在の価値である仮想勘定残高よりも大きくなってしまうおそれがあります。

ロ　期間配分方法の問題

給付算定式が勤務期間の後半に著しく多額の給付を帰属させるか否かを決定する場合に，予想される将来の昇給を考慮すべきかが明確になっておらず，何らかの仮定や解釈のもとに算定せざるを得ないといえます。

ハ　2つのリターンのいずれか高い額を利息付与額とする制度

利息付与額が，株価指数等に連動するリターンと，固定されたリターン（最低保証利率等）のいずれか高い額とされている制度の場合などでは，退職給付債務を従来の方法で算定すれば，算定時点におけるいずれか一方の高い額が将来にわたって適用されるという前提に基づいて測定を行うことになりますが，この額を他方の金額が上回る可能性によって有する価値（最低保証利率等の価値）について何ら考慮がなされていないといえます。

b　遅延認識に関する問題

現行のIAS第19号においては，遅延認識に伴う未認識項目により貸借対照表が積立状況を反映していない点が指摘されています。また，数理計算上の差異の処理方法に多様性が認められており，比較可能性の点で問題があるとされています。

② 「IAS第19号『従業員給付』の改訂に係る予備的見解」の主な内容

a　給付建制度の年金資産と退職給付債務の変動についての遅延認識の廃止

「IAS第19号『従業員給付』の改訂に係る予備的見解」（以下，「IASBのDP」という）においては，数理計算上の差異についての遅延認識の廃止，期待運用

収益の廃止,権利未確定の過去勤務債務の即時認識という予備的見解が示されています。

すなわち,未認識項目は認めずに年金資産と退職給付債務の変動のすべてを発生年度に認識することで,退職給付債務と年金資産の差額の全額を貸借対照表で認識することになります。

このように,遅延認識の廃止という見解が示されている根拠は以下のとおりです。

- 遅延認識を廃止して即時認識することでIASBの概念フレームワーク及び他の国際財務報告基準(IAS第8号「会計方針,会計上の見積りの変更及び誤謬」等)と整合することになります。
- 即時認識により制度が積立超過の場合のみ資産を認識し,積立不足の場合に負債を認識することになり,利害関係者が財務諸表を理解しやすくなります。
- 処理の多様性がなくなることで,財務諸表の比較可能性が改善されます。

b 給付建約定に関する退職給付費用の表示方法

IASBのDPにおいては,退職給付費用の構成要素を損益計算書とその他の包括利益にどのように表示するかについて以下の3つの代替的な方法が示されていますが,予備的見解は示されていません。

- [第1法]勤務費用,利息費用及び期待運用収益並びに当年度に生じた数理計算上の差異及び過去勤務債務のすべてを損益計算書で費用として(即時に)認識する方法
- [第2法](当年度の)勤務費用と過去勤務債務及び割引率以外の基礎率の変更によって生じた勤務費用の変動とを損益計算書で費用として(即時に)認識し,これらを除いたものについてはその他の包括利益で認識する方法
- [第3法] 年金資産の公正価値の変動額及び割引率の変更によって生じた数理計算上の差異をその他の包括利益で認識し,これらを除いたものに

ついては損益計算書で費用として（即時に）認識する方法

また，上記aに記載した即時認識処理に伴い退職給付制度の清算及び縮小に伴い生じる退職給付債務及び年金資産の変動についても，その発生年度の財務諸表で認識されることになります。

上記の退職給付費用の各構成要素，清算及び縮小損益の会計処理をまとめると，次項の図表のようになります。

<退職給付費用の各構成要素，清算及び縮小損益の会計処理状況>

		第1法	第2法	第3法
勤務費用		P／L	P／L	P／L
利息費用		P／L	OCI	P／L
数理計算上の差異	年金資産の公正価値の変動	P／L	OCI	OCI
	割引率の変更	P／L	OCI	OCI
	割引率以外の基礎率の変更	P／L	P／L	P／L
過去勤務債務		P／L	P／L	P／L
清算損益		P／L	OCI	OCI
縮小損益		P／L	P／L	P／L

（注） P／Lは損益計算書で認識することを示し，OCIはその他の包括利益（Other Comprehensive Income）で認識することを示しています。

c 退職給付の新たな分類方法と新たに設けられる「拠出ベース約定」の会計処理

IASBのDPにおいては，従来の退職給付「制度」による分類から，新たに「約定」による分類方法へ変更をし，新たに設けられる「拠出ベース約定」の会計処理についての予備的見解を示しています。

イ 給付建約定と拠出ベース約定

現行のIAS第19号においては，退職給付制度を給付建制度と拠出建制度の2つに分類し，それぞれの会計処理を定めていました。しかしながら，IASBのDPにおいては，退職給付を給付建約定と拠出ベース約定の2つに分類し

ています。

　拠出ベース約定とは，①掛金の累積（実際に拠出する掛金である必要はない）と，②利息の定め（利息を付与しないことも可能）で構成される給付で，拠出金に対する約定リターンは資産，資産グループの収益率やインデックスにリンクして定められるとされています。また，毎期末に現在までの給付額の累積が判明するものであるとされています。なお，拠出ベース約定には，「給与リスクを含むすべての約定」は含まれないとされています。

　給付建約定とは，拠出ベース約定以外の退職給付をいいます。

　なお，従来，給付建制度に分類されていたが，新しい分類では拠出ベース約定に分類されると思われる制度には，キャッシュ・バランス・プランやポイント制などが考えられます。これらの制度においては現行のPBO評価から公正価値評価に変わることに留意する必要があります。

ロ　拠出ベース約定の会計処理

　拠出ベース約定とされたものに係る退職給付債務について，(給付約定の条件が変化しないと仮定して）公正価値で測定することなどの予備的見解が示されています。

　この提案では，拠出ベース約定に係る退職給付債務を公正価値で測定した上で，当該債務と年金資産の公正価値の変動を，勤務費用とともに損益計算書で即時に認識することになります。この方法によった場合，割引計算にリターンの基礎となる資産の変動リスクのみならず，信用リスクの影響を織り込むなど，従来の方法とは大きく異なる処理がなされるものと考えられています。

d 「いずれか高い額の」オプションを有する給付約定の会計処理

　IASBのDPにおいては，主たる約定以外に「いずれか高い額の」オプションを別途認識し，拠出ベース約定と同様の方法で測定する予備的見解が示されています。

　「いずれか高い額の」オプションを有する給付約定とは，例えば，給付建約

定である最終給与比例制度から算定された給付額と拠出ベース約定であるキャッシュ・バランス・プランから算定された給付額のいずれか高い方を支払う約定を有する退職給付制度等をいいます。このような制度の場合には，給付建約定と拠出ベース約定に区分し，給付建約定部分には給付建約定の会計処理をしたうえで，オプション部分について公正価値で評価することになります。

【参考文献】
- 「『プロジェクト計画表』の更新と今後の課題」　秋葉賢一　税務研究会　週刊経営財務　No. 2889（平成20年10月）
- 「IFRS財務諸表への組替実務（第2版）」　監査法人トーマツ　IFRSサービスセンター編　平成20年9月
- 「2008－2010　新会計基準の実務」　阿部光成・岩尾健太郎・大中康宏・金子裕子・草野和彦・波多野直子・古内和明・又邊崇・湯川喜雄・和久友子　中央経済社　平成20年11月
- 「退職給付会計の現状と国際的動向を踏まえた今後の展望　第1回　国際的な退職給付会計の動向」　井上雅彦　週刊経営財務　No.2857（平成20年2月）
- 「退職給付会計の現状と国際的動向を踏まえた今後の展望　第2回　わが国の退職給付会計との異動」　井上雅彦　週刊経営財務　No.2861（平成20年3月）
- 「退職給付会計の現状と国際的動向を踏まえた今後の展望　第3回　わが国の退職給付会計との異動その2」　井上雅彦　週刊経営財務　No.2865（平成20年4月）
- 「退職給付会計の現状と国際的動向を踏まえた今後の展望　第4回　わが国の退職給付会計との異動その3」　井上雅彦　週刊経営財務　No. 2866（平成20年4月）
- 「退職給付会計の現状と国際的動向を踏まえた今後の展望　第5回　わが国の退職給付会計との異動その4」　井上雅彦　週刊経営財務　No. 2867（平成20年4月）
- 「退職給付会計の現状と国際的動向を踏まえた今後の展望　第1回　IASBディスカッションペーパーの概要と影響その1」　井上雅彦　週刊経営財務　No.2892（平成20年11月）
- 「退職給付会計の現状と国際的動向を踏まえた今後の展望　第2回　IASBディスカッションペーパーの概要と影響その2」　井上雅彦　週刊経営財務　No.2893（平成20年11月）
- 「退職給付会計の現状と国際的動向を踏まえた今後の展望　第3回　IASBディスカッションペーパーの概要と影響その3」　井上雅彦　週刊経営財務　No.2894（平成20年11月）
- 「退職給付会計の現状と国際的動向を踏まえた今後の展望　第4回　IASBディスカッションペーパーの概要と影響その4」　井上雅彦　週刊経営財務　No.2895（平成20

年11月）
・「退職給付会計の現状と国際的動向を踏まえた今後の展望　第5回　IASBディスカッションペーパーの概要と影響その5」　井上雅彦　週刊経営財務　No.2896（平成20年12月）
・「退職給付会計の現状と国際的動向を踏まえた今後の展望　第6回　IASBディスカッションペーパーの概要と影響その6」　井上雅彦　週刊経営財務　No.2897（平成20年12月）
・「会計基準の国際化をめぐる動向⑨　IAS19号「従業員給付」の改訂についての討議資料について」　あらた監査法人企業会計研究会　週刊経営財務　No.2888（平成20年10月）

2　固定資産の減損会計

(1) 公表予定項目の概要

　固定資産の減損については，プロジェクト計画表において，「EUによる同等性評価に関連するプロジェクト項目（短期）」に位置づけられています。

　日本基準においても，平成17年4月1日以後開始する事業年度から，固定資産の減損会計が適用されていますが，CESRが提案していた補正措置項目には，減損損失の認識の判定及び減損損失の戻入れが含まれています。しかし，これらの取扱いは米国会計基準と同様であり，また，この論点は，平成20年9月にアップデートされたIASBとFASBのMOUにおいて，他の作業が完了するまで延期するものとされています。このような状況に鑑み，更新されたプロジェクト計画表では，IASBとFASBでコンバージェンスに向けた動向を踏まえて対応するものとしているとされています。

(2) 日本基準と国際的な会計基準の主要な相違点

　固定資産の減損に関する日本基準とIAS第36号との主要な相違点及び今後日本においてIASと同様の規定が適用された場合の留意点をまとめると以下のようになります。

<固定資産の減損に関する会計基準の主要な相違点>

項　　目	日 本 基 準	IAS第36号	留　意　点
減損の兆候	IAS第36号と概ね同じ取扱いだが，具体的な数値基準が定められている。	企業内部又は外部の情報源について，総合的に判断する（数値基準なし）。	IASは日本基準より早い段階で減損の兆候が把握される傾向がある。
減損損失の認識の判定	割引前の見積将来キャッシュ・フローが帳簿価額を下回る場合，減損の認識をする。	使用価値（割引後の見積キャッシュ・フロー）と正味売却価額（売却費用控除後の公正価値）のいずれか高い金額が帳簿価額を下回る場合，減損の認識をする。	割引後の方が割引前数値よりも金額が小さくなるため，IASは日本基準より減損損失を早く認識する傾向がある。
減損損失の戻入れ	減損損失の戻入れは認められない。	以前認識した減損の要因が改善した場合は減損損失の戻入れが必要となる（ただし，のれんは除く）。	減損損失の戻入れについて，毎期検討を行う必要がある。

【参考文献】
・「『プロジェクト計画表』の更新と今後の課題」　秋葉賢一　税務研究会　週刊経営財務　No．2889（平成20年10月）
・「IFRS財務諸表への組替実務（第2版）」　監査法人トーマツ　IFRSサービスセンター編　平成20年9月
・「IFRS及びIASの解説　第5回　IAS第36号『資産の減損』」　沢木ニコラ・腰原茂弘　会計・監査ジャーナル　No.640　NOV．2008（平成20年11月）

3 無形資産（仕掛研究開発以外）

(1) 公表予定項目の概要

　無形資産（仕掛研究開発以外）についてはプロジェクト計画表において，「既存の差異に係るプロジェクト項目（中期）」に位置づけられています。

　日本基準では，社内の研究や開発に要した支出は，発生時に費用として処理することとされていますが，国際的な会計基準のうちIAS第38号「無形資産」においては，一定の要件を満たす場合の開発費を資産計上することとされています。

　これに対して，ASBJでは平成19年12月に，無形資産の会計処理のうち自社開発及び仕掛研究開発の取扱いについて，「研究開発費に関する論点の整理」を公表しています。さらに，自社開発の研究開発費に関する論点を含めた無形資産に関しては，開示の拡充や体系的な会計基準等の検討を進めることが見込まれており，更新されたプロジェクト計画表においては，平成22年に論点整理を公表することが見込まれています。

(2) 日本基準と国際的な会計基準の主要な相違点

　無形資産に関する日本基準とIAS第38号との主要な相違点及びIASと同様の規定が適用された場合の留意点をまとめると以下のようになります。

314 第5章 公表予定の項目についての概説

項　目	日本基準	IAS第38号	留　意　点
測定基準	取得原価	原価モデル又は再評価モデル	再評価モデルを採用する場合には修正が必要となる。
再評価	定期的な再評価は認められない。	活発な流通市場がある場合，再評価を選択可能である。（再評価を選択の場合，定期的に公正価値による再評価を行い，評価差額は資本の部へ計上）	再評価モデルを採用する場合には修正が必要となる。
償却方法・償却期間	当該資産の有効期間にわたり一定の減価償却方法で償却する。なお，耐用年数を確定できない場合の規定はない。	無形資産の経済的便益を消費・使用するパターンを反映させた最善の見積により決定する。なお，耐用年数を確定できない場合，償却せずに毎期減損テストを実施する。	耐用年数を確定できない無形資産の有無を調査し，該当があれば償却費及び減損処理の修正をする。
研究開発費	研究開発費は発生時に費用処理する。	研究費は発生時の費用として認識する。開発費は要件をすべて満たすことが立証できる場合は資産計上が強制される。	開発費のうち要件をすべて満たすものについて検討し，無形資産として計上する。
ソフトウェアの会計処理	受注制作のソフトウェア，市場販売目的のソフトウェア，自社利用ソフトウェアに区分し，一定の要件を満たしたものを資産計上する。	開発費の資産計上の例示として記載があるほかは，ソフトウェアのみの特別規定はない。	IAS第38号の規定に従って調査し，必要があれば修正をする。

(3) 個別論点の概要

① 「研究開発費に関する論点の整理」の概要

a 研究及び開発の定義について

イ 研究及び開発の定義に関する国際的な会計基準との比較

研究及び開発について，国際的な会計基準と比較した結果，相違点及び定

義を見直した場合の影響をまとめると，以下の図表のようになります。

＜研究・開発の定義の比較と影響＞

	国際財務報告基準（IAS第38号）	米国会計基（SFAS第2号）	定義を見直した場合の影響
研　究	「科学的又は技術的な」知識である点を明示	目的とする新しい知識の発見が，「新しい生産方法や技術の開発あるいは既存の製品等や生産方法等の著しい改良に役立つことが期待される」ことを要件として明示	直ちに特定の生産活動に貢献することを意図していない基礎研究については，研究に含められなくなる可能性があります。
開　発	「事業上の生産又は使用の開始前に行われる活動」である点を明示	「日常的又は定期的な変更」は，たとえそれが，既存の製品等，生産工程，製造方法及びその他の継続的操業に関する改良に該当するとしても開発には該当しないという点を明示	日常的な変更の範囲を超える大幅な変更を行うことについては，開発に含められなくなる可能性があります。

ロ　定義見直しの必要性

　　研究及び開発について，現行の定義は実務上十分に機能しており，特に見直す必要はないという意見がある一方で，仮に，今後，開発費の会計処理を見直し，一定の開発費についてはIAS第38号と同様に資産計上を求める場合には，両者の区分をより明確にする必要があるとの意見もあるとされています。

　　また，IAS第38号で「研究局面」及び「開発局面」という用語を会計処理の定めのなかで使用していることから，これらについて「研究」及び「開発」とは別途に定義を設ける必要があるかどうかも検討することとされています。

b　社内開発費の当初認識時の取扱い

イ　研究費及び開発費の会計処理の概要

　　研究費については，国際的な会計基準においても発生時に費用処理すると

されていますが、開発費については、IAS第38号では一定の要件を満たす場合には資産計上することが要求されています。

ロ　IAS第38号における開発費の資産計上要件

　IAS第38号では無形資産の認識における2要件を定め、さらにそれを具体化して開発費の資産計上の6要件を定めています。これらをすべて満たす場合には、開発費を無形資産として認識することになります。

<無形資産の認識要件と開発費の資産計上要件>

無形資産の認識要件	開発費の資産計上要件
(1)　資産に起因する、期待される将来の経済的便益が企業に流入する蓋然性が高い	①　使用又は売却できるように無形資産を完成させることの、技術上の実行可能性
	②　無形資産を完成させ、さらにそれを使用又は売却するという企業の意図
	③　無形資産を使用又は売却できる能力
	④　無形資産が蓋然性の高い将来の経済的便益を創出する方法（注）
	⑤　無形資産の開発を完成させ、さらにそれを使用又は売却するため必要となる、適切な技術上、財務上及びその他の資源の利用可能性
(2)　資産の取得原価を信頼性をもって測定することができる	⑥　開発期間中の無形資産に起因する支出を、信頼性をもって測定できる能力

（注）　特に、企業は、無形資産による産出物又は無形資産それ自体の市場の存在、あるいは、無形資産を内部で使用する予定である場合には、無形資産が企業の事業に役立つことを立証しなければならない。

ハ　開発費の資産計上する際の取得原価

　一定の要件を満たす社内開発費を資産計上することとした場合、取得原価に含める支出の範囲について、IAS第38号では以下のように定めています。

- 自己創設の無形資産の取得原価について、定められた認識規準を最初に満たした日以降に発生した支出の合計とし、過去に費用として認識した支出を後日、無形資産の取得原価の一部として認識することを禁止していま

す。
- 自己創設の無形資産の取得原価は，その資産の生成，製造及びその資産を経営者が意図する方法により操業可能とするための準備に必要な直接配分可能な原価のすべてから構成されるとし，直接配分可能な原価の例として，次のような項目を挙げています。

＜直接配分可能な原価の例＞

(1)	無形資産を創出する上で使用又は消費した材料及びサービスに関する原価
(2)	無形資産の創出から生じる従業員給付の原価
(3)	法的権利を登録するための手数料
(4)	無形資産を創出するために用いられる特許及びライセンスの償却

なお，ASBJがIAS第38号の適用状況を調査した自動車業界に属する企業の多くは，個別の開発活動に直接帰属させることができる費用や，これに一定の製造間接費を加えたものを社内の開発費の資産計上の対象としていることが確認されているとされています。そのため，資産に計上する開発に関する支出の範囲について，製造間接費やその他の間接費の取扱い等を検討する必要があるとされています。

c 社内開発費の認識後の会計処理の検討

IAS第38号では，資産として計上した社内の開発費の認識後の会計処理について，特に定めを設けていません。このため，資産として計上した社内の開発費についても，これを認識した後の会計処理については，他の無形資産と同様に取り扱うことになるものと考えられます。

資産計上した無形資産の償却方法については，IAS第38号は，耐用年数を確定できる無形資産と，耐用年数を確定できない無形資産に区分し，それぞれを次のように取り扱っています。

<資産計上した無形資産の償却方法>

耐用年数の確定	資産計上した無形資産の償却方法
(1) 確定できる	当該資産の耐用年数にわたり規則的に配分しなければならない。 償却は，当該資産が使用可能となった時点，例えば当該資産が経営者の意図する方法により操業可能となるよう必要な場所及び条件に置かれたときに，開始しなければならない。
(2) 確定できない（注）	償却してはならず，IAS第36号「資産の減損」に従って，当該資産の帳簿価額と回収可能額とを比較することにより，次の時期に減損テストを行う必要がある。 (1) 毎年 (2) 当該無形資産に減損の兆候がある場合はいつでも

（注）耐用年数を確定できないと判断された無形資産については，当該資産の耐用年数を確定できないものとする事象又は状況が引き続き存在するかどうかを毎年見直す必要があるとされ，もしそれらが存在しなくなれば，耐用年数を確定できないものから確定できるものに変更し，国際会計基準第8号「会計方針，会計上の見積りの変更及び誤謬」に従って会計上の見積りの変更として会計処理しなければならないとされています。

② 「社内発生開発費のIFRSのもとにおける開示の実態調査」の概要

a 目的と経緯

ASBJ無形資産専門委員会では，開発費の資産化の要否，仮に資産化を求める場合の要件を検討するに当たり，実務上，IAS第38号がどのように運用され，どのように有用な情報提供につながるかを検証する必要があると考えられました。これを受けてASBJ事務局ではIAS第38号のもとでの欧州企業における開示の実態調査を行い，無形資産専門委員会での審議用に報告書として調査結果を整理し提供しました。

b 実態調査の結果

調査の結果，業界により，次の3つのグループに分類することができたとされています。

- 社内発生開発費の資産計上をほとんど行わず，費用処理している業界

3 無形資産（仕掛研究開発以外）

- 各社ともに，相当程度の社内発生開発費を資産計上している業界
- 社内発生開発費をすべて費用処理している会社と一部資産計上を行っている会社とが混在し，対応がばらついている業界

また，調査結果を表にまとめると，以下のようになります。

グループ	業界	調査対象会社数	開示状況	資産計上しない理由	資産化率
社内発生開発費の資産計上をほとんど行わず，費用処理している業界	製薬業界	6社	1社を除き，社内発生開発費は全額費用処理している旨を開示していた。	資産計上しない理由としては，当局による新薬の認可及びその他の不確実性の存在が挙げられている。	—
	食品業界	7社	1社を除き，社内発生開発費は全額費用処理され，資産計上はされていなかった。	資産計上しない理由としては，製薬業界と同様に，新製品がもたらす将来の経済的便益の不確実性の高さが挙げられている。	—
	化学業界	5社	開発費の資産計上を行っている会社が3社，すべて費用処理している会社が2社という結果となった。資産計上した3社も，資産化率は非常に低かった。	化学業界は製薬業界と近い分野であることから，製品化にかかわる不確実性を重視して，全体的に開発費の資産計上に慎重になっているものと考えられる。	1.0%〜2.4%
各社ともに，相当程度の社内発生開発費を資産計上している業界	自動車（完成車）業界	6社	全ての会社が開発費の資産計上を行っていた。	—	29%〜53%
社内発生開発費をすべて費用処理している会社と一部資産計上を行っている会社とが混在し，対応がばらついている業界	自動車部品業界	7社	開発費の資産計上を一切行わず，すべて費用化している会社が2社ある一方で，開発費の一部を資産化していた5社の資産化率も会社によって全く対応が分かれた。	全額費用化している会社は，IAS第38号の開発費資産計上の要件を満たすことの難しさと，完成車メーカーによる承認の不確実性を理由として挙げていた。	0.9%〜26%
	電機業界	6社	調査対象の6社すべてが開発費の資産計上を行っていたが，自動車部品業界と同様に，資産化率はばらつきが見られた。	—	3%〜25%

320　第5章　公表予定の項目についての概説

	紙・パルプ業界	5社	すべて費用処理している会社が1社，資産化計上額が判明した会社が1社，重要な会計方針において，一定の要件を満たした開発費の資産計上を行っている旨を記載しているものの，資産計上をしているかどうかや，計上額の記載がない会社が3社という結果となった。	－	－
	その他の業界	8社	すべて費用処理している会社が2社，開発費の資産計上をしている会社が3社，会計方針に記載はあるものの，資産化の有無や資産化額が不明の会社が3社という結果となった。	－	－

c　実態調査からの示唆

調査の結果から以下のことが示唆されています。

- 限られたサンプル企業の中でも，社内発生開発費の計上の実務に大きなばらつきがあることが確認されました。
- 「無形資産が可能性の高い将来の経済的便益を創出する方法を立証できること」といった抽象的な認識基準のみでは，経営者の判断が主観的になりすぎて，同様の状況であっても類似の会計処理が行われないおそれがあります。
- 我が国においても資産計上の会計処理を導入する場合には，経営者の判断についてのより具体的なガイドラインが必要なのではないかと考えられるとされています。
- IAS第38号では社内発生開発費の具体的な資産認識基準や認識範囲等についての開示は求めていないため，開発費を資産計上しているかどうかなどが判別できない企業が存在したことから，開示規定についても追加的な工夫が必要ではないかと考えられるとされています。

【参考文献】

- 「『プロジェクト計画表』の更新と今後の課題」 秋葉賢一 税務研究会 週刊経営財務 No.2889（平成20年10月）
- 「IFRS財務諸表への組替実務（第2版）」 監査法人トーマツ IFRSサービスセンター編 平成20年9月
- 「2008－2010 新会計基準の実務」 阿部光成・岩尾健太郎・大中康宏・金子裕子・草野和彦・波多野直子・古内和明・又邊崇・湯川喜雄・和久友子 中央経済社 平成20年11月
- 「『研究開発費に関する論点の整理』について」 豊田俊一・岩野正憲 週刊経営財務 No.2855（平成20年2月）
- 「社内発生開発費のIFRSのもとにおける開示の実態調査」について 吉田健太郎 税務研究会 週刊経営財務 No.2892（平成20年11月）

第6章

検討中の項目についての論点整理

検討中の項目についての論点整理

本章では、会計基準のコンバージェンスの流れにおいて、平成21年2月28日現在、企業会計基準委員会（ASBJ）において検討中の主な論点整理について解説します。本文中の意見に関する部分については、筆者の私見であることを予めお断りします。

【過年度遡及修正に関する論点の整理】

(1) はじめに

企業会計基準委員会（ASBJ）において、平成19年7月9日に「過年度遡及修正に関する論点の整理」（以下、過年度修正論点整理）が、平成20年6月20日に「会計上の変更及び過去の誤謬に関する検討状況の整理」（以下、検討状況整理）が公表されました。本項では、これらについて解説します。

(2) 過年度修正論点整理と検討状況整理の公表の経緯について

財務諸表の過年度遡及修正については、過去において、商法や税法の制約から過年度財務諸表を遡って修正することはできないという考え方があったため、従来、「他の法制度との調整等が必要なテーマ案」として位置づけられるにとどまっていました。

しかし、平成18年5月に施行された会社法においては、それまでの商法においては明示されていなかった過年度事項の修正を前提とした当期の計算書類の

修正及び修正後の過年度事項の参考情報としての提供ができることが規定され，過年度遡及修正に関する会計周辺の環境が大きく変わってきています。

他方，国際的な会計基準においては，会計方針の変更や表示方法の変更があった場合には，過年度財務諸表を新たに採用した方法によって遡及修正することが求められ，財務諸表の期間比較と企業間の比較を可能ならしめていると考えられています。

また，我が国の会計基準と国際財務報告基準（IFRS）とのコンバージェンスに向けた共同プロジェクトが行われており，過年度遡及修正に関するテーマは長期プロジェクト項目のなかで，特に優先的に取り組むべき項目の1つとして位置づけられています。

このような状況の下，企業会計基準委員会（ASBJ）は過年度遡及修正に関する検討の結果，議論となる点について，平成19年7月9日に「過年度修正論点整理」を公表しています。さらに，過年度修正論点整理に対するコメントを踏まえた上で，平成20年6月20日には「検討状況の整理」が公表されました。検討状況の整理は，遡及処理の考え方を導入する場合，過去の財務諸表や誤謬に関する取扱いなどについて，関連諸制度との関係の整理が円滑に行われるよう，公開草案に先立って，最終的に公表される会計基準の方向性を明らかにするものです。

(3) 論点等の解説

① 財務諸表の過年度遡及修正の取扱いを定める必要性（過年度修正論点整理の論点1）

上記(2)にて記述したように，過年度修正論点整理においては，以下の3つの点から，取扱いを定める必要性を示しています。

a 財務諸表の比較可能性を向上させるため，影響額の注記にとどまらず，比較可能な情報を原則として財務諸表本体で提供すること

b 会社法の制定により，過年度遡及修正を行うための条件は整備されたため，このような変化への対応の必要性
c 会計基準のコンバージェンスの促進

　他方で，実務負担の増加の問題や裁量的な会計処理が行われる可能性の問題など，過年度遡及修正によるデメリットについての指摘もあり，コスト・ベネフィットの観点等も考慮して，制度導入の検討が必要と考えられています。

　また，過年度遡及修正の考え方を導入する場合における修正された過年度財務諸表の取扱いについては，会社法や金融商品取引法に基づく監査も含めた開示制度など，関連法制度との関係の整備が不可欠と考えられています。

② 個別財務諸表における過年度遡及修正の適用上の論点

　過年度遡及修正によって財務諸表の比較可能性を向上させ，財務諸表の意思決定有用性が高まると考えられるのは，連結財務諸表にとどまるものではなく，個別財務諸表にも同様なものと考えられます。しかしながら，過年度修正論点整理においては，個別財務諸表における過年度遡及修正の適用は，コスト・ベネフィットの観点から，例えば，以下のような場合においても一律な処理を求めるかどうかについては，財務報告の目的を念頭に検討が必要なものとしています（過年度修正論点整理の論点２）。

・ 連結財務諸表も開示している場合
・ 非上場会社が個別財務諸表を開示する場合

　これに対して，検討状況の整理においては，次の２つの観点からの整理を行っています。

a 会計方針の変更等を行った場合の過去の累積的影響額に関する当期の会計処理

　会計方針の変更等に関する当期の会計処理について，その累積的影響額を期首の利益剰余金に含めて処理するか，従来どおり当期の損益に計上するかの問題があります。この点，期首の利益剰余金に含めたとしても，従来の影響額算

出のコストとそれほど変わらないと考えられることや，当期の損益に含めると当期の業績と無関係の損益が計上され好ましくはないと考えられることから，検討状況の整理においては，会計方針の変更等を行った場合の過去の累積的影響額に関する当期の会計処理について，期首の利益剰余金に含めて会計処理することを求めることとしています。

b 遡及処理を行った過去の財務諸表の開示の要否

遡及修正処理後の過年度財務諸表の開示について，連結財務諸表のみならず個別財務諸表においても求めるべきか否かの問題があります。個別財務諸表についての比較可能性の点からは過去に遡及して修正することが考えられますが，現在の我が国の開示制度においては，財務諸表の比較のあり方については，会計基準ではなく開示制度の中で規定されています。このため，検討状況の整理においては，個別財務諸表における適用に関しては特段の記述はなされていません。

③ 会計方針の変更に係る過年度遡及修正

a 主な論点

我が国においては，会計方針の変更に伴って過年度決算を遡及修正することは求められず，影響額の開示のみが行われます。これに対して，国際的な会計基準（IAS8号「会計方針・会計上の見積りの変更及び誤謬」など）においては，会計方針の変更により，原則として当該変更を遡及的に適用することが求められています。

会計方針の変更を過年度財務諸表に遡及適用を行う場合には，財務諸表全般の比較可能性，及び旧基準ベースから新基準ベースへの比較のベースへと変わることによる情報有用性がより高まると考えられることから，過年度修正論点整理においては，現行における影響額の開示による対応から，過年度財務諸表への遡及適用による対応への転換を検討していくことが考えられるとしています。

<会計方針の変更があった場合の過年度遡及適用についての
我が国と国際的な会計基準との現状の取扱いの比較>

	① 会計基準の改正に伴う会計方針の変更	② 左記①以外であって，正当な理由による会計方針の変更の場合
日 本 基 準	現状は影響額を開示	現状は影響額を開示
国際的な会計基準	原則として遡及適用	原則として遡及適用

　さらに，遡及適用が実務上不可能な場合の取扱いについても検討していく必要があるものと考えられるとしています。国際的な会計基準においては，遡及適用について，過去の古い期間の影響を測定することが不可能な場合には，実務上測定可能な最も古い期間の期首における累積的影響額を算出し，当該期首純資産を修正する方法が認められています（過年度修正論点整理の論点3）。

b　検討状況の整理

　上記の論点を踏まえて，検討状況の整理においては，会計方針の変更を(1)会計基準等の改正に伴う会計方針の変更の場合と，(2)(1)以外であって，正当な理由による会計方針の変更の場合とに分類した上で，(1)会計基準の改正に伴う会計方針の変更の場合には，会計基準等に特定の経過規定（適用開始時遡及適用を行わないことを定めた規定など）が定められていない場合には，変更後の会計方針を遡及適用し，(1)以外であって，正当な理由による会計方針の変更の場合には，変更後の会計方針を遡及適用することを提案しています。

<会計方針の変更があった場合の過年度遡及適用についての
我が国における検討状況の整理の提案>

	会計基準の改正に伴う会計方針の変更の場合		正当な理由による会計方針の変更の場合
	経過規定あり	経過規定なし	
現状の会計基準	影響額を開示		影響額を開示
検討状況の整理の提案	経過規定に従う	原則として遡及適用	原則として遡及適用

また，遡及適用が実務上不可能な場合，例えば，過去の情報が収集できないため，合理的な努力を行っても遡及適用による影響額を算定できない場合などについては，以下の表のような取扱いを提案しています。

ケース	検討状況の整理による提案
過去の期間すべてに新たな会計方針を遡及適用した場合の累積的影響額は算定できるが，どの期間にどれだけの影響額があるか算定することが実務上不可能な場合 ⇒	遡及適用が可能な最も古い期間（これが当期になる場合もある）の期首時点で累積的影響額を算定し，当該期首残高から新たな会計方針を遡及適用する
過去の期間すべてに新たな会計方針を遡及適用した場合の累積的影響額さえも算定することが実務上不可能な場合 ⇒	期首以前の実行可能な最も古い日から将来にわたり新たな会計方針を適用する

上記のほか，検討状況の整理においては，会計方針の変更に関する注記事項を定めています。現行の取扱いのように，会計方針の変更に伴う当期における影響額の注記は求められていない一方で，過去の開示期間における影響額（1株当たり情報に対する影響額を含む）の注記が求められている点に大きな変更点が見られます。

④ 表示方法の変更に係る過年度遡及修正
a 主な論点

我が国においては，表示方法の変更に伴って過年度決算を遡及的に組替えることは求められず，比較可能性を確保するための注記による開示のみが行われます。これに対して，国際的な会計基準においては，会計方針の変更と同様に表示の組替においても，原則として当該組替を遡及的に行うことが求められています。

表示方法の変更を過年度財務諸表に遡及的に行うことにより，財務諸表全般の比較可能性がより高まると考えられることから，過年度修正論点整理においては，現行における注記による対応から，過年度財務諸表への遡及的な組替え

による対応への転換を検討していくことが考えられるとしています。

さらに、遡及的な組替えが実務上不可能な場合の取扱いについても検討していく必要があるものと考えられるとしています。国際的な会計基準においては、遡及的な組替えについて、会計方針の変更における遡及適用と同様に実務上不可能なケースが想定されています（過年度修正論点整理の論点4）。

b　検討状況の整理

上記の論点を踏まえて、検討状況の整理においては、財務諸表全般の比較可能性の向上のため、表示方法の変更を行った場合には、原則として過去の財務諸表を新しい表示方法をベースにして組み替えることを提案しています。なお、表示方法の変更の遡及的な組替が実務上不可能な場合には、会計方針の変更と同様の考え方により取り扱われることとしています。

また、表示方法の変更に関して、以下の注記事項が示されています。

イ　財務諸表の組替の内容、及びそれを行った理由
ロ　組替えられた過去の財務諸表の主な表示項目の金額
ハ　原則的な取扱いが実務上不可能な場合にはその理由及び財務諸表の組替えが可能であったならば行われていたと考えられる組替えの内容

⑤　会計上の見積りの変更に係る取扱い

a　主な論点

会計上の見積りの変更とは、過去に会計事象等の金額が確定できないため見積りを基礎として会計処理をしていた場合において、その見積りの見直しをすることをいい、例えば、生産性向上により有形固定資産の減価償却期間を変更することなどが挙げられます。

我が国においては、会計上の見積りの変更が生じた場合、過年度決算を遡及的に修正することは求められていませんが、影響額の注記が行われます。他方、国際的な会計基準においても過年度の財務諸表に遡って修正を行わないとされ、この点については、我が国の取扱いと国際的な会計基準には相違がないと思わ

れます。これは，会計上の見積りの変更は新しい事実の発生により生じることから，その影響は，過年度ではなく当年度以降の損益に反映させるべきであるためと考えられます。

こうしたことから，過年度修正論点整理においては，会計上の見積りの変更について現行における取扱いを踏襲し，過年度に遡って修正を行わない方向で検討することが考えられるとしています（過年度修正論点整理の論点5）。

ただし，減価償却方法の変更や耐用年数の見積りの変更等については，下記cの通りいくつかの個別論点があります。

b　検討状況の整理

上記の論点を踏まえて，検討状況の整理においては，会計上の見積りの変更に関する原則的な取扱いとして，現行の取扱いを踏襲し，過年度に遡って修正を行わず，影響額を当期以降の財務諸表に反映させることを提案しています。なお，会計方針の変更と会計上の見積りの変更との区別が困難な場合には，会計上の見積りの変更と同様に扱い，遡及適用は行わないとしています。

また，会計上の見積りの変更に関して，以下の注記事項が示されています。

イ　見積りの変更の内容

ロ　見積りの変更が，当期に影響を及ぼす場合は当期への影響額。当期への影響がない場合でも，将来の期間に影響を及ぼす可能性があり，かつ，その影響額を合理的に見積ることができるときには，当該影響額。ただし，将来への影響額を合理的に見積もることが実務上不可能な場合には，その旨。

c 固定資産の減価償却方法の変更及び耐用年数の変更に関する取扱いについての個別論点の概要

【論点A】 減価償却方法の変更の取扱いの概要

主 な 論 点	検討状況の整理による提案
減価償却方法の変更について，我が国では会計方針の変更として取り扱っているが，国際的な会計基準では見積りの変更としている。遡及処理の考え方の導入を前提にどのように考えるか。	減価償却方法の変更は，計画的・規則的な償却方法の変更であり，会計方針の変更であるが，他の会計方針の変更と異なり，減価償却資産の経済的便益の消費パターンに関する見積りの変更を伴う。このため，見積りの変更と同様に会計処理を行い，その遡及適用は求めない。 ただし，減価償却方法の変更はあくまで会計方針の変更と考えられるため，会計方針の変更と同様の注記を行う。

【論点B】 固定資産の耐用年数の変更の取扱いの概要

主 な 論 点	検討状況の整理による提案
固定資産の耐用年数の変更について，修正額を変更期間で一時に認識する方法（キャッチ・アップ方式。臨時償却）と修正額を変更期間及びそれ以降の期間で認識する方法（プロスペクティブ方式。両方式については，下図参照）の２つの考え方がある。国際的な会計基準では固定資産の耐用年数の変更を見積りの変更と考え，プロスペクティブ方式を採用しているものと解釈される。どちらを採用するか。	耐用年数の変更が新たな事実の発生に関連して生じることを考えると，既に経済的便益の提供を終えた期間に相当する部分の費用配分の改定と捉え，その額を当期に一時に修正する処理は遡及適用に近い処理であり，見積りの変更の考え方と整合しない。国際的な会計基準とのコンバージェンスの観点も踏まえて，臨時償却は廃止し，当期以降の費用配分にのみ影響させるプロスペクティブ方式により行うことが適切であると考えるとしている。

<耐用年数の変更に関する償却パターンのイメージ図>

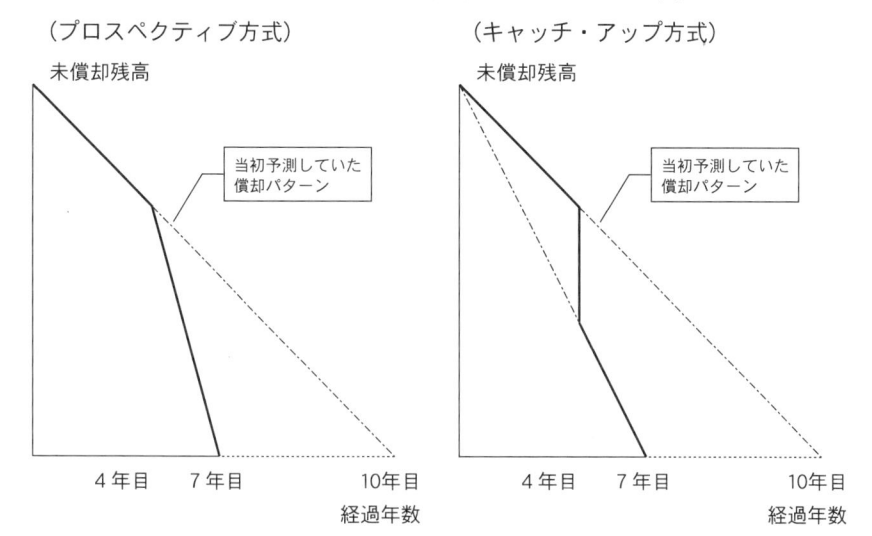

(プロスペクティブ方式)　　　　　（キャッチ・アップ方式）

⑥ 誤謬に係る過年度遡及修正

a 主 な 論 点

　我が国においては，企業会計原則注解（注12）に前期損益修正項目として当期の損益で修正する方法についての記載がありますが，過年度の誤謬について，これを修正再表示することの取扱いは定められていません。他方で，会計上の取り扱いとは別個に，金融商品取引法において，過年度財務諸表を修正再表示し訂正報告書を提出することが求められています。

　これに対して，国際的な会計基準においては，過去の財務諸表に誤謬が発見された場合には，過年度の財務諸表を修正再表示することとされています。

　誤謬について過年度財務諸表を遡及的に修正することにより，財務諸表の比較可能性がより高まると考えられますが，一方で，修正再表示については，既に開示制度の枠組みの中で規定されているとも考えられます。過年度修正論点整理においては，会計上の誤謬の取扱いに関しては，開示制度との関係を考慮

しつつ，過年度財務諸表の修正再表示による対応を求めることとするかどうか検討を進めていく必要があるものと考えられるとしています（過年度修正論点整理の論点7）。

b　検討状況の整理

上記の論点を踏まえて，検討状況の整理においては，財務諸表全般の比較可能性の向上のため，過去の財務諸表に誤謬が発見された場合には，次の方法により修正再表示することとされています。

イ　開示期間より前の期間に関する修正再表示の累積的影響額は，開示する財務諸表のうち，最も古い期間の期首の資産，負債及び純資産の額に反映する。

ロ　開示する過去の財務諸表には，修正再表示による当該財務諸表の対象となる期の前期までの累積的影響額及び当該期間固有の影響額を反映する。

ハ　当期の財務諸表には，過去の誤謬の訂正による前期までの累積的影響額を反映する。

また，遡及適用が実務上不可能な場合，例えば，過去の情報が収集できないため，合理的な努力を行っても遡及適用による影響額を算定できない場合などについては，会計方針の変更があった場合と同様に以下の取扱いを提案しています。

ケース		検討状況の整理による提案
過去の誤謬による累積的影響額は算定できるが，どの期間にどれだけの影響額があるか算定することが実務上不可能な場合	⇒	修正再表示が可能な最も古い期間（これが当期になる場合もある）の期首時点で累積的影響額を算定し，当該期首残高から修正再表示する
過去の誤謬による累積的影響額さえも算定することが実務上不可能な場合	⇒	実行可能な最も古い日から誤謬を修正する

上記のほか，検討状況の整理においては，過去の誤謬に関する注記事項を以下のとおり定めています。

　　i　過去の誤謬の内容
　　ii　過去の開示期間について，影響を受ける財務諸表の主な表示科目に対す

る影響額及び1株当たり情報に対する影響額
iii 開示されている財務諸表のうち，最も古い開示期間の期首の純資産の額に反映された，開示期間より前の期間に関する修正再表示の累積的影響額
iv 原則的な取扱いが実務上不可能な場合には，その理由，誤謬の訂正の方法及びその開始時期

⑦ その他の論点について

これまでの論点のほか，過年度修正論点整理においては，以下の論点が取り上げられています。
a セグメントの区分方法の変更について，過年度遡及修正を必要とするかどうかの論点（過年度修正論点整理の論点6）
b 四半期（中間）財務諸表開示について，例えば，第2四半期に会計方針の変更を行った場合に年度の期首まで遡って修正するか（首尾一貫性の取扱いとの関連性も考慮した上で，論点となる）（過年度修正論点整理の論点8）。
c 処分済み又は処分が予定されている事業（廃止事業）について，過年度の損益情報を遡及的に修正するかどうかの論点（過年度修正論点整理の論点9）

これらの論点については，セグメント情報の開示や廃止事業に関するその他の論点も検討対象とする別プロジェクトでの議論とも関連付けながら検討を進めるため，「会計上の変更及び過去の誤謬に関する検討状況の整理」においては，検討の対象とはされていません。

【連結財務諸表における特別目的会社の取扱い等に関する論点の整理】

(1) はじめに

企業会計基準委員会（ASBJ）において，平成21年2月6日に「連結財務諸表における特別目的会社の取扱い等に関する論点の整理」（以下，連結論点整理）が公表されました。本項では，当論点整理について，論点の内容と今後の方向性を整理します。

(2) 連結論点整理の公表の背景

平成10年10月に企業会計審議会より「連結財務諸表制度における子会社及び関連会社の範囲の見直しに係る具体的な取扱い」（以下，「子会社等の範囲の見直しに係る具体的な取扱い」という）では支配力基準の適用等が整理され，一定の要件を満たした特別目的会社については，当該特別目的会社に対する出資者及び当該特別目的会社に資産を譲渡した会社（以下，「出資者等」という）の子会社に該当しないものと推定するとしています。

その後，特別目的会社を利用した取引の急拡大や，スキームの複雑化や多様化に伴い，ASBJは，平成18年2月に特別目的会社を利用した取引に係る会計基準等についての検討を開始し，平成19年3月には当面の対応として，出資者等の子会社に該当しないものと推定された特別目的会社の概要や取引金額等の開示を行うことを定めた「一定の特別目的会社に係る開示に関する適用指針」（企業会計基準適用指針15号）を公表しています。ただし，この段階においても，どのような特別目的会社であれば出資者等の子会社に該当しないものと推定されるかについては，さまざまな意見があり，その後もこの取扱いについて検討することとしていました。

ASBJと国際会計基準委員会（IASB）は，平成19年8月に「東京合意」（会計基準のコンバージェンスの加速化に向けた取組みへの合意）を公表しています。東京合意においては，IASBで開発される予定の会計基準が適用となる際に日本において国際的なアプローチが受け入れられるように緊密に作業を行うことが表明されています。こうした表明も踏まえ，「連結財務諸表における特別目的会社の取扱い等に関する論点の整理」が公表され，今後，この論点に関する会計基準等の開発に資するよう，広く意見を求めることとしています。

(3) 論点整理の範囲

　連結論点整理では，連結財務諸表における特別目的会社の取扱い（【論点3】）及びそれに関する開示（【論点4】）についての論点を示すものですが，それらの論点に関連するものとして，支配の定義や支配力基準の適用（【論点1】），連結対象となる企業（【論点2】）なども検討しています。さらに，連結の範囲に関連して国際的な会計基準と異なっている支配が一時的な子会社（【論点5】）についても整理しています。

(4) 論点の概要

【論点1】　支配の定義と支配力基準の適用について

論点の内容	我が国の会計基準においては，親会社とは，他の企業の財務及び営業又は事業の方針を決定する機関を支配している企業をいい，子会社とは，当該他の企業をいうとしています（連結会計基準第6項）。また，他の企業の意思決定機関を支配している企業の定義として，いわゆる「緊密な者」や「同意している者」の考え方を用いることにより，議決権の所有割合が50％以下であっても事実上支配している企業を連結に含めるものとしています（いわゆる「実質支配力基準」）。 　また，「企業結合に関する会計基準」における「支配」とは，ある企業又は企業を構成する事業の活動から便益を享受するために，その

	企業又は事業の財務及び経営方針を左右する能力を有していることをいう（企業結合会計基準第7項）としており，連結会計基準と完全に同一ではありません。 　こうした我が国の現行制度に対し，支配の定義や支配力基準の適用について，連結財務諸表における特別目的会社の取扱いに資するように，他の会計基準等との関係や国際的な会計基準における取扱い及びその動向を踏まえた改善をすべきかどうか，という論点です。 　なお，平成20年12月に公表されたIASBの公開草案では，他の企業に対する支配を「ある企業が自らのためにリターンを生み出すように，他の企業の活動を左右するパワーを有していること」と定義し，支配の有無を判断する際には，パワーの要素とリターンの要素の両方を考慮しなければならないとしています。
今後の方向性	企業結合会計基準及び国際的な会計基準における取扱いに鑑みて今後，連結会計基準における支配の定義について，リターンの要素も加味することが考えられるとし，その結果，事業を営む典型的な企業のみならず，特別目的会社に対する支配についても，定義上，包含されることがより明確になるものと考えられるとしています。 　なお，この場合には，企業結合会計基準における支配の定義も同様に見直し，また，関連会社の定義も，出資，人事，資金，技術，取引等の関係を通じて，ある企業が自らのリターンのために，子会社以外の他の企業の活動を左右するパワーに対して重要な影響を与えることができる場合における，当該子会社以外の他の企業のように見直すこととなる，としています。

【論点2】　連結対象となる企業について

論点の内容	我が国の会計基準においては，会社以外の企業も連結対象となり得ますが，どのような企業であれば連結対象となるかについて，他の会計基準等との関係や国際的な会計基準における取扱い及びその動向を踏まえて検討する，という論点です。 　我が国の会計基準においては，「企業」とは，会社及び会社に準ずる事業体をいい，会社，組合その他これらに準ずる事業体を指すとし（連結会計基準第5項），例えば，「資産流動化に関する法律」に基づく特定目的会社や「投資信託及び投資法人に関する法律」に基づく投資法人，「中間法人法」に基づく中間法人，投資事業組合，海外にお

	ける同様の事業を営む事業体，パートナーシップその他これらに準ずる事業体で営利を目的とする事業体が該当するものと考えられるとされていますが（「連結財務諸表における子会社及び関連会社の範囲の決定に関する適用指針」），信託は，通常，会社に準ずる事業体に該当するとはいえないとされています（実務対応報告第23号Q2のA3）。
今後の方向性	会社及び会社に準ずる事業体を連結対象となりうるとする取扱いについては異論のないものと考えられるとした上で，組合や信託について，これらは経済的な機能が類似している場合も少なくないが，組合であるか信託であるかによって，出資者又は受益者の会計処理が異なる場合があり，組合や信託が会計上，会社に準ずる事業体にあたるか否かを考えるに当たっては，その会計処理とも大きく関係するため，今後これらの取扱いができるだけ整合するように見直していくことが考えられるとしています。

【論点3】 特別目的会社の取扱いについて

論点の内容	我が国の会計基準においては，一定の要件を満たした特別目的会社については，当該特別目的会社に対する出資者等の子会社に該当しないものと推定するとされていますが，他の会計基準等との関係や国際的な会計基準における取扱い及びその動向を踏まえ，支配力基準のもと，特別目的会社をどのように取り扱うべきか，という論点です。 現行の会計基準においては，一定の要件を満たした特別目的会社については，当該特別目的会社に対する出資者等から独立しているものと認め，出資者等の子会社に該当しないものと推定するとされる一方で，それでは企業集団の状況に関する利害関係者の判断を誤らせるおそれがあるものとして，当面の対応として，企業会計基準適用指針15号により，開示対象特別目的会社の概要や取引金額等の開示が行われています。
今後の方向性	我が国における現在の特別目的会社の取扱いについては，次のような問題があるとの指摘があるとしています。すなわち，特別目的会社について，出資者等の子会社に該当しないものと推定する取扱いを削除すべきではないかという主張です。 ① 関与のある特別目的会社が連結の範囲に含まれない場合，当該特別目的会社の資産及び負債情報が適切に反映されない。 ② 特別目的会社との取引が消去されない。 ③ 特別目的会社の対象範囲が企業によって異なっている（幅のあ

	る解釈が行われている)。 他方，以下のような理由から，一定の要件を満たす特別目的会社に関する取扱いを引き続き設けることが適当であるという意見もあるとしています。 ① 特別目的会社の負う債務が保有する資産以外に及ばない（ノンリコース債務）場合，特別目的会社を連結の範囲に含めることにより，過大な資産及び負債が計上されてしまう。 ② 関与のある特別目的会社であっても，それを意のままに指揮できるわけではなく，一般的な子会社と同様の支配従属関係とは異なる。 ③ 我が国では実質支配力基準が採用されているため，一定の要件を満たす特別目的会社については，出資者等から独立しているものと判断することが適当であることも少なくない。 ④ 特別目的会社が子会社に該当し連結対象とされた場合には，譲渡者の個別財務諸表上，売却とされた取引であっても連結財務諸表上は売却とされない処理となるため，消滅の認識要件とともに検討すべきである。 こうしたさまざまな意見を踏まえ，一定の要件を満たす特別目的会社について，その出資者等の子会社に該当しないものと推定するという取扱いを削除することが考えられるが，引き続き検討することとするとしています。 また，当該取扱いの削除により，特別目的会社を利用した資産の流動化に関する会計基準等を見直すかどうか，特別目的会社に対する支配力基準の適用の仕方をどうするか，などの派生する論点についての検討も必要であるとしています。

【論点4】 特別目的会社に関する開示について

論点の内容	現行の会計基準によれば，企業会計基準適用指針第15号「一定の特別目的会社に係る開示に関する適用指針」において，子会社等の範囲の見直しに係る具体的な取扱い 三により，出資者等の子会社に該当しないものと推定された特別目的会社（開示対象特別目的会社）について，重要性が乏しいものを除き，次の事項を注記するものとしています。 (1) 開示対象特別目的会社の概要及び開示対象特別目的会社を利用した取引の概要 (2) 開示対象特別目的会社との取引金額等

検討中の項目についての論点整理

	今後，子会社等の範囲の見直しに関する具体的な取扱い　三を削除するかどうかについて検討されますが（論点3），これに関連する開示についても，他の会計基準等との関係や国際的な会計基準における取扱い及びその動向を踏まえた上で，その開示内容をどうすべきか，という論点です。
今後の方向性	一定の要件を満たす特別目的会社について，その出資者等の子会社に該当しないものと推定する取扱いを削除するかどうかは引き続き検討する（論点3）が，削除するかどうかに関わらず，特別目的会社の概念は今後も残すことが考えられるとしています。その上で，国際的な会計基準の動向を踏まえながら，企業会計基準適用指針第15号を改廃し，特別目的会社及びそれに類似する企業に関する開示を拡充していくものとするとしています。

【論点5】　支配が一時的な子会社について

論点の内容	我が国の会計基準では，支配が一時的な子会社については連結の範囲に含めないこととされています。一方，国際的な会計基準においては，一時的な支配を理由に子会社を連結の範囲から除外するのではなく，連結対象に含めた上で，売却目的保有及び廃止事業の定義を子会社が満たす場合には，財務諸表上，その資産，負債及び損益を，その他通常の資産，負債及び継続事業の損益とは区分して表示するという方法が採用されています。 　我が国において，他の会計基準等との関係や国際的な会計基準における取扱い及びその動向を踏まえた上で，一時的に支配している子会社を連結の範囲に含めるべきかどうか，という論点です。
今後の方向性	支配が一時的である子会社について，連結の範囲に含めない現行の取扱いと表示や注記の仕方を工夫した上で連結の範囲に含める取扱いとの間の相違については，引き続き検討するとし，両者の取扱いが大きく相違しないとすれば，今後の国際的な会計基準の動向も考慮して我が国の連結会計基準を見直していくことが考えられるとしています。 　また，この場合には，測定の問題（支配が一時的である子会社が売却目的保有の定義を満たす場合，国際的な会計基準においては，帳簿価額と公正価値のいずれか低い金額で測定される）について検討することが考えられるほか，表示及び注記についても，ASBJにおいて現在検討中である廃止事業のプロジェクトにおいて，本論点に関する対応として，①廃止事業の定義に売却目的で取得した子会社等を含め，

財務諸表上，区分表示すること，②売却目的保有の資産又は処分グループの資産，負債及び廃止事業について求められる注記（資産総額及び負債総額の内訳，廃止事業の損益の内訳等）を当該子会社等には求めないことを検討することが適当と考えられるとしています。

第7章

コンバージェンスによる変更点総括

コンバージェンスによる変更点総括

- **公表された項目**

① 棚卸資産（評価基準）

a 適用年度（早期適用）

2008年4月1日以降開始事業年度（2008年3月31日以前開始事業年度）

b 内　　容

「棚卸資産の評価に関する基準」（企業会計基準9号）により，国際財務報告基準との差異は原則として解消されました。ただし，日本基準では洗替え法と切放し法の選択適用が認められていますが，国際財務報告基準では切放し方式は認められていません。なお，これにより従来原価法を採用した企業では時価の下落による含み損が評価損として計上されることとなります。

② 棚卸資産（後入先出法）

a 適用年度（早期適用）

2010年4月1日以降開始事業年度（2010年3月31日以前開始事業年度）

b 内　　容

国際財務報告基準では，認められる棚卸資産の原価配分方法は，個別法，先入先出法，加重平均法とされ，日本基準で認められていた後入先出法は認められなくなりました。

③ 在外子会社（在外関連会社）の会計基準の統一
a 適用年度（早期適用）

2008年4月1日以降開始連結会計年度（2008年3月31日以前開始連結会計年度）

在外関連会社は2010年4月1日以降開始連結会計年度（2010年3月31日以前開始連結会計年度）

b 内　　　容

同一環境下で行われた同一の取引等について、原則として親子会社の会計処理に統一することとされており、例外として認められていた所在地国の一般に公正妥当と認められた会計処理は認められなくなり、代わりに在外子会社が米国基準又は国際財務報告基準に準拠して連結資料を作成することも認められることとなりました。ただし、重要性が乏しい場合を除き、以下は修正する必要があります。

イ　のれんの償却
ロ　退職給付会計における数理計算上の差異の費用処理
ハ　研究開発費の支出時費用処理
ニ　投資不動産の時価評価及び固定資産の再評価
ホ　会計方針の変更に伴う財務諸表の遡及修正
ヘ　少数株主損益の会計処理
ト　その他明らかに合理的でない会計処理

また、2010年4月1日以降開始事業年度から在外関連会社について、統一が極めて困難な場合を除き在外子会社とほぼ同様な取扱いとなります。

④ ストック・オプション（株式報酬取引）
a 適　用　年　度

会社法施行日（2006年5月1日）以降付与されるストック・オプションについて適用されます。

b　内　　容

　ストック・オプションについては公正価値で評価し，財務諸表上費用として認識します。日本基準では持分決済型の株式報酬取引のみを対象とするのに対し国際財務報告基準では現金決済型の株式報酬取引の会計処理も規定されています。

⑤ 工事契約

a　適用年度（早期適用）

　2009年4月1日以降開始事業年度（2009年3月31日以前開始事業年度）

b　内　　容

　「工事契約に関する会計基準」（企業会計基準15号）及び工事契約に関する会計基準の適用指針」（会計基準適用指針18号）により工事契約に関して，工事の進行途上においても，その進捗部分について成果の確実性が認められる場合には工事進行基準を適用し，この要件を満たさない場合には工事完成基準を適用します。また，引当金の要件に該当する場合は，工事損失引当金を計上することが明文化されました。

⑥ 資産除去債務

a　適用年度（早期適用）

　2010年4月1日以降開始事業年度（2010年3月31日以前開始事業年度）

b　内　　容

　「資産除去債務に関する会計基準」（企業会計基準18号）及び「固定資産除去債務に係る会計基準の適用指針」（企業会計基準適用指針21号）が公表されました。「資産除去債務」とは，有形固定資産の取得，建設，開発又は通常の使用によって生じ，当該有形固定資産の除去に関して法令又は契約で要求される法律上の義務及びそれに準ずるものをいいます。資産除去債務は，有形固定資産の取得，建設，開発又は通常の使用によって発生した時に負債として計上し

ます。資産除去債務に対応する除去費用は，資産除去債務を負債として計上した時に，当該負債の計上額と同額を，関連する有形固定資産の帳簿価額に加えます。資産計上された資産除去債務に対応する除去費用は，減価償却を通じて，当該有形固定資産の残存耐用年数にわたり，各期に費用配分します。

⑦ 賃貸等不動産

a 適用年度

2010年3月31日以後終了する事業年度の年度末に係る財務諸表から適用します。ただし，当該事業年度以前の事業年度の期首から適用することを妨げません。

b 内容

2008年11月28日に「賃貸等不動産の時価等に関する会計基準」及び「賃貸等不動産の時価等に関する会計基準の適用指針が公表されました。

その内容は，賃貸等不動産の範囲として次の不動産が含まれます。

イ　貸借対照表において投資不動産（投資の目的で所有する土地，建物その他の不動産）として区分されている不動産
ロ　将来の使用が見込まれていない遊休不動産
ハ　上記以外で賃貸されている不動産

また，賃貸等不動産を保有している場合は，次の事項を注記します。ただし，賃貸等不動産の総額に重要性が乏しい場合は注記を省略することができます。また，管理状況等に応じて，注記事項を用途別，地域別等に区分して開示ることができます。

イ　賃貸等不動産の概要
ロ　賃貸等不動産の貸借対照表計上額及び期中における主な変動
ハ　賃貸等不動産の当期末における時価及びその算定方法
ニ　賃貸等不動産に関する損益

⑧　金融商品（時価開示）

a　適用年度（早期適用）

2010年3月31日以降終了事業年度（2010年4月1日以前開始事業年度）

b　内　　容

　「金融商品会計に関する実務指針」の改正により，金融商品の状況に関する事項及び金融商品の時価等に関する事項を注記することされました。

　金融商品の状況に関する事項は，①金融商品に関する取り組み方針，②金融商品の内容及びそのリスク，③金融商品に関するリスク体制，④金融商品の時価等に関する事項の補足説明が記載されることとなりました。

　金融商品の時価等に関する事項は，

イ　原則として，金融商品に関する貸借対照表の科目ごとに，貸借対照表計上額，貸借対照表日における時価及びその差額並びに当該時価の算定方法を注記します。

ロ　有価証券については，イに加えて，保有目的ごとに定める事項，保有目的の変更に関する事項及び減損処理に関する事項を注記します。

ハ　デリバティブ取引（ヘッジ会計が適用されているものを含む）については，イに加えて，取引の対象物の種類（通貨，金利，株式，債券及び商品等）ごとに，契約額，時価及び時価の算定方法等を注記します。

ニ　金銭債権及び満期がある有価証券（ただし，売買目的有価証券を除く）については，償還予定額の合計額を一定の期間に区分した金額を注記します。

ホ　社債，長期借入金，リース債務及びその他の有利子負債については，返済予定額の合計額を一定の期間に区分した金額を注記します。

ヘ　金銭債務については，貸借対照表日における時価の開示（イ参照）に加えて，約定金利に金利水準の変動のみを反映した利子率で割り引いた金銭債務の金額又は無リスクの利子率で割り引いた金銭債務の金額のいずれかを開示することができます。ただし，この場合には，当該金額の算定方法及び時価との差額についての適切な補足説明を行う必要があります。時価を把握する

ことが極めて困難と認められるため,時価を注記していない金融商品については,当該金融商品の概要,貸借対照表計上額及びその理由を注記します。

⑨ 退職給付（割引率）
a 適用年度（早期適用）
2009年4月1日以降開始事業年度（2009年3月31日以前年度末事業年度）
b 内　　容
「退職給付に関する会計基準」の一部改正（その3）により,退職給付の割引率の計算において従来一定期間（5年間）の利回りの変動を考慮して決定することができるとされていましたが,この規定が削除されました。

⑩ 企業結合会計（仕掛研究開発を含む）
「企業結合に関する会計基準」（企業会計基準21号）
「連結財務諸表に関する会計基準」（企業会計基準22号）
「研究開発費等に関する会計基準」の一部改正（企業会計基準23号）
「事業分離等に関する会計基準」（改正企業会計基準7号）
「持分法に関する会計基準」（改正企業会計基準16号）
「企業結合会計基準及び事業分離等会計基準に関する適用指針」（改正企業会計基準適用指針10号）が2008年12月26日に公表されました。

（適用時期等）
イ　企業結合会計基準,研究開発費会計基準の一部改正,事業分離等会計基準及び適用指針は,2010年4月1日以後実施される企業結合及び事業分離等から適用されます。ただし,2009年4月1日以後開始する事業年度において最初に実施される企業結合及び事業分離等から適用することができます。
ロ　連結会計基準は,2010年4月1日以後実施される企業結合及び事業分離等に関する会計処理及び注記事項から適用し,その他連結財務諸表に係る事項については,2010年4月1日以後開始する連結会計年度の期首から適用され

ます。

　ただし、2009年4月1日以後開始する会計年度において最初に実施される企業結合及び事業分離等に関する会計処理及び注記事項から適用し、その他連結財務諸表に係る事項については、2009年4月1日以後開始する連結会計年度の期首から適用することができます。

ハ　持分法会計基準は、2010年4月1日以後実施される非連結子会社及び関連会社に対する投資に係る会計処理から適用されます。ただし、2009年4月1日以後開始する連結会計年度において最初に実施される非連結子会社及び関連会社に対する投資に係る会計処理から適用することができます。

a　持分プーリング法

　企業結合会計において持分プーリング法（企業結合が持分の結合と判定された場合、資産、負債、純資産を簿価で引継ぐ方法）の廃止がされました。

b　株式を対価とする場合の対価の測定日

　企業結合日（又は事業分離日）の時価を基礎として算定されることとなりました。

c　負ののれんの会計処理

　負ののれんを企業結合日に一括して利益として処理することとされました。

d　少数株主持分の測定

　従来全面時価評価法と部分時価評価法が認められていましたが、部分時価評価法を廃止することとなりました。

e　段階取得における会計処理

　個々の取得時、企業結合日における時価をもって測定し、帳簿価額との差額（先行投資額の含み損益）を損益として処理することとなりました。

f　外貨建てのれんの換算方法

　在外子会社に係る外貨建てのれんを決算日に換算する場合、決算日の為替相場による方法とされました。

g 研究開発費等

　企業結合により受け入れた研究開発の途中段階の成果について，従来，取得対価の一部を研究開発費等に配分した場合には当該金額を配分時に費用処理することとされていましたが，当該会計処理を廃止することとされました。

　また，従来，被取得企業から受け入れた資産に識別可能な無形資産が含まれる場合には，取得原価を当該無資産等に配分することができるとされていましたが，当該無形資産が識別可能なものであれば，原則として識別して資産計上を求めるとされました。

【参考文献】
・季刊企業会計基準第20号「プロジェクト計画表の公表について」

編者との契約により検印省略

平成21年5月20日 初版発行

会計基準のコンバージェンス
～アドプションに向けて～

編　者	日本公認会計士協会東京会
発行者	大　坪　嘉　春
印刷所	税経印刷株式会社
製本所	牧製本印刷株式会社

発行所　東京都新宿区下落合2丁目5番13号　株式会社 税務経理協会
郵便番号 161-0033　振替 00190-2-187408　電話(03)3953-3301(編集部)
FAX(03)3565-3391　(03)3953-3325(営業部)
URL http://www.zeikei.co.jp/
乱丁・落丁の場合はお取替えいたします。

© 日本公認会計士協会東京会 2009　　Printed in Japan

本書を無断で複写複製（コピー）することは，著作権法上の例外を除き，禁じられています。本書をコピーされる場合は，事前に日本複写権センター（JRRC）の許諾を受けてください。
JRRC(http://www.jrrc.or.jp　eメール:info@jrrc.or.jp　電話:03-3401-2382)

ISBN978-4-419-05298-0　C2034